L'égyptomanie, une imposture

Roger Caratini

L'égyptomanie, une imposture

Albin Michel

© Editions Albin Michel S.A., 2002
22, rue Huyghens, 75014 Paris
www.albin-michel.fr

ISBN 2-226-13073-X

Avertissement préliminaire

Ce livre, dont l'auteur a le plus grand respect pour l'égyptologie et pour les égyptologues, s'en prend à l'*égyptomanie*, ce produit inattendu mais inévitable de la civilisation de consommation, qui, depuis une trentaine d'années, a fait de l'Égypte et de son histoire ancienne une proie bien juteuse. Bien des spécialistes le regrettent, mais leurs fonctions leur imposent une réserve de bon ton et c'est pourquoi, après avoir longtemps hésité, j'ai pris la plume. Et je voudrais, au seuil de ce réquisitoire, expliquer ma position.

Ce qui m'importe, ce n'est pas l'idée que le « grand public » (concept plus commercial que culturel) se fait de l'Égypte pharaonique, mais celle qu'il se fait de son histoire. La science que patronne la muse Clio n'est pas la même que celle sur laquelle se penche Calliope, la muse de l'épopée. La première cherche, comme elle le peut, à se rapprocher de la vérité, la seconde ne tend qu'à exalter telle ou telle période ou telle ou telle personnalité héroïque ; Clio guide la recherche difficile du savant, Calliope orchestre le chœur des préposés à la propagande. Et, concernant l'histoire de l'Égypte, il est curieux, et même scandaleux, que les Européens, qui ont eu tant à souffrir des dictateurs les plus terrifiants, éblouis par les chants des égyptomaniaques en quête de succès, se laissent toucher, sans élever la moindre critique, par leurs propos sur les sinistres pharaons, qui, au cours des vingt-cinq siècles qu'a duré leur histoire, n'ont rien fait d'autre que de s'autocélébrer en faisant bâtir par leur peuple des tombeaux et des temples somptueux et colossaux.

Ce qui m'importe aussi, et que je voudrais dénoncer, c'est que le fait de célébrer sur tous les tons une civilisation qui n'a rien apporté que ses pierres à l'humanité s'accompagne de la parfaite ignorance – quand il ne s'agit pas du plus profond mépris – professée par les thuriféraires de l'égyptomanie à l'égard de la civilisation mésopotamienne – celle des Sumériens et des Sémites d'Akkad et de Babylone – qui n'a laissé derrière elle que des ruines modestes, certes, mais, enfouis dans les sables iraqiens, des centaines de milliers de documents écrits (en cunéiformes) et qui a presque tout inventé, à l'exception de la métaphysique et du raisonnement géométrique procédant des principes aux conséquences : la civilisation urbaine, l'écriture, la démocratie, le droit écrit, la philosophie morale, la littérature, la théorie des nombres, l'algèbre des équations, l'astronomie d'observation et la médecine.

Tel est l'esprit de ce livre.

I.

Le syndrome égyptomaniaque

Le « Garnier Delamare », ce bon vieux dictionnaire des termes de médecine, toujours rénové, qui sert de bréviaire depuis soixante-dix années à tous les carabins, donne de la « manie » la merveilleuse définition suivante :

> « MANIE, s.f. (du grec *maïnomaï*, délire). Syndrome caractérisé par une surexcitation générale et permanente des facultés intellectuelles et morales et qui peut se manifester soit au cours d'une affection mentale, soit à l'état isolé et constituer une psychose autonome. »

Cette définition connote à merveille le syndrome égyptomaniaque, qui fait des ravages dans les pays européens développés, notamment en France, et sur les causes duquel les spécialistes s'interrogent encore. Ce trouble du comportement psycho-intellectuel et, dans certains cas graves, du comportement psychosocial, dont nous allons décrire les principaux aspects cliniques dans les pages qui suivent, se rencontre presque uniquement chez des sujets adultes des deux sexes de plus de trente ans, par ailleurs totalement normaux et même, souvent, d'un bon niveau culturel.

Lorsqu'on visite la demeure d'un ou d'une égyptomaniaque, on constate, en jetant un simple coup d'œil sur sa bibliothèque, s'il en possède une (ce qui n'est pas toujours le cas : l'égyptomaniaque moyen est rarement un lettré), ou, plus simplement, sur les meubles du malade, une relative abondance de livres et de revues.

Les uns sont en apparence luxueux : ce ne sont, en fait, que de vulgaires albums de photographies qui proposent toujours les mêmes illustrations aux naïfs acheteurs de ces livres coûteux : des vues des grandes pyramides, un scribe accroupi, les têtes sculptées de Toutankhamon, Akhénaton, Néfertiti, pour ne citer que les plus fréquentes, ou l'image – en couleurs – de la momie de Ramsès II. Les autres, plus ordinaires, sont des guides de voyage, ou, parfois, des ouvrages qui se veulent historiques, porteurs de titres alléchants dans lesquels reviennent souvent des mots ou des expressions du genre : « Fabuleuse Égypte », « prodigieux savoir », « pharaon(s) », « énigme », « mystères », « millénaire », « malédiction », « pyramides ».

D'autres, enfin, sont des romans d'aventures, parfois de qualité, plus souvent médiocres ou même ridicules, dont le titre contient souvent des noms de personnes aux consonances inhabituelles supposées égyptiennes, ainsi que celui d'une Macédonienne qui vivait au temps de Jules César, qui se nommait Cléopâtre : on est en droit de se demander quels rapports pouvait bien avoir cette grassouillette nymphomane avec des personnages qui vivaient douze ou quinze cents ans avant elle et dont, souvent, les têtes, admirablement sculptées, ornent la chambre, le salon et/ou le cabinet de travail éventuel du malade. Cela sans compter les revues de vulgarisation plus ou moins scientifiques qui consacrent, périodiquement, un numéro spécial à la « science » ou à la « médecine » des anciens Égyptiens, qualifiées l'une et l'autre de « mystérieuse » ou de « millénaire » (l'adjectif qualificatif favori des égyptomaniaques et des auteurs de ces écrits attrape-nigauds).

Le syndrome égyptomaniaque

Les symptômes de l'égyptomanie sont généralement anodins et, de prime abord, ils peuvent passer inaperçus de l'entourage du sujet qui en souffre. Pour les déceler, il suffit au thérapeute qui examine un patient soupçonné d'être atteint de ce mal de prononcer une courte phrase dans laquelle il glisse l'un des trois mots suivants : « Égypte », « pharaon » ou « hiéroglyphes » et de laisser parler le malade dont le discours, en apparence raisonné, présente des caractères qui permettent de poser sans hésitation aucune le diagnostic de syndrome égyptomaniaque, dont les quatre signes pathognomoniques sont les suivants :

— l'admiration irraisonnée et illimitée de tout ce qui se rapporte à l'Égypte ancienne ;

— la croyance forcenée en l'existence d'une « histoire » de l'Égypte ancienne qui se serait déroulée, antérieurement à celle de toutes les autres nations, dans des cadres (institutions, systèmes de gouvernement, législation, guerres et traités) et avec des moyens (princes, ministres, fonctionnaires, généraux et soldats) analogues à ceux des grands peuples historiques connus, tels les Grecs ou les Romains ;

— l'affirmation péremptoire et gratuite de l'existence, chez les anciens Égyptiens, d'un savoir scientifique étendu ;

— l'affirmation tout aussi péremptoire que les prêtres de l'ancienne Égypte possédaient en outre un savoir caché relatif à la destinée des humains après la mort, réservé aux seuls initiés.

Les plus enragés des égyptomaniaques en concluent – sans rien prouver, car le propre d'un syndrome délirant est de refuser implicitement toute réalité et toute rationalisation – qu'il a existé une culture égyptienne antique exceptionnelle qui aurait été le point de départ de tous les éléments des civilisations de l'Europe méditerranéenne, y compris même du monothéisme judéo-chrétien.

Si l'égyptomanie était un syndrome purement individuel, point ne serait nécessaire de le dénoncer : il suffirait de laisser divaguer le sujet qui en serait affligé, en souriant, comme on le fait en présence d'un superstitieux ou d'un doux rêveur. Malheureusement, nous allons le voir, il n'en a pas été ainsi.

Ce sont les Grecs du VIIe siècle av. J.-C., explorateurs acharnés de l'espace méditerranéen, qui ont découvert, à leur grand étonnement, qu'ils n'étaient pas le seul peuple civilisé à vivre dans cette région du monde et qu'il existait, dans la vallée du Nil, une civilisation en apparence au moins aussi ancienne, sinon plus, que celle des Achéens qui, mille ans plus tôt, s'étaient implantés dans le Péloponnèse où ils avaient posé, autour des palais de Mycènes, de Pylos et de Tirynthe, les fondements de la prodigieuse civilisation hellénique. Toutefois, l'Égypte qu'ils vont découvrir n'est pas celle de l'Ancien Empire des pharaons, bâtisseurs de pyramides, tels Chéops, Chéphren ou Mykérinos, ni même celle du Nouvel Empire et de Ramsès II (1279-1212 av. J.-C.) ; c'est l'Égypte moribonde des dernières dynasties pharaoniques (715-525 av. J.-C.) qui tombera, un siècle plus tard, entre les mains des Perses achéménides, et c'est en fonction des racontars – invérifiables – des prêtres égyptiens de cette époque qu'ils vont élaborer l'image mythique et séduisante, mais totalement fausse, d'une nation égyptienne dépositaire d'une civilisation millénaire et hermétique.

Les doxographes[1] rapportent que Thalès de Milet (v. 625-v. 547 av. J.-C. ; Milet était une cité prospère fon-

---

1. On nomme ainsi les anciens historiens grecs de la philosophie, spécialisés dans la transmission des « opinions » (en grec, *doxai*) des philosophes antérieurs à Socrate et à Platon.

Le syndrome égyptomaniaque

dée par les Ioniens sur l'actuelle côte turque), l'initiateur de la première école philosophico-scientifique grecque, aurait accompli un voyage en Égypte, où il aurait été le premier à fournir aux prêtres locaux une explication scientifique des crues du Nil, qui ont fait de tout temps la richesse du pays[1] ; c'est d'Égypte, prétendent-ils, que ce sage aurait ramené en Ionie la science géométrique, et, en particulier, son fameux théorème. Après Thalès, son successeur à la tête de l'École de Milet, Anaximandre (v. 610-?), serait parti explorer la vallée du Nil, dont il aurait dressé une carte rudimentaire, puis Pythagore[2] (v. 570-480 av. J.-C.), auquel les rites funéraires des Égyptiens et leurs croyances religieuses auraient pu, disait-on, suggérer sa célèbre doctrine de la métempsycose. Ainsi est née la tradition, largement colportée dans la Grèce ancienne, mais que pas un seul document, pas un seul écrit, pas un seul monument ne confirme, de l'existence d'un savoir mystérieux dont ces prêtres égyptiens au crâne rasé et ces scribes affairés qui griffonnaient, accroupis, à l'aide d'un calame, d'étranges signes sur des papyrus en écrivant, bizarrement, de la droite vers la gauche, auraient été les détenteurs.

Il faut attendre l'œuvre du géographe-historien Hécatée de Milet (seconde moitié du VIᵉ siècle-début du Vᵉ siècle av. J.-C.), intitulée *Periêgêsis* (« Tour du monde »), connue aussi sous le titre français de *Periégèse* (v. 500 av. J.-C.), pour avoir enfin des informations scien-

---

[1]. Ce fleuve possède la propriété de grossir en été, propriété paradoxale eu égard à sa situation géographique, mais bénéfique pour le pays : le Milésien aurait attribué ce phénomène à l'action des vents étésiens qui soufflent en cette saison dans la Méditerranée orientale.

[2]. La tradition le dit originaire de l'île de Samos, située au large de la côte ionienne, entre Éphèse et Milet.

tifiques et rationnelles sur l'Égypte pharaonique qui venait de quitter la scène de l'histoire (elle venait d'être conquise en 525 av. J.-C. par les Perses achéménides, dont les empereurs zoroastriens – Cambyse, Darius Ier, Xerxès, Artaxerxès et Darius II – étaient devenus les nouveaux pharaons).

Cela faisait alors près de deux générations que, à la suite des navigateurs et des premiers voyageurs ioniens, nombre de négociants et de mercenaires, venus du Péloponnèse, affluaient en Égypte, où tout étonnait ces Grecs, habitués depuis des siècles à la vie urbaine, et qui découvraient un pays dépourvu de « cités », avec ses petits bourgs populeux, ses campagnes fertiles, ses temples monumentaux couverts d'inscriptions qui leur semblaient mystérieuses et ses innombrables prêtres. Les coutumes de ce peuple leur paraissaient être à l'inverse de celles des Hellènes : chez les Égyptiens, c'étaient les femmes qui allaient sur les marchés, faire commerce de bétail, alors que les hommes restaient au foyer pour filer et tisser ; les hommes urinaient accroupis, les femmes debout, et ceux-là aussi bien que celles-ci, au lieu de déféquer en dehors de leurs maisons, comme en Grèce, faisaient leurs besoins à l'intérieur, dans des pièces prévues à cet effet[1] ; ces Égyptiens, paysans ou citadins, ignoraient l'orge et le froment, mais se nourrissaient d'épeautre et, pour faire leur pain, ils pétrissaient la pâte avec leurs pieds. Après Hécatée de Milet, qui avait fait connaître à ses compatriotes cette Égypte mystérieuse qui attirait les commerçants et les hommes d'armes, c'est Hérodote (v. 484-v. 420 av. J.-C.), un aristocrate grec originaire d'Halicarnasse dont la famille s'était réfugiée à Samos, qui fait à son tour un long voyage sur la terre des pharaons à laquelle il consacre le second des neuf livres

---

1. L'existence de lieux d'aisances dans les maisons égyptiennes est archéologiquement attestée.

de ses *Histoires*, conçu, selon ses propres termes, comme une « enquête » (notamment auprès des prêtres égyptiens). Après avoir décrit le pays dont la richesse, écrit-il, est due aux crues annuelles du Nil, il présente sommairement les mœurs, les croyances et les pratiques religieuses de ses habitants, leurs animaux sacrés et leur vie quotidienne, avant de résumer, en quelques pages, la chronique des pharaons, non sans prévenir cependant ses lecteurs de la fragilité de ses sources.

Puis l'Égypte devint « à la mode », comme elle l'est devenue de nos jours. Nombreux furent les Grecs – philosophes, savants, commerçants ou simples aventuriers – qui se rendirent comme en pèlerinage dans la vallée du Nil, dans l'espoir les uns d'y découvrir les mystères de la destinée humaine, les autres ceux de la nature et les plus malins d'y faire quelque fortune. On prétend que Pythagore et Platon lui-même auraient fait ce voyage initiatique, dont il ne reste cependant aucune trace ni dans la doxographie pythagoricienne, ni dans les *Dialogues* du fondateur de l'Académie.

Et le temps passa. Alexandre le Grand s'empara à son tour de l'Égypte après en avoir chassé le dernier souverain achéménide (Darius III Codoman), et l'engouement pour l'Égypte persista jusqu'au temps des Romains. Ces derniers, moins imaginatifs et plus pratiques que les Gréco-Macédoniens, virent tout l'avantage qu'ils pouvaient tirer de ce grenier à blé (le pain, les crêpes et les beignets étaient la base de la nourriture romaine) et finirent par en faire une province de la République sous Jules César. Après la disparition de l'empire romain d'Occident, l'Égypte devint une province de l'empire byzantin, puis de l'empire arabo-musulman et finalement une dépendance de l'empire turc (ottoman), confiée à un pacha, tandis que les Européens reconstruisaient l'histoire du monde et s'engouffraient dans le christianisme conquérant et dans le

L'égyptomanie, une imposture

bellicisme féodal. Le premier conduisit les armées de la chrétienté vers l'Orient turco-musulman au temps des croisades, le second amena les mêmes armées à s'entre-tuer sur d'autres champs de bataille et l'on oublia pour un temps l'Égypte, ses pyramides, ses temples et ses prêtres. Seuls quelques alchimistes curieux et quelques escrocs habiles dans l'art d'exploiter les esprits faibles continuèrent de cultiver la légende de la science hermétique des thaumaturges égyptiens et, tandis que Molière se gaussait du Grand Turc, des Cagliostro en herbe faisaient frémir d'effroi leurs clients en leur parlant des mystères des pyramides que pratiquement nul Européen, sinon quelque agent consulaire, n'avait pu contempler, tandis que, bientôt, rose-croix et francs-maçons allaient s'entourer de symboles qu'ils disaient égyptiens.

Vers la fin du XVIIe siècle, on vit apparaître dans quelques cabinets européens des objets d'art égyptiens envoyés en Europe par des fonctionnaires diplomatiques en poste au Caire, à titre de simples curiosités : la mode des « antiquités orientales » n'était pas encore née à cette époque où, depuis la Renaissance, l'attention des archéologues n'était attirée que par Rome et par l'Italie (signalons au passage que le mot *archéologie* n'est apparu qu'en 1599 dans la langue française). La plupart de ces antiquités étaient des amulettes, des petites figurines en terre émaillée, des images funéraires en provenance de fouilles rudimentaires entreprises par des paysans qui s'empressaient de courir vendre leurs trouvailles aux agents consulaires en poste au Caire.

Puis on vit échouer, dans ces mêmes cabinets, des lambeaux de manuscrits égyptiens (sur toiles) et des bandelettes recouvertes de petits dessins analogues à ceux qui avaient été relevés sur des stèles ou sur des monuments, que déjà les Grecs de l'Antiquité avaient remarqués et qu'ils désignaient par le terme *hiéroglyphes*, qui signifiaient, dans la langue de Platon, « écritures sacrées ». Plus tard arrivèrent à Paris, à Londres et à Berlin des cercueils de momies en pierre dure, recouverts, eux aussi, d'inscriptions hiéroglyphiques : ces signes servaient, de toute évidence, à transcrire la langue des anciens Égyptiens, mais de quelle langue s'agissait-il ? Et que représentaient-ils : des mots, des sons ou des lettres ?

Un jésuite allemand, le P. Kircher (1602-1680), qui était tout à la fois mathématicien, philosophe, sinologue (il fut l'auteur du premier dictionnaire franco-chinois), astronome et même astrologue à ses heures, avait cependant accompli, en 1643, un travail intéressant, mais qui était passé inaperçu : il avait traduit des manuscrits arabes recueillis en Orient contenant un vocabulaire copte-arabe et une grammaire de la langue copte, qu'ignoraient alors les savants occidentaux. À partir de ce travail, il était devenu possible de traduire des textes écrits en langue copte, langue qui s'écrivait à l'aide de l'alphabet grec augmenté de quelques signes, et l'on commençait à admettre, dans les milieux savants, que le copte (alphabétique) était la forme dernière de la mystérieuse langue égyptienne hiéroglyphique, dont nul linguiste ne parvenait à percer le secret. Cependant, vers 1796, un savant danois du nom de Zoëga publia un travail concernant les inscriptions hiéroglyphiques relevées sur des obélisques égyptiens conservés à Rome et en tira la conclusion importante suivante : les signes hiéroglyphiques servaient à transcrire des *sons*, et non pas les lettres d'un alphabet ; en d'autres termes, il fallait les considérer comme les éléments d'un rébus.

La publication de Zoëga précéda de quelques semaines le départ pour l'Égypte de l'expédition française, conçue par Talleyrand dans le cadre de la politique méditerranéenne (anti-anglaise) du Directoire et dont le commandement militaire fut confié, contre son gré et pour le malheur de la marine et des armées françaises,

L'égyptomanie, une imposture

à un général politicard qui se nommait Bonaparte et que le pouvoir souhaitait éloigner de Paris. On sait que les Directeurs avaient aussi adjoint aux 54 000 hommes du corps expéditionnaire une équipe de savants (botanistes, zoologues, géologues, physiciens, etc., mais pas un seul archéologue ; l'initiative ne venait pas de Bonaparte, qui était ignare en la matière et qui considérait cette troupe de savants comme une charge inutile), et que cette expédition, partie tambour battant, échoua lamentablement : le général y perdit la flotte qu'on lui avait confiée peu de temps après son débarquement en Égypte, et, après avoir été mis en déroute par les Turcs, il abandonna sur le terrain ses généraux et son armée vaincue pour s'enfuir clandestinement en France. Trois mois après cette désertion, il renversait la République et instaurait la dictature du Consulat.

La propagande du Directoire d'abord, puis celle – beaucoup plus efficace – du Premier Consul transformèrent cette déroute en une épopée victorieuse due au présumé « génie » du dictateur génois. L'expédition eut cependant un résultat positif, et ce fut peut-être le seul : en août 1799, peu de temps avant l'évacuation de l'Égypte par les Français vaincus, l'officier du génie Blanchard, en creusant des tranchées au Fort-Julien, à Rosette, une petite ville portuaire à l'embouchure du bras occidental du delta du Nil, découvrit fortuitement une pierre de granite noir, plus ou moins rectangulaire, dont la face, bien polie, portait trois inscriptions en trois caractères différents. L'inscription supérieure, en partie détruite, était en hiéroglyphes, l'inscription intermédiaire en une écriture égyptienne simplifiée (qui fut dite ultérieurement *démotique*, voir l'annexe 1) et l'inscription inférieure – ô divine surprise ! – en langue et en caractères grecs. Il apparut évident que cette dernière était la traduction des deux autres et que la *Pierre de Rosette* renfermait les premières bases du déchiffrement des hiéroglyphes. Toutefois, après la déroute française, l'évacuation précipitée des savants qui faisaient partie de l'expédition eut pour effet l'abandon, entre les mains des Anglais, de ce document trilingue inestimable qui est conservé, depuis, au British Museum. L'égyptologie, science génératrice de vérités historiques et culturelles, allait pouvoir naître grâce aux travaux patients et discrets de Champollion et des premiers égyptologues ; mais, dans son sillage, se profilait déjà sa caricature, l'*égyptomanie*, génératrice d'erreurs, de mensonges et d'impostures, que nous nous proposons de dénoncer dans ce livre.

*

On a peine à imaginer combien grand fut l'engouement pour les choses de l'Égypte ancienne parmi les orientalistes européens (notamment le Français Sylvestre de Sacy, le Suédois Ackerblatt, l'Anglais Thomas Young et le Français Champollion) dès qu'ils purent aller examiner à Londres et y copier, patiemment, les trois textes que portait la Pierre de Rosette sur lesquels ils se penchèrent pendant une vingtaine d'années, jusqu'au moment où le secret des hiéroglyphes fut définitivement percé à jour par Champollion, qui résuma sa découverte dans une fameuse *Lettre à Monsieur Dacier*, secrétaire perpétuel de l'Académie des Inscriptions et Belles-Lettres, laquelle fut lue le 29 décembre 1822 devant les membres de ladite Académie.

Malheureusement, tandis que ces purs savants usaient leurs yeux à copier la Pierre de Rosette ou les quelques rares papyrus qui parvenaient en Europe, la vallée du Nil devenait le paradis des agents consulaires, des aventuriers, des pillards et des escrocs en tous genres qui s'y retrouvaient pour y constituer clandestinement des collections d'objets antiques – statues, bas-reliefs, bijoux anciens, amulettes et scarabées sacrés, papyrus – qu'ils revendaient à prix d'or à Londres, Paris, Berlin et Rome, avec la bénédiction du pacha d'Égypte, Méhémet Ali, de ses ministres et de ses fonctionnaires, grassement récompensés, alimentant ainsi l'égyptomanie européenne et américaine naissante [1].

Cette forme de l'égyptomanie n'est pas comparable au syndrome égyptomaniaque contemporain car, d'une part, elle ne s'accompagne d'aucune surexcitation intellectuelle ou morale chez le sujet intéressé – signe pathognomonique du syndrome – et, d'autre part, elle n'est pas délirante, mais comportementale, le propre d'un délire étant la perte du sens des réalités et celui d'un comportement d'être une manière de s'adapter à une certaine réalité. Un personnage comme le colonel Drovetti, par exemple, qui avait fait la campagne d'Égypte comme colonel dans l'armée de Bonaparte, ce gangster international qui avait déjà fait ses preuves en Italie dans l'art du pillage des œuvres d'art et qui nommera ce colonel-*sic*[2] consul de France, a littéralement écumé la vallée du Nil jusqu'en 1829, avec l'aide d'un sculpteur marseillais du nom de J.-J. Rifaud, qui n'avait pas plus de scrupules que lui, et d'une bande de rabatteurs à sa solde : il n'y avait aucune « surexcitation » délirante dans la conduite de ces deux hommes, car ces cambrioleurs-pirates de haut vol opéraient dans le but purement utilitaire de faire fortune. On pourrait en dire autant des acheteurs de Drovetti et de ses semblables (car ils furent nombreux) : ce qui les surexcitait, ce n'étaient pas les pharaons, les pyramides ou les mastabas, c'étaient les

---

1. Les noms de ces pillards et de leurs rabatteurs et hommes de main sont répertoriés dans W.R. Dawson et E.P. Uphill, *Who Was Who in Egyptology*, Londres, 1972.

2. Figure de rhétorique empruntée par l'auteur au *Canard enchaîné*.

Le syndrome égyptomaniaque

pièces d'or du roi de Sardaigne qui achetait leurs collections. L'égyptomanie utilitaire de ces sinistres individus, comme celle de leurs fourgues[1] et de leurs commanditaires, les souverains européens, les milliardaires anglo-saxons ou les conservateurs de musées de l'époque, qui attendaient sagement, et sans risques, dans leurs cabinets, les livraisons de ces brigands d'un nouvel âge, n'avait rien de psychopathologique ni d'obsessionnel ; elle relevait du banditisme pur et simple[2]. Cette mise à sac matérielle de l'Égypte ne fut d'ailleurs pas le propre des Occidentaux : le gouvernement de Méhémet Ali, qui voulait « moderniser » son pays, n'hésita pas à détruire des temples pour construire à leur place des casernes. Ce pillage et ces actes de vandalisme émurent Champollion, qui envoya à ce sujet une *Note pour la conservation des monuments d'Égypte* dans laquelle il cite quarante-trois sites archéologique à protéger, mais cette note resta lettre morte : le banditisme archéologique égyptomaniaque ne se ralentit qu'avec l'arrivée au pouvoir du *raïs* Abdel Nasser, en 1954.

Toutefois, si, en ce début du XXIe siècle, l'égyptomanie des antiquaires-chacals s'est éteinte, elle a laissé la place à la profanation de ses hauts lieux historiques, consé-

---

1. Terme argotique pour désigner un receleur.
2. Parmi les noms de la première génération de « fourgues » cités par Dawson et Uphill on relève ceux de : H. Abott, médecin à New York ; Clot Bey, médecin marseillais ; A.C. Harris, commerçant d'Alexandrie ; Louis Alexis Jumel, ingénieur français qui dirigeait les filatures installées par Méhémet Ali en Égypte ; le général autrichien Koller ; le général-baron prussien Minutoli (qui se disait archéologue) ; le prince autrichien Rainer ; l'Écossais A. H. Rhind ; l'Anglais lord Prudhoe, dont la collection comptait plus de 2 000 objets ; et l'antiquaire américain J. Sams. La deuxième génération (entre 1830 et 1860) fut celle de : l'Italien Ferlini, qui mit à sac les pyramides de Méroé ; l'antiquaire-*sic* S. Fernandez, pilleur de Saqqara ; lord Grenville et bien d'autres encore.

quence inévitable de l'apparition de l'égyptomanie touristique, largement entretenue par les agences de voyages et par les romans de quai de gare à grand tirage sur les amours et les combats imaginaires des pharaons ou les mésaventures des « pharaonnes » qui font pleurer Margot, généralement sans aucun fondement historique (et pour cause : nous montrerons plus loin qu'on ignore à peu près tout de l'histoire événementielle de l'Égypte ancienne qui s'étend sur quelque deux mille ans, de 2700 à 525 av. J.-C., et que celle de l'époque archaïque, dite « thinite », nous est pratiquement inconnue) et de qualité littéraire plus que médiocre, à quelques rares exceptions près. L'histoire de la civilisation pharaonique, qui était la spécialité discrète de quelques savants sérieux, est devenue aujourd'hui, à la demande de quelques directeurs de publications que seuls intéressent les sacro-saints « tirages » et qui semblent se moquer de la vérité historique, la proie de quelques littérateurs journalistiques, bien incapables, hélas, d'écrire comme Théophile Gautier[1] : sous leur plume mensongère, grandiloquente et souvent malhabile, est née une Égypte de pacotille, sans aucun rapport avec celle, véritable, des archéologues et des historiens. C'est cette imposture que nous souhaitons dénoncer dans ce livre. (Soulignons ici, et sans flagornerie, que les auteurs et les éditeurs de livres sont, sur ce plan, bien plus honnêtes que les éditeurs de revues : ils annoncent en général les ouvrages d'inspiration égyptienne comme des « romans », et tout, absolument tout est permis à un créateur romanesque, même d'écrire que Bonaparte s'est suicidé au pied des pyramides lorsqu'il a appris que, pendant son absence guerrière, Joséphine, qui n'avait rien d'une Pénélope, le trompait !)

---

1. Auteur, on le rappelle, d'un merveilleux *Roman de la momie* (1858).

II.

L'imposture chronologique

Que de fois n'a-t-on pas lu, dans une de ces nombreuses revues de vulgarisation qui colportent des idées traditionnelles, sans grands rapports avec les données de la science historique, que l'histoire des pharaons de l'ancienne Égypte se perdait dans « la nuit des temps ». Cette obscurité nocturne fait rêver, on s'en douterait, les égyptomaniaques qui voient dans l'antique peuple égyptien le premier peuple civilisé de l'histoire, comme d'ailleurs le croyaient les Grecs, et il est apparemment malaisé de les détromper car, pour ce faire, il faut se reporter aux travaux des préhistoriens, que nos malades ignorent souvent ou dont ils ne comprennent pas la signification. Ils acceptent donc, sans broncher, par exemple, l'histoire des amours d'Amenhotep IV, *alias* Akhénaton, avec la belle Néfertiti que leur content à grand renfort d'adjectifs colorés les pseudo-historiens ou, ce qui est plus grave, les historiens-imposteurs en quête de succès auprès du grand public, et restent persuadés que tout a débuté « au temps des pharaons ». Nous allons donc commencer notre traitement du syndrome égyptomaniaque par montrer à nos patients qu'ils se trompent, et pourquoi ils se trompent.

L'homme que les préhistoriens appellent « Homme moderne » pour le distinguer de l'Homme de Neander-

L'égyptomanie, une imposture

tal, qui appartient à la même espèce, *Homo sapiens*[1], est apparu il y a quelque 90 000 ans en Afrique, d'où il a essaimé, peu à peu, sur toute la surface du globe. Son aventure préhistorique a connu plusieurs *âges*, caractérisés par la nature et le niveau technique des outils de pierre, puis de pierre et d'os, qu'il utilisait pour subsister, c'est-à-dire par ce que l'on nomme leur *industrie*. Vont ainsi se succéder, toujours dans le même ordre, mais à des époques différentes selon les sites préhistoriques considérés, les âges de la « pierre éclatée » et de la « pierre taillée » (Paléolithique inférieur, moyen et supérieur), puis celui de la « pierre polie » (Néolithique), séparés par une période intermédiaire, celle du Mésolithique. À chacun de ces âges et de leurs subdivisions correspondent des modes de vie et d'habitat différents, depuis la vie nomade et prédatrice de quelques groupements familiaux isolés au Paléolithique, à « l'âge des cavernes », jusqu'à l'installation des premiers agriculteurs-éleveurs sédentaires vivant en communauté et en plein air dans les premiers villages de l'histoire de l'humanité, dont les archéologues ont retrouvé les vestiges au cœur des vallées du Tigre et de l'Euphrate, en Mésopotamie, et de celle du Nil, en Égypte, vestiges que l'on sait dater depuis plus d'un demi-siècle par la radiochronologie et, avec plus de précision encore, par les applications de la thermoluminescence, méthode que n'ignorent évidemment pas les égyptologues et qui, nous allons le voir, bat en brèche les croyances béates des égyptomaniaques.

Le passage du Paléolithique au Néolithique (de l'âge de la pierre éclatée ou taillée à celui de la pierre polie si l'on préfère un langage plus imagé) s'est produit en

---

1. Cette espèce comprend deux sous-espèces, *sapiens sapiens*, à laquelle appartiennent tous les hommes dits « historiques » depuis l'Homme de Cro-Magnon, et *sapiens neandertalensis* ou Homme de Neandertal, apparue quelques dizaines de milliers d'années plus tôt.

effet à des moments différents selon les lieux et, bien qu'il se soit réalisé lentement et progressivement, il n'en a pas moins constitué une véritable « révolution », la *révolution néolithique*, qui a exigé plusieurs siècles pour s'accomplir. Elle a éclaté d'abord, à la fin du VIIe millénaire av. J.-C., dans une région du globe privilégiée par son climat et sa géographie, qui s'étend en arc de cercle du golfe Persique à l'isthme de Suez, en passant par la Mésopotamie (l'Iraq actuel), l'Iran, la Turquie et la Syrie-Palestine, que l'on appelle le « Croissant fertile », et dans cette région seulement.

À partir de cette zone privilégiée, la révolution néolithique se serait alors propagée, de proche en proche, vers l'Occident et, en particulier, vers l'Égypte, qu'elle a atteinte dans le courant du VIe millénaire av. J.-C., comme le résume le tableau 1 ci-après, p. 26 (d'après J. Vercouter[1] ; les dates proposées ont été obtenues par la datation radiochronologique au carbone 14 calibré des vestiges retrouvés sur différents sites, avec une marge d'incertitude moyenne de ± 115 ans).

Il est bon de souligner qu'on ignore par quelle voie et par quels moyens la révolution néolithique, née en divers lieux du Croissant fertile, et notamment en Mésopotamie, est parvenue à atteindre les terres égyptiennes, isolées du Pays des Deux Fleuves (le Tigre et l'Euphrate, qui encadrent la plaine mésopotamienne) par les déserts syriens et arabiques, et surtout de relativiser l'importance de cette révolution dans la vallée du Nil. En effet, l'adoption de l'agriculture céréalière (orge, blé) par les populations nilotiques préhistoriques n'a pas été pour elles une véritable nouveauté, habituées qu'elles étaient à pratiquer la cueillette sauvage des nombreuses espèces végétales qui croissaient naturellement dans la riche plaine alluviale du

---

[1]. *L'Égypte et la vallée du Nil*, Paris, PUF, 1992, p. 29.

*Tableau 1. La préhistoire et la protohistoire
en Égypte et en Mésopotamie*

Dates av. J.-C. (climat)	ÉGYPTE	MÉSOPOTAMIE
De 500000 à 120000 (semi-aride)	Paléolithique inférieur I	
De 120000 à 90000 (humide)	Paléolithique inférieur II	
De 90000 à 50000 (aride)	Paléolithique moyen I	
De 50000 à 24000 (humide)	Paléolithique moyen II	
De 24000 à 14500 (aride)	Paléolithique supérieur	
De 14500 à 6000 (humide)	Paléolithique final	
De 6000 à 5500	Mésolithique, Épipaléolithique, Néolithique	Fin du Néolithique v. 5500 : fin de la Préhistoire mésopotamienne, SHANIDAR, MUALLAFAT premiers villages de l'histoire
De 6000 à 4000	Prédynastique ancien	vers 5000 : JARMO et premiers temples (HASSUNA, ERIDU)
De 4000 à 3500	Fin du Néolithique et du Prédynastique ancien	Premières *ziggurats*.
De 3500 à 3150	Prédynastique récent Fin de la préhistoire égyptienne	Les Sumériens inventent l'écriture (avant 3500) Gilgamesh et les cités-États de Sumer : Ur, Uruk, etc.
De 3150 à 2547	Époque archaïque ou thinite (dynasties I et II) v. 3100 : apparition des premiers pictographes v. 2700 : début du développement de l'écriture hiéroglyphique	v. 2900 : les Sémites (Akkadiens) en Mésopotamie.
2547-2538	Règne du pharaon Djeser, fondateur de la IIIᵉ dynastie et début, en Égypte, de l'Ancien Empire : l'Égypte entre dans l'histoire. Les *Pyramides* de Gizeh.	
2526-2502	Règne de Snéfrou et fin de la IIIᵉ dynastie	

L'imposture chronologique

fleuve, et seul le passage de la vie nomade à la vie sédentaire a constitué pour elles une véritable révolution... mais avec plus de mille cinq cents ans de retard sur celle qui avait éclos en Mésopotamie et qui a été retrouvée sur les sites de Muallafat et de Jarmo (v. 5000 av. J.-C.), et sur les sites de Hassuna, Eridu, tell Halaf et el-Obeïd (IVe millénaire av. J.-C.) : à l'époque où les Égyptiens en étaient encore à l'âge de la pierre polie, les Mésopotamiens bâtissaient déjà leurs premiers temples. Cela devrait faire réfléchir les égyptomaniaques.

Ainsi donc, les tribus semi-nomades dont les préhistoriens ont retrouvé les traces dans la vallée du Nil sont sorties de la préhistoire **mille cinq cents ans après** les premiers occupants de la Basse-Mésopotamie, les Sumériens qui, venus d'on ne sait où (d'Afrique ou d'Asie orientale ?), ont inventé la vie sédentaire en société et l'écriture entre 3900 et 3500 avant notre ère. À une époque où la communication des techniques, des savoirs et des éléments de civilisation ne se faisait que par le contact entre des populations de cultures différentes, un tel retard ne pouvait se combler que très lentement, et c'est la raison pour laquelle la soi-disant

Le Paléolithique a duré quelque 500 000 ans en Égypte, où la révolution néolithique n'a débuté qu'en 6000 av. J.-C. et où la préhistoire se termine vers 3150 av. J.-C. ; l'histoire proprement dite ne débute qu'avec l'Ancien Empire, en 2526 av. J.-C.. Dans la mesure où les fouilles des préhistoriens montrent qu'entre 3500 et 3200 av. J.-C. on assiste à un développement très rapide des cultures nilotiques, ainsi qu'à leur uniformisation depuis le Delta jusqu'à la IIe cataracte du Nil, on qualifie de « prédynastiques » les derniers étages du Néolithique égyptien, à partir de 4000 av. J.-C. La préhistoire égyptienne se termine au Prédynastique récent, vers 3150 av. J.-C., alors qu'en Mésopotamie la préhistoire était terminée depuis le début du VIe millénaire av. J.-C.

Tableau 2. Périodisation de l'histoire de l'Égypte pharaonique

Dates	Périodes	Population	Dynasties
v. 3185-v. ? ? ? ?	Période archaïque dite *thinite*	866 000	I et II
2700-2195	Ancien Empire (Empire memphite)	1 614 000	III à VI
2195-2026	Ire Période Intermédiaire		VII à XI (déb.)
2026-1797	Moyen Empire (Ier Empire thébain, puis invasion des Hyksos)	1 900 000	XI (fin)-XII
1797-1543	IIe Période Intermédiaire occupation de l'Égypte par les dynasties Hyksos		XIII à XVII XV et XVI
1543-1080	Nouvel Empire (IIe Empire thébain)	2 850 000	XVIII à XX
1080-715	IIIe Période Intermédiaire		XXI à XXIV
715-332-525	Basse Époque Psammétique III dernier pharaon égyptien		XXV à XXX
525	Conquête de l'Égypte par les Perses (Cambyse)		
331	Arrivée d'Alexandre le Grand		
305-283	Règne de Ptolémée Ier Sôtêr fondateur de la dynastie gréco-macédonienne des Lagides, qui s'éteindra avec Cléopâtre, époque à laquelle l'Égypte devient une province romaine.		

L'imposture chronologique

« civilisation » égyptienne n'a été en fait qu'une *culture* (au sens que les anthropologues donnent à ce terme), laquelle s'est traduite, comme toutes les cultures, par des productions matérielles (céramique, architecture, sculpture, peinture) et par la création de mythes (les multiples facettes de ce qu'on nomme, à tort, la « religion » égyptienne). Au cours des deux mille ans que va durer l'histoire de l'Égypte pharaonique, depuis les premières dynasties – dont ne sait à peu près rien – jusqu'à la

Au IIIe siècle av. J.-C., alors que l'Égypte, conquise sur les Perses par Alexandre le Grand en 331 av. J.-C., était devenue un royaume gréco-macédonien gouverné par la dynastie macédonienne des Lagides, son premier roi, fondateur de cette dynastie, Ptolémée Ier Sôtêr, qui régna de 305 à 283 av. J.-C., commanda à un prêtre égyptien d'Héliopolis fortement hellénisé, du nom de Manéthon[1], qui lisait couramment les trois écritures égyptiennes (les hiéroglyphes, le hiératique et le démotique) une Histoire de l'Égypte *en langue grecque, qui a disparu. Il nous en est resté une liste de 240 pharaons, répartis par cet auteur en 31 dynasties, dont la dernière est composée des trois derniers souverains perses (le dernier, Darius Codoman, a été vaincu par Alexandre). Les historiens modernes ont conservé cette division, mais ils ont groupé les dynasties de Manéthon en six périodes qui se chevauchent quelque peu chronologiquement, comme l'indique le tableau, sur lequel nous avons aussi mentionné la population de l'Égypte à ces époques d'après les estimations de Butzer[2], qui se fonde sur les surfaces cultivables et la productivité du sol dans l'Antiquité.*

---

1. Il nous reste des *Aegyptiaca* de Manéthon des résumés qui en ont été tirés par des écrivains postérieurs, tel Flavius Josèphe, et, plus tard, des chronographes chrétiens, comme Julien l'Africain et Eusèbe de Césarée.
2. K.W. Butzer, *Early Hydraulic Civilization in Egypt*, Chicago, 1976.

conquête perse, en 525 av. J.-C., les anciens Égyptiens n'ont élaboré aucune civilisation écrite (nous verrons que les hiéroglyphes n'ont guère servi qu'à exalter la puissance des pharaons), aucun *corpus* scientifique comparable à ceux des Mésopotamiens de Sumer, Akkad et Babylone (les textes des rarissimes papyrus mathématiques, astronomiques ou médicaux égyptiens qui nous sont parvenus sont d'une pauvreté extrême et ne nous proposent aucun *savoir* : ils ne décrivent – sommairement – que de simples savoir-faire), aucun *corpus* juridique comparable au Code d'Hammourabi, et ils ont été incapables de créer une civilisation urbaine digne de ce nom, comme l'ont fait progressivement et avant eux, en Mésopotamie, les Sumériens à partir de la fin du Ve millénaire av. J.-C. (alors qu'à cette époque l'Égypte était encore plongée dans les ténèbres de la préhistoire), et les Sémites (Akkadiens, Babyloniens et Assyriens) qui leur ont succédé.

Dire que les anciens Égyptiens ont vécu une longue histoire qui a duré quelque deux mille ans (du premier pharaon, Djeser, jusqu'à la conquête de l'Égypte par les Perses), c'est énoncer une vérité scientifique de type historique ; mais prétendre qu'elle remonte à la nuit des temps, c'est faux, et affirmer qu'elle a été grandiose, c'est cultiver l'équivoque et confondre durée et qualité. L'histoire des anciens Hellènes s'est étendue, elle aussi, sur deux mille ans (et même davantage), mais elle a produit une civilisation écrite, politique, philosophique, scientifique, littéraire, architecturale et artistique prodigieuse, à laquelle nous devons la nôtre ; celle des Égyptiens a engendré une civilisation monumentale exceptionnelle, certes, mais une civilisation stéréotypée et rien de plus. Nous montrerons plus loin (au chapitre IV) que les rares innovations qu'on y observe (l'évolution de la céramique au

L'imposture chronologique

Prédynastique ancien et l'apparition des hiéroglyphes) ont été le produit d'un contact – certains avancent même l'hypothèse d'une invasion – avec la civilisation mésopotamienne par l'intermédiaire de populations venues de Palestine ou de Syrie.

III.

Roitelets, pharaons ou Pères Ubu ?

Parmi les délires qu'engendre l'égyptomanie, le plus caractéristique et le plus spectaculaire concerne l'histoire des pharaons égyptiens. Il est alimenté par les romanciers populaires, les uns talentueux, les autres besogneux, qui font leurs choux gras des pseudo-aventures amoureuses ou guerrières de ces rois égyptiens, dont les premiers n'étaient sans doute que de petits chefs tribaux, qui furent désignés par les auteurs grecs, à l'époque alexandrine, sous le nom de φαραω(*pharaô*), dont nous avons fait « pharaon »[1]. Or, comme nous l'allons montrer ici, on ignore en général à peu près tout de ces personnages, sinon leurs noms et la durée hypothétique de leurs règnes ; quant aux événements politiques ou militaires qui les concernent, nous ne les connaissons principalement que par des inscriptions sur des stèles, des obélisques ou des monuments que ces rois ont fait élever dans le but de perpétuer leur gloire, et qui n'ont pas plus de valeur historique que les louanges tressées par la *Pravda* au tout-puissant pharaon qu'était Staline ou que la légende dorée de Roland à Roncevaux.

---

1. D'après le mot égyptien *perâa* qui signifiait « la Grande Maison » et qui désignait aussi bien le palais où vivait le roi que le roi lui-même.

L'égyptomanie, une imposture

Cette absence quasi totale de sources fiables nous interdit donc d'écrire quoi que ce soit de sérieux sur les actions, sur la politique et encore moins sur la personnalité des pharaons, de leurs ministres, de leurs généraux et de leurs épouses. Ramsès II a-t-il été un « Napoléon » égyptien ou un petit chef qui, tentant de protéger son territoire des incursions étrangères, se serait empoigné avec une bande de Hittites, un après-midi durant, sur les rives de l'Oronte ? Aucun document ne nous permet de trancher entre ces deux hypothèses. Le premier pharaon égyptien se nommait-il Narmer ou Aha ? Nous n'avons pas davantage le moyen de le savoir. Et ainsi de suite : il ne nous est parvenu que de très brèves informations sur les acteurs de l'histoire de l'Égypte ancienne et nous ne possédons aucune source fiable qui puisse nous les garantir. Tous les égyptologues dignes de ce nom le savent et l'ont mille fois rappelé, tel l'un des plus grands spécialistes de la langue et de la civilisation égyptiennes, A. Erman, par exemple, qui écrivait déjà, au début de ce siècle, à propos de l'« histoire » de l'Égypte :

> « ... Le lecteur ne doit pas prendre le mot "histoire" dans un sens comparable à celui que nous lui donnons quand nous esquissons l'histoire de la Grèce ou de Rome, par exemple, car, à vrai dire, nous ne connaissons pas les événements historiques qui se sont déroulés dans l'ancienne Égypte. Les inscriptions historiques, au sens propre du terme, font presque complètement défaut, et, pour l'essentiel, nous en sommes réduits à deviner ce qui s'est passé réellement, en lisant entre les lignes. C'est à peine si, pour l'un des rois égyptiens [*il y a eu 240 pharaons !*], nous parvenons à nous faire une idée de sa véritable personnalité, et nous devons nous estimer heureux, si nous réussissons à nous faire une idée relativement claire des principales périodes [*il y en a eu six*] de l'histoire pharaonique[1]. »

---

1. Adolf Erman et H. Ranke, *La Civilisation égyptienne*, trad. fr. Paris, Payot, 1963.

Roitelets, pharaons ou Pères Ubu ?

Libre donc à un écrivain comme Christian Jacq, digne émule d'Alexandre Dumas, d'évoquer ainsi, sans sourire, dans un de ses romans, un personnage nommé « Ramsès » : « *Le prince Ramsès était un athlète d'un mètre quatre-vingt, à la magnifique chevelure blond vénitien, au visage allongé, à la musculature fine et puissante, le front large et dégagé, les arcades sourcilières saillantes, les sourcils fournis, les yeux petits et vifs...* », et de lui faire affronter à mains nues « *un énorme lion, long d'au moins quatre mètres... auquel sa crinière flamboyante, de couleur claire, donnait l'allure d'un guerrier triomphant.* » Toutefois le personnage qu'il nous décrit est purement romanesque et imaginaire. L'auteur nous en prévient fort honnêtement, puisqu'il nous précise, sur la couverture de son livre, qu'il s'agit d'un roman. Le roi Ramsès II, dont il pourrait peut-être s'agir ici, appartenait, ainsi que tous les anciens Égyptiens, à la « race » méditerranéenne brune[1] et, selon toute vraisemblance, il avait la taille petite, les cheveux bruns ou noirs et le teint mat ; mais un romancier a tous les droits, en la matière. Alexandre Dumas ne nous dépeint-il pas avec autant de conviction d'Artagnan galamment récompensé par la reine de France : « *Tout à coup un bras adorable de forme et de blancheur passa à travers la tapisserie ; d'Artagnan comprit que c'était sa récompense : il se jeta à genoux, saisit cette main et appuya respectueusement ses lèvres...* », mais que savait-il du « bras adorable » de la reine ? Le Ramsès de Christian Jacq n'a pas plus de véracité historique que le bras blanc d'Anne d'Autriche ou que le mousquetaire de Dumas, et il nous est absolument et définitivement impossible de savoir si Ramsès était grand ou petit, combatif ou peureux, habile

---

[1]. C'est l'opinion à laquelle tous les égyptologues se sont ralliés en tenant compte à la fois des études anthropologiques effectuées sur les squelettes et les momies qui ont été retrouvés au cours des fouilles et de l'iconographie pharaonique.

L'égyptomanie, une imposture

ou malhabile administrateur de son royaume, s'il a ou non livré bataille aux Hittites et, dans le cas où il y aurait eu combat, si ce ne fut qu'une empoignade sur l'Oronte entre quelques bandes d'Égyptiens et de Hittites ou le plus grand événement militaire de l'histoire égyptienne.

Ces remarques de bon sens, qu'ont formulées de tout temps les égyptologues sérieux, l'égyptomaniaque n'en a que faire, d'autant qu'il est conforté dans son délire par les grands organes de presse – journaux, magazines, radios, chaînes de télévision – qui sont, à quelques exceptions près, avides de grands tirages et qui savent cultiver l'attrait du chaland pour le mystère en multipliant les fausses enquêtes et les pseudo-informations qui alimentent son égarement. Notre intention, dans ce chapitre, est de dépouiller l'histoire pharaonique de l'Égypte ancienne de ses oripeaux journalistiques et mystificateurs, qui entretiennent l'égyptomanie, et de mettre sous les yeux de ceux de nos lecteurs qui sont atteints de ce mal, ou qui risquent de l'être, les sources réelles – papyrus, inscriptions, documents divers – à laquelle s'abreuve l'histoire sérieuse des égyptologues : nos égyptomaniaques, si leur bon sens l'emporte sur leur égyptomanie, pourront alors juger combien leur délire est loin de la réalité.

Nous commencerons par la discipline qui est à la base de tout travail historique : la chronologie.

Aussi incroyable que cela paraisse, alors que nous possédons un nombre considérable d'inscriptions hiéroglyphiques sur les parois des centaines de monuments (temples, pyramides, mastabas, complexes funéraires), grands ou petits, qui ont été retrouvés dans la vallée du Nil entre le Delta et la Nubie, sur des milliers de stèles et d'obélisques, de palettes et de cylindres porteurs eux aussi d'inscriptions souvent fort longues relatives à un pharaon, à un ministre ou à un événement guerrier, **il ne nous est parvenu, en tout et pour tout, que deux**

Roitelets, pharaons ou Pères Ubu ?

documents porteurs d'informations chronologiques sur les quelque deux cents pharaons qui ont régné pendant deux mille ans dans la vallée du Nil, ou, plus précisément, des fragments de ces deux documents et, nous l'allons voir, ces informations se limitent rarement à plus de deux ou trois lignes, souvent lacunaires, pour chaque roi.

Le premier est une très grande dalle de diorite noire, gravée sur ses deux faces, appelée *Pierre de Palerme*, parce que le plus grand fragment de cette dalle est conservé dans le musée de la ville de Palerme depuis 1877 ; quatre autres fragments se trouvent au musée du Caire et un cinquième a été acquis par l'archéologue-égyptologue William Petrie. À en juger par ces débris, la Pierre de Palerme, lorsqu'elle était complète, comportait la liste des noms de tous les pharaons qui ont régné sur l'Égypte depuis la fin du IVe millénaire (3100 ± 120 av. J.-C.) jusqu'à 2500 av. J.-C. environ (soit les 43 souverains des six premières dynasties égyptiennes), chaque nom étant suivi de quelques très brèves informations sur le pharaon en question. On est en droit de penser que, pour chacun de ces rois, la Pierre de Palerme mentionnait : 1° ses noms et ceux de sa mère ; 2° l'énumération des événements marquants de son règne, année par année ; 3° au-dessous de chaque énumération, la hauteur de la crue du Nil pour l'année considérée, exprimée en coudées (environ 52,5 cm), paumes (environ 7,5 cm) et doigts (environ 1,9 cm) et, parfois, le résultat d'un recensement (du bétail ou de matières précieuses par exemple). Ces fragments ont été intitulés avec exagération « Annales » par les égyptologues, mais il ne faut pas se faire d'illusions : ce sont des textes extrêmement frustes, comme le montrent les exemples[1] que nous citons plus

---

1. Traduction par Alessandro Roccati, dans *La Littérature historique sous l'Ancien Empire*, publié avec le concours du CNRS, Paris, Éditions du Cerf, 1982, p. 41.

Figure 1.
Fragments de la Pierre de Palerme

C'est à partir de ces quelques hiéroglyphes qui recouvrent les fragments de la Pierre de Palerme que l'on a pu reconstituer la succession probable des pharaons de l'Ancien Empire, mais seulement cette succession, sans rien de plus.

loin (p. 53 *sqq.*), à partir desquels on ne peut absolument rien dire de sérieux sur ces quarante-trois règnes. Précisons, en particulier, qu'il n'existe aucun mot, en égyptien ancien, correspondant au terme « Empire » abusivement employé par les premiers égyptologues et qui est resté dans les usages ; dans les sources, l'ensemble politique que constituait l'Égypte pharaonique est désigné par l'appellation purement géographique de « Haute et Basse-Égypte » ou par des expressions équivalentes.

Le second document est connu sous le nom de *Papyrus royal de Turin,* ainsi qualifié parce qu'il contient une liste chronologique de pharaons de la même facture que

Roitelets, pharaons ou Pères Ubu ?

celle de la Pierre de Palerme, qui en est sans doute la source, et dont il constituerait en quelque sorte la mise à jour, car le dernier pharaon qu'il mentionne est Merenptah (il s'agit sans doute de Ramsès-Merenptah, avant-dernier souverain de la XIXe dynastie, qui régna de 1195 à 1189 av. J.-C). Ce papyrus a été acheté – ou plus vraisemblablement volé – à un paysan thébain pilleur de tombes par le colonel-gangster Drovetti[1] qui le fourra, intact, dans la fonte de sa selle et repartit au galop vers Louxor, le terrain favori de ses rapines ; lorsque ce personnage déroula le précieux papyrus, il le fit sans doute à la hussarde, puisque le rouleau, couvert d'inscriptions en hiératique, tomba en miettes, et seuls 300 fragments ont pu être reconstitués.

Le Papyrus de Turin donne simplement la liste chronologique des souverains égyptiens, telle qu'elle apparaît sur la Pierre de Palerme (avec des lacunes liées à son mauvais état de conservation, voir les extraits que nous citons ci-après, p. 52), mais il ne mentionne aucun événement de règne, ni la hauteur des crues du Nil. En revanche il indique le nombre total d'années de règnes correspondant à certaines séries de pharaons. La liste de Turin commence par des noms de dieux supposés avoir régné sur le pays avant les rois humains qui en seraient les descendants.

---

1. Bernardino Drovetti était un Livournais qui avait participé à la campagne d'Égypte comme colonel et que Bonaparte, avant de déserter en abandonnant son armée vaincue, avait nommé consul général de France, poste qu'il occupa jusqu'en 1829. Installé au Caire, ce personnage douteux, secondé par un artiste marseillais du nom de J.-J. Rivaud, utilisa la trentaine d'années qu'il passa en Égypte à piller le pays ; il constitua ainsi trois grandes collections d'antiquités égyptiennes, qu'il vendit, à prix d'or, au roi de Sardaigne, au roi de France Charles X et au roi de Prusse, et qui se trouvent aujourd'hui, respectivement, aux musées de Turin, du Louvre et de Berlin.

L'égyptomanie, une imposture

Le troisième document est beaucoup plus intéressant, mais il est tardif : il s'agit de la liste de pharaons établie, en grec, par le prêtre égyptien Manéthon au IIIe siècle av. J.-C., que nous avons annoncée plus haut et qui nous est parvenue sous forme de résumés variés. Son auteur s'est servi, sans aucun doute, de la Pierre de Palerme et du Papyrus royal de Turin, qui étaient vraisemblablement en meilleur état et plus complets qu'ils ne le sont maintenant, et de *listes royales* gravées sur les parois de certains temples, à Louxor, à Karnak ou à Abydos[1]. Elle présente les particularités suivantes :

1. Manéthon a réparti chronologiquement les rois égyptiens en trente et une dynasties, classification qui, malgré son caractère arbitraire, a été conservée par les égyptologues modernes ; l'une des premières tâches que ces derniers se sont assignées fut – et elle l'est encore – de retrouver le plus grand nombre de vestiges matériels (sépultures, objets, inscriptions, etc.) concernant ces rois, et les plus belles trouvailles archéologiques dans ce domaine ont été faites dans la deuxième moitié du XIXe siècle.

2. Comme, pour chaque souverain, Manéthon indique la durée de son règne, et comme, d'autre part, pour quatre d'entre eux, il est fait mention d'événements contemporains de certains phénomènes astronomiques dont on peut retrouver la date absolue, nous sommes en mesure d'assigner des dates absolues aux débuts et aux fins de règne de tous les pharaons de la liste de Manéthon (ces dates absolues viennent d'être corrigées

---

[1]. Ces listes sont sélectives, car elles ne mentionnent que les souverains jugés dignes d'être cités et elles sont sans dates, alors que le Papyrus royal de Turin nous renseigne sur la durée de certains groupes de règnes ; mais elles permettent de vérifier l'ordre de succession des pharaons mentionnés.

Roitelets, pharaons ou Pères Ubu ?

récemment par une astronome britannique, Kate Spence[1]).

3. Selon cette liste, le premier pharaon aurait été Narmer, à l'origine de la Ire dynastie (archaïque), dite thinite ; toutefois des recherches récentes ont suggéré de compléter la liste de Manéthon en lui ajoutant une « dynastie zéro » hypothétique (à quand un numéro spécial de telle ou telle publication destinée au « grand public » égyptomaniaque sur la vie et les amours des pharaons de la dynastie zéro ?).

Ainsi donc, grâce à ces trois sources et aux listes royales partielles retrouvées sur certains monuments égyptiens, nous pouvons reconstituer non pas l'histoire de l'Égypte ancienne, mais uniquement la succession datée de ses rois et il faut se résigner à admettre cette conclusion décevante : en dehors de l'activité de bâtisseur des pharaons dont il subsiste tant de vestiges, **nous ignorons à peu près totalement** ce qui s'est passé vraiment dans la vallée du Nil depuis le règne de Narmer (v. 3185-3125 av. J.-C.) jusqu'à ceux des derniers souverains du Nouvel Empire, nous ne pouvons que l'imaginer à partir de ces bandes dessinées sans paroles que sont les bas-reliefs et les fresques des monuments funéraires et des temples. Tout ce que peuvent écrire, en sus de la description de ces images, les faux égyptologues

---

1. Des travaux récents, réalisés en Grande-Bretagne par Kate Spence (Faculty of Oriental Studies, Cambridge), fondés sur l'orientation de la grande pyramide de Chéops par référence non pas à la seule étoile Polaire, mais à deux étoiles circumpolaires, et tenant compte, en outre, des corrections liées à la précession des équinoxes, ont montré, avec rigueur, qu'il fallait abaisser en moyenne de 74 ans les dates d'avènement des pharaons Djeser, Snéfrou, Chéops, Chéphren et Mykérinos admises jusqu'à présent. Ainsi, à la date, communément adoptée aujourd'hui, de 2600 av. J.-C. pour l'avènement de Snéfrou, il faudrait substituer 2526 ± 7 av. J.-C., et ajuster les autres dates en conséquence.

Figure 2.
Les principaux sites prédynastiques

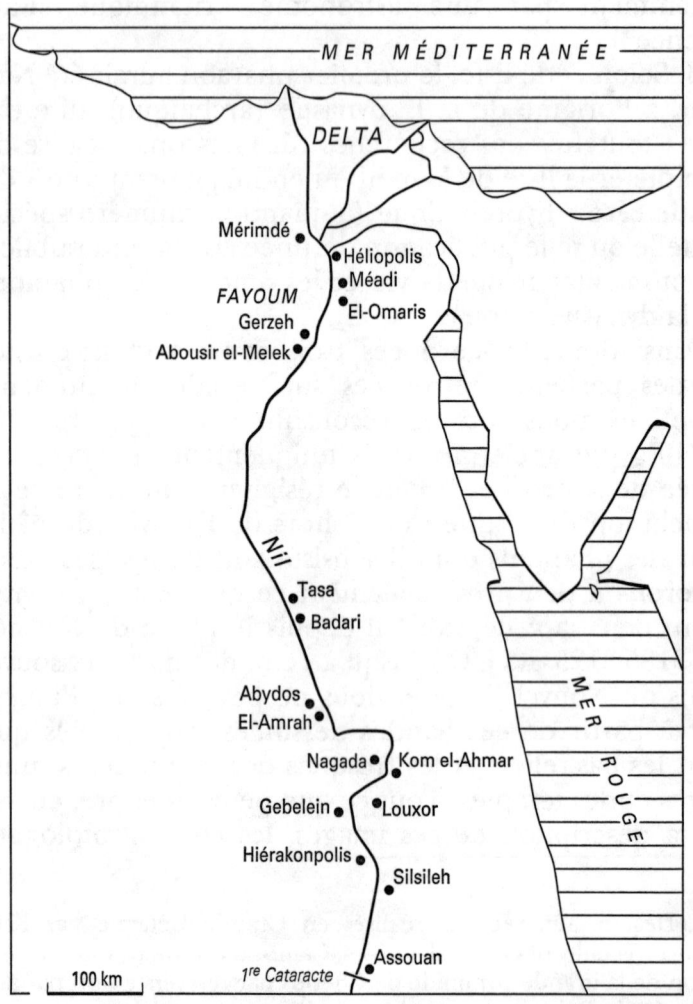

Ils sont traditionnellement désignés par le nom moderne de la localité aux environs de laquelle se sont effectuées les découvertes archéologiques, et correspondent à différents stades culturels intermédiaires entre la fin de la préhistoire de l'Égypte et le début de son histoire pharaonique, dont les principaux sont : le Badarien (6115 ?- 4080 av. J.-C.) autour de Badari ; l'Amratien (4780-3900 av. J.-C.) autour d'el-Amrah ; le Gerzéen (autour de Gerzeh) ; Mérimdé (4600-3500 av. J.-C.) ; El-Omari (3900-3400 av. J.-C.).

Roitelets, pharaons ou Pères Ubu ?

et les revues dites de vulgarisation, n'est que mensonge et imposture (l'exemple le plus remarquable, en la matière, est celui du règne de Ramsès II qui ne doit sa popularité qu'au fait qu'on ait retrouvé son sarcophage !).

*

Avant que l'écriture et le niveau d'organisation sociale qui y correspond ne fissent leur apparition dans la vallée du Nil, à l'époque qualifiée de *prédynastique* (avant 3200 av. J.-C., voir le tableau 1, p. 26), le mode d'expression des bergers et des agriculteurs sédentarisés qui l'occupaient n'était pas encore l'écriture : c'était le dessin de scènes en rapport avec leur existence quotidienne ou les souvenirs de leur histoire récente que contaient peut-être, à l'ombre de quelques feuillages, les griots nilotiques.

Ces hommes de l'Égypte prédynastique, qui vivent encore, à cette époque, de manière tribale, sont sortis depuis quelque temps déjà de la préhistoire paléolithique, et, sur les rives du Nil, leur révolution néolithique se termine. À la veille de leur entrée dans l'histoire, ils sont bien 600 000 à 700 000 hommes, femmes et enfants, à vivre par petits groupes dans des villages plus ou moins perchés sur les terrasses qui encadraient la vallée du Nil afin de se protéger des crues du fleuve, chaque groupe de villages occupant un territoire aménagé, plus ou moins borné par des levées de terre ou des digues, en vue de leur irrigation.

Ces territoires accidentés, en partie irrigués, en partie marécageux et souvent limités par les méandres du fleuve deviendront par la suite les différentes unités administratives et économiques de l'Égypte pharaonique (il y en aura 42 en tout, 20 dans le Delta et 22 tout le long de la vallée du Nil) ; les Gréco-Macédoniens les appelleront des *nomes*.

L'égyptomanie, une imposture

À la fin du Prédynastique ancien, la population moyenne d'un futur nome était de l'ordre d'environ 10 000 à 12 000 habitants[1] et vivait tribalement, répartie à travers des villages de huttes, dans les mêmes conditions de vie collective que les tribus de l'Afrique noire à l'ère préindustrielle décrites par les anthropologues de la fin du XIXe siècle et du début du XXe, avec des *rainmakers* (« faiseurs de pluie ») comme chefs, des sorciers, des *medicine-men* et sans doute déjà des griots, des totems et des tabous et des classes matromonoiales ; certains de ces villages sont peut-être devenus, au cours des siècles, des lieux de marchés, puis des *bourgs*, mais il n'y avait pas encore de *villes* au sens plein du terme, c'est-à-dire des agglomérations relativement denses, divisées en *quartiers*, dotées d'une population hautement différenciée, avec des embryons de *classes sociales* (les riches et les pauvres, les puissants et le peuple, les artisans et les fonctionnaires, etc.) au sein desquelles va pouvoir naître le *cosmopolitisme* des marchands.

Puis, à un moment donné de l'histoire et selon un processus que nous ignorons, ces nomes furent unifiés et passèrent sous l'autorité d'un premier roi d'Égypte qui, d'après Manéthon (qui établira sa fameuse liste près de trois mille ans plus tard), se serait appelé *Ménès*, et, selon les listes royales retrouvées sur des monuments égyptiens, *Meni*. Quel crédit peut-on accorder à ces simples affirmations ? Quelles preuves, quelles pièces à conviction a-t-on : 1° du fait qu'il y ait eu unification de la Haute et de la Basse-Égypte ; 2° qu'elle ait été réalisée par ce personnage ? L'analyse que nous allons proposer ici est quelque peu rébarbative eu égard à son caractère érudit ; elle a pour but de montrer combien rares et pauvres sont les documents relatifs au passé ancien de l'Égypte et elle permet de comprendre comment l'igno-

---

1. Selon Butzer, voir ci-dessus p. 29.

Roitelets, pharaons ou Pères Ubu ?

rance dans laquelle nous sommes de ce passé a pu engendrer un terrain favorable au développement de l'égyptomanie.

Nous ne possédons en effet que deux documents à l'appui de la thèse de l'unification des nomes. Ils ont été retrouvés, il y a quatre-vingt-dix ans environ, sur le site de Hiérakonpolis, en Haute-Égypte, et l'on a pu les dater, par différentes méthodes, des environs de l'an 3150 av. J.-C., date qui marquerait donc la fin du Prédynastique et l'avènement de la Ire dynastie de rois unificateurs, que la Pierre de Palerme appelle « rois de Haute et Basse-Égypte » ou « rois des Deux Pays ». Certains auteurs pensent que cette unification aurait demandé une cinquantaine d'années et appellent Protodynastique la période intermédiaire entre la fin du Prédynastique et l'avènement du premier pharaon de la Ire dynastie (de 3200 à 3150 av. J.-C.).

Le premier des documents attestant cette révolution est un fragment d'une tête de massue en pierre calcaire dure qui aurait appartenu à un chef unique – à un « roi » primitif – dont le nom s'écrivait à l'aide d'un hiéroglyphe représentant un scorpion, d'où l'appellation de « Roi-Scorpion » qui lui a été donnée. La « bande dessinée » muette qu'elle porte comprend trois lignes d'images muettes :

1. sur la première on peut voir, bien alignées, les enseignes de certains nomes, supportées par des pavois auxquels sont pendus des oiseaux morts (des vanneaux) et des arcs, symboles, respectivement, des habitants des nomes du Delta et des nomades des Oasis et du Sinaï, coalisés et vaincus par le Roi-Scorpion ;

2. sur la deuxième ligne est gravée la silhouette du vainqueur – le Roi-Scorpion – coiffé d'une tiare blanche qui peut être considérée comme la « couronne » de la Haute-Égypte (celle de la Basse-Égypte est de couleur rouge) : il tient dans ses mains une pioche avec laquelle

Figure 3.
La massue du Roi-Scorpion

Elle a été trouvée par les archéologues à Hiérakonpolis à l'ultime fin du XIXe siècle et analysée par Quibell en 1900-1902[1].

il s'apprête à creuser un canal (bien irriguer un territoire sera la préoccupation principale des pharaons) ; le roi est suivi par deux porte-étendards et, devant lui, un paysan ou un vaincu (représenté deux fois moins grand que le roi) lui présente un couffin en osier pour recueillir la terre tandis que, derrière lui, des femmes expriment leur joie en dansant et en frappant dans leurs mains ;

---

1. Cf. Quibell, *Hierakonpolis*, Londres, 1900 (t. I) et 1902 (t. II).

Roitelets, pharaons ou Pères Ubu ?

3. la troisième ligne figure le Nil et ses méandres.

Cette bande dessinée peut donc s'interpréter ainsi : « Après avoir vaincu les habitants des nomes de Basse-Égypte le Roi-Scorpion de Haute-Égypte a commencé l'irrigation du pays. »

Le deuxième document est plus intéressant. C'est une grande palette votive en schiste vert destinée à contenir, au centre d'une de ses faces, un godet de maquillage, qui appartenait à un personnage dont le nom, inscrit au sommet de la palette, sur chacune des deux faces, est écrit avec deux hiéroglyphes représentant un poisson (*Nar*) et un ciseau de sculpteur ou de graveur (*Mer*) : le propriétaire de cette palette se nomme donc *Narmer* et son nom est encadré par deux têtes de vaches à visage humain, figurant la déesse Hathor, dont le nom signifie « la demeure d'Horus » (Horus, le dieu faucon, était l'un des titres portés par les pharaons).

L'une des faces de la palette nous présente l'Horus Narmer, coiffé de la même tiare blanche que le Roi-Scorpion, tuant d'un coup de sa massue un ennemi vaincu qu'il saisit par les cheveux ; deux petits signes hiéroglyphiques placés à gauche de la tête du vaincu mentionnent qu'il s'agit d'un habitant du nome du harpon, dans le Delta ; au-dessus de cet ennemi est figurée la tête d'un autre ennemi, sans doute décapité, qui se trouve dans un fourré de papyrus, une plante symbolique du Delta (de la Basse-Égypte), retenue, au moyen d'une corde, par le dieu-faucon Horus, qui semble l'offrir à Narmer ; sous les pieds de ce roi gisent les cadavres dénudés de deux ennemis appartenant à deux autres nomes de Basse-Égypte, comme l'indiquent les petits signes hiéroglyphiques dessinés à côté des deux cadavres. On peut donc traduire ainsi cette face : « *Le roi Narmer de Haute-Égypte, protégé par Horus le dieu-faucon, a massacré les gens des nomes du Delta.* »

Figure 4.
La palette de Narmer

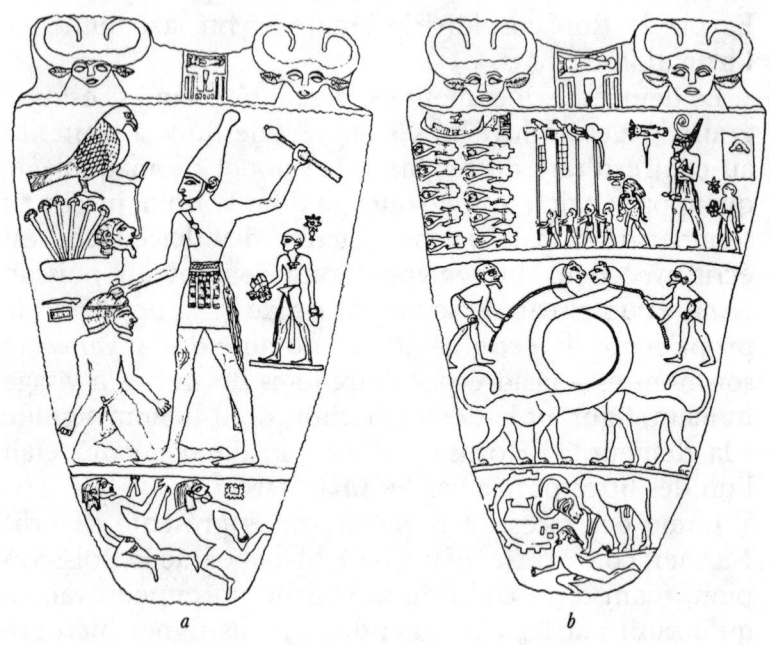

En haut, sur les deux faces : le nom de Narmer (écrit avec les deux hiéroglyphes nar et mer), entouré par les deux têtes de vaches symbolisant la déesse Hathor.

À gauche : la victoire de Narmer sur les gens du Delta. Le roi porte la couronne blanche de la Haute-Égypte et s'apprête à tuer avec sa massue un ennemi vaincu, qu'il tient par les cheveux. Au-dessus de l'ennemi à genoux, une tête représentant les peuples du Delta (lui-même symbolisé par une plante) : le dieu faucon Horus, à qui est due la victoire, retient la tête de l'ennemi avec une corde. En bas : deux ennemis nus, morts.

À droite : partage du butin après la bataille. En haut : Narmer, vainqueur, arbore la couronne rouge de la Basse-Égypte ; il est précédé d'un dignitaire et de quatre enseignes et contemple les cadavres nus de ses ennemis.

Roitelets, pharaons ou Pères Ubu ?

L'autre face de la palette est une bande dessinée entièrement consacrée aux fêtes qui ont fait suite à cette victoire ; elle comporte trois parties, nettement séparées par un double trait. La partie supérieure, la plus importante, représente le défilé de la victoire. On y voit le roi Narmer, coiffé cette fois-ci d'une tiare de couleur rouge, la « couronne » de la Basse-Égypte (donc vainqueur définitif du combat narré en images sur l'autre face), suivi par son porteur de sandales et précédé de quatre porteurs d'enseignes de nomes, défilant devant une double rangée de cadavres ennemis, ligotés et décapités. On traduira donc cette partie de la bande dessinée de la sorte : « *Le roi Narmer devenu aussi roi des nomes de Basse-Égypte défile devant les cadavres de ses ennemis vaincus.* » La partie médiane montre deux animaux fantastiques, dont les cous démesurés entrecroisés entouraient le godet de maquillage où se broyaient les fards et la partie inférieure représente un taureau (symbole du roi Narmer vainqueur) piétinant ses ennemis et détruisant à coups de cornes l'enceinte crénelée d'une ville, ce que l'on peut traduire ainsi : « *Le roi Narmer, puissant comme un taureau, a exterminé ses ennemis et détruit les murailles de leurs villes.* »

En résumé, deux documents explicites et deux seulement, contemporains l'un du Roi-Scorpion (que l'on ne retrouve pas dans la liste de Manéthon ni dans les autres listes royales) et l'autre du roi Narmer, nous rapportent que le premier a envahi la Basse-Égypte, mais ne semble pas l'avoir conquise, puisqu'il n'arbore pas la couronne rouge, et que le second l'a non seulement envahie mais aussi conquise, puisqu'il en arbore la couronne. On peut donc formuler l'hypothèse que Narmer a été le premier pharaon des deux Égyptes, comme l'indique bien la liste de Manéthon : mais il nous est impossible et même interdit par la bonne conscience scientifique d'en dire davantage. Cet interdit ne freine pas les délires égyptomaniaques : si le mystérieux Roi-Scorpion, au nom incitateur, et Narmer l'unificateur les font encore rêver, la mystérieuse « dynastie zéro » introduite il y a une vingtaine d'années par les égyptologues, qui ont établi que la Ire dynastie de pharaons citée par Manéthon, la Pierre de Palerme, le Papyrus royal de Turin et les listes royales n'était pas véritablement la première, les a surexcités.

En 1982, en effet, archéologues et égyptologues ont examiné à nouveau la nécropole royale d'Abydos, qui avait été longuement étudiée par W. F. Petrie au tout début du XXe siècle [1], et ils ont pu attribuer cinq sépultures encore anonymes à cinq souverains déterminés qui auraient donc été les prédécesseurs du Roi-Scorpion et de Narmer, jusqu'à présent considérés comme les deux premiers pharaons de la Ire dynastie (dynastie archaïque dite aussi thinite, par référence à This, sa capitale) et ils ont donné comme numéro d'ordre à cette dynastie, dans le but de ne pas décaler les suivantes, le numéro 0. L'expression « dynastie zéro » commence à exciter l'imagination des rédacteurs en chef de revues pseudo-historiques et nous pouvons nous attendre à voir bientôt déferler ce nouveau symptôme délirant chez les égyptomaniaques. Précisons que cette découverte, il y a vingt ans, d'une dynastie de pharaons qui aurait précédé la Ire dynastie thinite n'a pas bouleversé et ne bouleversera certainement pas l'histoire de l'Égypte ancienne, mais elle devrait fournir une excellente occasion aux agences de voyages et autres « tour-operators » ignares d'augmenter leur chiffre d'affaires et à quelque romancier ou romancière imaginatif d'ajouter un titre à sa production,

---

1. W.F. Petrie, *Royal Tombs of the First Dynasty* (Londres, 1900-1901), *Diospolis Parva, The Cemeteries of Abadieyeh* (Londres, 1901), *Abydos* (Londres, 1902-1903) ; la révision a été notamment entreprise par les Allemands W. Kaiser et G. Dreyer entre 1982 et 1988.

Roitelets, pharaons ou Pères Ubu ?

en contant les amours d'une princesse de la dynastie zéro avec un prince de la Ire dynastie.

*

Venons-en maintenant à l'essentiel de notre démonstration concernant la projection pharaonesque du syndrome délirant égyptomaniaque.

Deux thèmes principaux reviennent constamment dans le discours que tiennent sur les rois de l'ancienne Égypte les sujets atteints de ce trouble. Le premier a trait à l'activité de bâtisseurs et/ou de guerriers de certains de ces rois, décrite par les égyptomaniaques en des termes souvent dithyrambiques, analogues à ceux qu'utilisent les historiens à propos des grands potentats des Temps modernes, comme Louis XIV ou Napoléon ; le second est la fascination qu'exerce sur les égyptomaniaques la « personnalité » (sur laquelle nous n'avons rigoureusement aucun document, et qui est donc le fruit d'une sorte d'imagination égyptomaniaque collective) de certaines figures de l'histoire égyptienne, toujours les mêmes d'ailleurs, quels que soient l'âge, le sexe ou le niveau socioculturel des sujets atteints : Chéops, « l'inventeur » des pyramides, la reine Hatshepsout, Amenhotep IV, plus connu sous le nom d'Akhénaton, et Néfertiti son épouse, Toutankhamon et Ramsès II. Nous nous proposons de montrer, en passant en revue les personnages et les moments de l'histoire de l'Égypte ancienne les plus souvent exaltés, que tout cela est beaucoup de bruit pour rien, et que, si la « geste » des pharaons bâtisseurs est évidente, celle des pharaons conducteurs de peuples est un leurre, eu égard aux documents qui nous sont parvenus : nous ignorons presque totalement comment les rois de l'Égypte ancienne ont gouverné leur royaume, s'ils ont donné des lois à leur peuple, quels rapports ils ont entretenus avec les peuples voisins, quelles guerres ils ont conduites et bien d'autres choses encore.

L'Ancien Empire (2700-2195) : 27 pharaons dont nous ne connaissons que les noms

En ce qui concerne l'Ancien Empire (les dynasties memphites III à VI, voir le tableau 2, ci-dessus, p. 28), qui fut l'âge d'or de la civilisation architecturale égyptienne – l'âge des pyramides –, si les monuments ou leurs vestiges sont nombreux et impressionnants, nos connaissances relatives à l'histoire proprement dite des pharaons se réduisent aux listes que nous avons déjà évoquées et aux « Annales » de la Pierre de Palerme et du Papyrus royal de Turin qui sont d'une pauvreté désolante.

Qu'on en juge ! Voici, par exemple, le passage du Papyrus de Turin[1] relatif aux rois de la Ire dynastie de l'Ancien Empire, qui est la troisième de l'histoire égyptienne[2] : il ne donne que les noms des rois et les durées de règne) :

1. [Le roi de Haute et Basse-Égypte,] NEBKA, 19 ans.
2. Le roi de Haute et Basse-Égypte, DJESER, 19 ans, 1 [?] mois : sa durée de vie.
3. Le roi de Haute et Basse-Égypte, DJESER-TETI, 6 ans
4. Le roi de Haute et Basse-Égypte, HOUDJEFA, 6 ans
5. Le roi de Haute et Basse-Égypte, HONNOS, 24 ans qui a bâti l'image (?).

C'est à ces quelques lignes que se limitent nos sources écrites sur cette dynastie[3] : le moins qu'on puisse en dire

---

1. Traduction par Alessandro Roccati, Paris, Éditions du Cerf, 1982.
2. Les deux premières dynasties, dites « archaïques » ou « thinites », nous sont très peu connues.
3. Un texte connu sous le nom de « Stèle de la famine », retrouvé dans la petite île de Sehel, proche d'Assouan, chante les louanges du pharaon Djeser et de son « chef des prêtres » Imhotep... mais cette stèle est un faux, qu'aurait fait graver le roi Ptolémée V Épiphane en 187 av. J.-C. !

Roitelets, pharaons ou Pères Ubu ?

est qu'elles sont plutôt succinctes et que ce n'est pas avec des informations aussi frêles que l'on peut reconstituer l'histoire de ces cinq pharaons, qui aurait duré quelque soixante-dix ans, de 2700 à 2630 av. J.-C. Les maigres trouvailles archéologiques qui ont été faites dans les tombes de ces rois ne nous renseignent pas davantage.

À partir de la IVe dynastie, si le Papyrus de Turin est toujours aussi muet, la Pierre de Palerme et les fragments de cette diorite conservés au Caire se révèlent plus diserts, mais ils ne nous renseignent pas davantage sur l'histoire de l'Égypte. Ce sont, on l'a dit, des « Annales » qui énumèrent simplement, en style « télégraphique », année par année, les activités de quatre pharaons appartenant à cette dynastie[1] (Snéfrou, Chéops, Djedefré, Shepseskaf), activités qui semblent assez limitées, à en juger par les textes en question, que nous citons ici intégralement (chaque paragraphe numéroté[2] correspond à une année de règne ; les points de suspension indiquent des lacunes dans le document ; entre crochets : texte reconstitué ; entre parenthèses et en italique : commentaires ; on a replacé les fragments de la Pierre de Palerme conservés au Caire à leur place chronologique).

Voici, pour commencer, les *Annales de Snéfrou*, premier pharaon de cette dynastie qui verra naître les pyramides ; il aurait régné vingt-quatre ans selon le Papyrus royal et vingt-neuf ans selon Manéthon, qui aurait écrit, quelque deux mille ans plus tard : « La quatrième dynastie comprenait huit rois de Memphis, appartenant à une lignée différente. »

---

1. La Pierre de Palerme ne mentionne pas les annales de deux autres pharaons de cette dynastie, Chéphren et Mykérinos, constructeurs des deux autres pyramides de Gizeh.
2. La numérotation est due au traducteur.

L'égyptomanie, une imposture

« ANNALES » DE SNÉFROU
(premier pharaon de la IVe dynastie, 2630-2609 av. J.-C.)

FRAGMENT DU CAIRE
§ 6. ......
... Snéfrou, une harpe (?)
... argent, lapis-lazuli. Deuxième recensement.
Niveau du Nil : 3 (?) coudées.
§ 7. L'année...
le Sanctuaire méridional... le Sanctuaire septentrional, le Domaine des stèles.
[Fabriquer la statue de] l'Horus Nebmaât (*un des noms du pharaon*).
Niveau du Nil : 3 coudées et 5 palmes.

PIERRE DE PALERME
§ 8. L'année...
Fabriquer deux barques « les fils du roi de Basse-Égypte »
Cinquième recensement.
§ 9. L'année où l'on a fabriqué le bateau « Louange des deux pays » (*de l'Égypte*), de 100 coudées en bois-mérou, et 60 bateaux de 160 coudées du roi.
Expédition au pays des Nubiens. Amener prisonniers : 7 000 ; bétail grand et petit : 200 000 (*ces deux nombres semblent excessifs, compte tenu de la démographie de l'Égypte qui comptait, à cette époque, environ 1 600 000 habitants, soit, en gros, 800 000 hommes, donc, au maximum, 100 000 ou 200 000 soldats*).
Bâtir la forteresse de Haute et Basse-Égypte, qui sont « les domaines de Snéfrou ».
Apporter 40 bateaux remplis de pins.
Niveau du Nil : 2 coudées, 2 doigts.
§ 10. L'année où l'on a fait 35 « grandes demeures » (*l'idéogramme représente en fait une enceinte rectangulaire, avec une maisonnette dans un angle : il s'agit sans doute d'un établissement agricole*) et reçu 122 bêtes, on a fabriqué un bateau « Louange des Deux Pays » de 100 coudées en bois de pin, et deux bateaux de 100 coudées en bois-mérou (*bois local non identifié*).
Septième recensement.

Roitelets, pharaons ou Pères Ubu ?

Niveau du Nil : 5 coudées, une palme, un doigt.

§ 11. L'année où l'on a érigé la couronne blanche (*de Haute-Égypte*) de Snéfrou sur la porte méridionale *(sans doute du palais royal dont il est question dans la suite du texte)* et la couronne rouge (*de Basse-Égypte*) de Snéfrou sur la porte septentrionale.

Fabriquer les portes du pavillon royal en bois de pin.
Huitième recensement.
Niveau du Nil : 2 coudées, 2 palmes, 2 doigts et demi.

FRAGMENT DU CAIRE
§ 12. L'année où......
Dixième recensement du bétail grand et petit.
Niveau du Nil : ...... 2 palmes.

§ 13. L'année de l'intronisation du roi, quatrième de la course du taureau Apis (*course rituelle*) et de la mise au monde (*la fabrication*) en or de la statue de l'Horus Nebmaât, y graver les dieux (*les hiéroglyphes correspondant aux dieux en question*).

Ramener de la terre des Libyens, prisonniers : 1 100 ; bétail grand et petit : 13 100 (*nombre beaucoup plus plausible que celui du § 9*).

Venir raser la forteresse de Ida (*site inconnu*).

§ 14. [L'année]......
Mettre au monde [la statue de l'Horus Nebmaât]
Raser la forteresse de Irout (*pays non déterminé*) avec ses villes...

En résumé, la Pierre de Palerme nous apprend que le règne de Snéfrou a été marqué, principalement, par deux expéditions, l'une en Nubie et l'autre en Libye (sans doute contre des nomades), que ce roi a installé trente-cinq exploitations agricoles, qu'il a construit ou réparé le palais royal, qu'il a commandé à un sculpteur une statue en or (ou, plus vraisemblablement, dorée), et rasé deux forteresses. Il n'y a pas là de quoi écrire un roman !

Passons maintenant à son successeur, Chéops, le premier grand bâtisseur de l'histoire égyptienne, puisqu'on lui doit la plus monumentale des trois grandes pyramides[1] ; c'est aussi le pharaon de cette dynastie dont le règne fut le plus long (soixante-six ans, selon la liste de Manéthon) et les nombreux enfants que lui donnèrent ses différentes femmes – il en aurait eu douze – ont pu créer des querelles de succession, qu'aucune source cependant ne nous signale ; mais, comme on va le voir, les Annales de ce long règne sont curieusement vides.

« ANNALES » DE CHÉOPS
(Pierre de Palerme, fragment du Caire)

§ 15... une statue... une statue (royale) de 14 coudées...
... Chéops... 100 coudées... 10 300...
Niveau du Nil : 3 (coudées), 6 (palmes), 3 doigts et 1/2.
§ 16 L'année où... Chéops... a fait en tant que monument de lui... en lapis-lazuli... en tant que monument de lui... raser...
§ 17 L'année où [*le roi de Haute et de Basse-Égypte est apparu*]... bâtir... établir...
Mettre au monde et ouvrir la bouche de [*la statue en*] or[2], nommée « l'Horus des dieux] » est Khénemenou-khoufou [*Chéops*].
§ 18 L'année où le roi de Basse-Égypte est apparu... accompagner...

Cette fois-ci, nous sommes déçus. L'annaliste qui a gravé la Pierre de Palerme attribue à ce pharaon la commande d'une statue royale, terminée deux ans plus tard, mais il ne mentionne rien d'autre au crédit de ce Chéops, pas même la grande pyramide ! Toutes les légendes qui ont couru sur ce monument ont été forgées sans doute postérieurement à la gravure de ces Annales.

---

1. Voir note 1, p. 41.
2. Rituel funéraire donnant vie à la statue commandée au paragraphe 15 qui a été sans doute terminée au cours de l'année que décrit le paragraphe 17.

Roitelets, pharaons ou Pères Ubu ?

Signalons à ce sujet que les grandes pyramides sont anépigraphes, c'est-à-dire ne comportent aucune inscription sur leurs parois intérieures ; celles-ci n'apparaîtront que deux siècles environ après la mort de Chéops, dans la pyramide du pharaon Ounas (Onnos pour Manéthon, 2380-2350 av. J.-C.), dernier souverain de la Ve dynastie, sur laquelle nous n'avons à peu près aucune information historique mais dont il nous reste de nombreux monuments. C'est à cette époque, en effet, que commencent à se multiplier, à Saqqara, les *mastabas*, les petites pyramides et les complexes funéraires, toutes et tous abondamment décorés de bas-reliefs, de peintures et d'inscriptions en rapport avec les croyances des anciens Égyptiens en la survie de l'âme individuelle après la mort, thèmes qui ont été curieusement vulgarisés par les programmes d'histoire des lycées et collèges, lesquels, de 1891 jusqu'en 1948, consacraient tout le premier trimestre de l'année scolaire des classes de sixième à l'étude de la civilisation et de la religion des anciens Égyptiens, ce qui a peut-être contribué à enraciner dans l'inconscient collectif des petits Français et des petites Françaises de l'époque quelques tendances à l'égyptomanie. Quant aux « Annales » des deux autres souverains de la IVe dynastie mentionnés sur la Pierre de Palerme, elles sont insignifiantes.

Les rois de la Ve dynastie sont un peu mieux traités, mais les événements qui les concernent n'ont à peu près aucun intérêt historique. Du premier, Ouserkaf, il est dit qu'il a fait diverses offrandes aux dieux Rê et Hathor, qu'il a érigé quatre ou cinq sanctuaires et leur a offert (consacré ?) des terrains en Haute et Basse-Égypte. Le second, Sahouré, aurait été plus généreux : notre document nous apprend qu'en l'an 6 de son règne il a construit un sanctuaire pour le dieu Horus, qu'en l'an 15 il a offert aux dieux Rê et Hathor des terrains en Haute et Basse-Égypte, qu'il a fait venir de différents lieux, par la voie fluviale du Nil, des matériaux précieux (oliban, électrum, malachite), et que les autres pharaons de la dynastie auraient agi de même. L'essentiel de ce que nous rapporte la Pierre de Palerme sur les neuf pharaons de cette dynastie se résume finalement en quelques lignes : ils ont favorisé les cultes du dieu solaire Rê et de la déesse Hathor, déesse de la maternité, et ils ont élevé à ces divinités des sanctuaires (dont un certain nombre ont été retrouvés par les archéologues). Nous ne savons rien d'autre sur leurs règnes et les égyptologues en sont réduits à formuler à leur propos des questions – d'ailleurs secondaires – auxquelles ils savent qu'ils ne pourront jamais répondre, dans le genre : « Lequel des nombreux fils de Chéops pouvait-il prétendre au *pshent*, la double couronne blanche et rouge de Haute et Basse-Égypte ? »

Cette absence presque totale d'informations sur les pharaons s'étend, à de très rares exceptions près, à toutes les périodes de l'histoire égyptienne, depuis la période archaïque de la dynastie thinite jusqu'au Nouvel Empire et même à la Basse Époque. Les égyptologues sérieux l'avouent honnêtement, mais les *dealers* qui fournissent leur « drogue » aux égyptomaniaques se précipitent sur leur stylo ou sur le clavier de leur ordinateur, et, lorsque les premiers se posent, par exemple, la question – légitime – de savoir pourquoi la VIe dynastie (la dernière de l'Ancien Empire), qui a duré 199 ans selon les sources manéthoniennes, s'est achevée brusquement sur le suicide de son dernier souverain, une femme du nom de Nitocris, et avouent honnêtement ne pas pouvoir y répondre, les autres n'hésitent pas à construire les hypothèses les plus romanesques, dans le style de « Cherchez la femme ! » pour en rendre compte, d'autant que les sources en question précisent : « *Nitocris était la plus belle et la plus aimable des femmes de son temps, elle avait la peau claire et les joues roses, et l'on disait d'elle qu'elle avait construit la troisième pyramide.* » Voilà qui devrait inspirer notre talentueuse Violaine Vanoyeke, à défaut de l'irremplaçable Agatha Christie, qui préférait l'assyriologie à l'égyptologie.

Pour pallier l'insuffisance des sources écrites que nous venons de citer, discutables, certes, mais établies sans grandiloquence en vue de rapporter des faits précis, comme l'avènement ou la mort d'un pharaon, la construction d'un temple, une expédition vers la Nubie ou les déserts libyens ou encore la dédicace d'une statue, les égyptologues, en fervents archéologues qu'ils savent être, se tournent depuis près de deux siècles vers les sources monumentales (tombeaux, temples) qui sont toutes porteuses d'images muettes d'un passé volontairement déformé en vue de la plus grande gloire de leurs commanditaires, à savoir les pharaons ou quelques grands personnages, et d'inscriptions plus ou moins longues qui ornent leurs parois, ou encore vers des stèles, qui semblent bien plus émaner de la *Propagandastaffel* pharaonique que de scribes consciencieux et respectueux de la vérité historique. Ces inscriptions, qui ne contiennent, en fait, que peu d'événements, comme on va le montrer sur quelques exemples, alimentent, on s'en doute, les délires des égyptomaniaques.

À tout seigneur, tout honneur : le premier roi de l'Ancien Empire dont le nom soit attesté sur un monument est Djeser (deuxième roi de la IIIe dynastie, 2680-2660 av. J.-C.). Son complexe funéraire, situé à Saqqara Nord, est composé d'un portique ouvrant sur une grande cour d'environ 100 x 200 mètres, d'une pyramide monumentale à six degrés (son tombeau), à base carrée de 120 mètres de côté et d'environ 60 mètres de hauteur, d'un temple funéraire qui lui est accolé et d'une petite cour destinée à l'accomplissement du rite *sed*, rite d'intronisation équivalent à celui du sacre chez les anciens rois de France, au cours duquel le nouveau pharaon

Figure 5.
La course de Djeser

Fragment du bas-relief du complexe funéraire de Djeser (Saqqara Nord) représentant ce roi accomplissant la course rituelle de la fête-sed.

Roitelets, pharaons ou Pères Ubu ?

effectuait en courant, dans cette cour, un bref aller et retour, évoquant symboliquement la réunion des deux Égyptes sous une seule couronne réalisée jadis par Narmer[1].

Tout ce que nous savons de Djeser, c'est qu'il a régné et que son tombeau (ou du moins le monument qu'on lui attribue comme tombeau, ce qui est loin d'être certain) est la première sépulture royale qui eût la forme d'une pyramide à degrés. Il est vraisemblable que ces degrés ont été conçus par l'architecte du roi – le fameux Imhotep – dans un but purement pratique (et sans doute inspirés par les ziggurats sumériennes) ; mais, plusieurs siècles plus tard, la légende s'est répandue que ces degrés symbolisaient les marches d'une sorte d'escalier géant permettant au roi défunt d'atteindre le royaume céleste du dieu Soleil (Rê) et de l'accompagner dans la barque divine avec laquelle il parcourait chaque jour le ciel d'Est en Ouest. Cette traduction en termes mystiques de l'invention pragmatique d'Imhotep a été la première imposture de l'histoire pharaonique, dont les auteurs furent les prêtres égyptiens eux-mêmes.

Il n'en reste pas moins que Djeser (à moins que ce ne soit son ministre-architecte Imhotep) a véritablement fondé sur des bases nouvelles l'Égypte pharaonique, une et indivisible, propriété intégrale du pharaon-fils-de-dieu dont le tombeau pyramidal colossal et le complexe funéraire, construits et entretenus pendant des siècles par un peuple de paysans enrégimentés et gérés par des prêtres, symbolisent la puissance et la divinité. Ses successeurs (Chéops, Chéphren, Mykérinos) lui emboîteront le pas et cet état de choses figera pendant deux mille ans la société égyptienne qui ignorera de ce fait les bienfaits culturels et civilisateurs des sociétés urbaines ouvertes,

---

1. Nos modernes « fêtes nationales » appartiennent au même type de commémorations rituelles.

L'égyptomanie, une imposture

polymorphes et individualistes comme elles existaient déjà depuis près d'un millénaire chez les Sumériens, en Mésopotamie, et rendra cette société incapable d'inventer d'autres modèles politiques ou religieux, d'autres modes de pensée – en particulier les modes théoriques et scientifiques –, d'autres modes d'expression artistique. En deux mille ans d'histoire, de Djeser aux pharaons de la Basse Époque, la société pharaonique n'a connu qu'une seule révolution culturelle, celle d'Akhénaton[1] ; encore n'a-t-elle duré que dix-sept ans et, après la mort de ce roi anachroniquement romantique et incompris, elle a retrouvé son immobilisme sacerdotal.

Bien entendu, cet immobilisme n'était pas gratuit. Pour le maintenir, les pharaons de l'Ancien Empire devaient utiliser une armée de fonctionnaires hiérarchisés dont les égyptomaniaques admirent le « modernisme », et témoigner leur gratitude aux bons serviteurs de l'État en offrant aux plus méritants des sarcophages, des tombeaux, des stèles, et surtout des terres, dont le revenu devrait servir à l'entretien de leur culte funéraire après leur mort. Pour ne pas être en reste, ils durent agir de même avec les prêtres, qui avaient, eux aussi, besoin de gros revenus pour entretenir les temples et pour assurer le culte des dieux dont ils étaient les serviteurs, et c'est ainsi que, peu à peu, ces pharaons émiettèrent leur territoire productif, qui se limitait à la vaste plaine alluviale que représentait la vallée du Nil, aux terrasses qui la surplombaient et au Delta, et ils se ruinèrent comme de banals financiers se ruinaient, au XIXe siècle, en entretenant des danseuses, au profit des nomarques[2], qui se rendirent de plus en plus indépendants du pouvoir central, ainsi que des grands-prêtres locaux. De sorte que l'image du pharaon divin et tout-puissant, lar-

---

1. Voir ci-après, p. 83 *sqq*.
2. Gouverneurs des nomes.

Roitelets, pharaons ou Pères Ubu ?

gement propagée par les égyptomaniaques, par les revues de vulgarisation historique et par les dépliants touristiques des agences de voyages, est, elle aussi, une imposture.

En fait, à partir des deux ou trois derniers rois de la Ve dynastie, les inscriptions sur les monuments nous laissent deviner que les choses sont en train de changer, sur la terre des pharaons.

Dès l'avant-dernier roi de cette dynastie, Djedkarê-Isesi (2420-2380 av. J.-C.), alors que, jusqu'au règne de ce souverain, les fonctionnaires de haut grade de l'administration centrale étaient tous ou presque tous des membres de la famille royale, il n'en est maintenant plus de même et, à sa mort, ce n'est pas son propre fils, Isesi Ankh, qui lui succède, mais un certain Ounas (Onnos pour Manéthon) dont on ne connaît pas exactement la lignée à laquelle il se rattache et, parmi les nombreux vizirs qui l'ont secondé durant son long règne (vingt-huit ans selon le *Papyrus de Turin* ou quarante-quatre ans selon Manéthon), aucun d'entre eux n'appartiendra à sa famille. En revanche, sous la Ve dynastie, on constate un accroissement important du nombre de mastabas abritant les tombes de membres de l'administration centrale qui n'appartiennent pas, eux non plus, à la famille du pharaon, mais que les inscriptions qualifient cependant de « nobles ». Cette inflation administrative est le signe du développement de l'activité économique en rapport avec la multiplication des ateliers royaux qui, étant donné le nombre des monuments retrouvés et l'abondance des inscriptions et des représentations figurées qu'ils abritent, devaient employer plusieurs dizaines de milliers d'ouvriers et d'artisans payés en vivres et en boissons provenant des différents domaines agricoles du pays, car l'Égypte ancienne ignorait la monnaie.

Pendant toute la durée de la IVe et de la Ve dynastie, l'activité constructrice des pharaons, des ministres et des chefs de l'administration centrale n'a pas cessé. Il en est résulté une exploitation systématique des carrières de calcaire du plateau de Gizeh et des carrières de granit d'Assouan, dont il est question dans les inscriptions qui suivent : les blocs de granit, extraits dans la région de cette localité riveraine du Nil, étaient d'abord transportés à Éléphantine, ville frontière entre l'Égypte et la Nubie, située sur une île qui fait face à Assouan, proche de la première cataracte du fleuve, et placée sous la protection du dieu-bélier Khnoum, divinité de l'inondation, protecteur de la cataracte, avant d'être acheminés sur les chantiers de construction. Les inscriptions qui suivent ont été relevées sur des fragments de bas-reliefs qui décoraient la chaussée conduisant à la pyramide d'Onnos/Ounas, à Saqqara[1].

§ 101. « Venir d'Éléphantine [*par voie fluviale, en bateaux ou sur des radeaux*], chargé de linteaux en granit pour la pyramide [*nommée*] « le fils de Rê, Onnos, a de belles places ».

§ 102. [*lacune*] quand ils entendirent [*lacune*] ils dirent [*à Sa Majesté*]... C'est ce que ton *ka*[2] aime, parce que la puissance du fils de Rê Onnos est plus grande que celle de tous les dieux. Ces chalands vinrent d'Éléphantine, chargés de granit : des colonnes de vingt coudées et des dalles des portes de la pyramide [*lacune*] voir [*lacune*].

§ 103. [*lacune*] avec du bois d'importation de la part des dieux [*lacune*] étant apporté de [*lacune*] pour la pyramide « le fils de Rê Onnos a de belles places » [*lacune*] le dieu parfait, seigneur qui accomplit les cérémonies. Alors ils dirent [*lacune*] nous allons faire une chose plus belle que le monument. [*lacune*] étant chargé avec le vase du temple.

---

1. *Textes des pyramides*, traduction par A. Roccati, dans *La Littérature historique sous l'Ancien Empire, op. cit.*
2. Puissance fondamentale d'un être humain, son double immatériel.

Roitelets, pharaons ou Pères Ubu ?

§ 104. [*lacune*] les matelots au bateau [*lacune*] étant fabriqués pour... la pyramide « le fils de Rê a de belles places ». On fit traverser les colonnes de granit de vingt coudées [*lacune*].
[...]
§ 106. J'ai ramené des colonnes en granit d'Éléphantine pour la Majesté de Onnos en sept jours [*lacune*] Sa Majesté me récompensa pour cela. [*lacune*] quatre jours à aller et venir [*lacune*] ce que je fis. Je ne permis qu'aucune pierre allât dans un autre bâtiment.

L'exemple suivant concerne un personnage nommé Kagemni, qui occupa le poste de vizir auprès du pharaon Téti (Othoès chez Manéthon, 2350-2330 av. J.-C. selon la chronologie traditionnelle ; fondateur de la VIe dynastie). Il se fit élever, de son vivant, un mastaba à proximité de la pyramide de ce roi qu'il avait servi fidèlement, et, des deux côtés de la porte d'entrée du monument, il fit graver sa propre biographie rappelant les principales étapes de sa carrière sous les pharaons successifs Isesi, Onnos (V^e dynastie) et Téti, qui fut son dernier maître et qui le nomma gouverneur du Sud (de la Haute-Égypte) et sans doute vizir en fin de carrière. En voici deux passages significatifs :

§ 113. Le vizir de l'État Kagemni dit :
J'étais [*primitivement*] favori auprès d'Isesi [*il s'agit de Djedkarê-Isesi, avant-dernier pharaon de la Ve dynastie et prédécesseur d'Onnos*]. Je remplis la tâche de fonctionnaire de l'État au temps d'Onnos. Sa Majesté me récompensa très généreusement [*sans doute en lui offrant des terres, comme c'était devenu la coutume*], et quand je vins à la Grande Maison [*au palais royal d'Onnos, suite, sans doute, à une promotion à un grade administratif*] Sa Majesté m'en récompensa très généreusement.
[...]
§ 114. La majesté de Téti, mon seigneur, qu'il vive éternellement, me nomma à la tête de tout bureau, de tout

service horaire [*service chargé d'organiser les corvées imposées au peuple*] à la Grande Maison. Sa Majesté avait confiance en moi à l'égard de toute chose que Sa Majesté avait ordonné de faire, parce que j'étais capable et que j'étais apprécié auprès de Sa Majesté.
[...]

Sous les règnes des trois derniers pharaons de la VIe dynastie qui ont succédé à Onnos, le titre de gouverneur du Sud fut maintenu, mais il ne fut plus porté que par des nomarques locaux, à titre honorifique. Dès lors, les pharaons perdirent tout pouvoir de contrôle sur les nomarques qui devinrent de véritables féodaux indépendants et l'Ancien Empire se désagrégea. Les Bédouins envahirent une nouvelle fois la Basse-Égypte qui s'enfonça lentement dans l'anarchie et, pour la première (et unique) fois dans l'Égypte des pharaons, le peuple égyptien se révolta : les nomarques et les nobles qui les entouraient furent dépossédés de leurs terres, les paysans cessèrent de cultiver leurs champs, le désordre s'installa partout, la famine ne tarda pas à faire son apparition et le système pharaonique s'écroula en cinq ans, sous les deux derniers souverains de la VIe dynastie, Mérenrê II et la reine Nitocris, entre 2200 et 2195 av. J.-C. (selon la chronologie traditionnelle).

L'institution pharaonique semblait avoir vécu. L'Égypte allait entrer dans ce que ses historiens appellent la Première Période Intermédiaire (de 2195 à 2064 av. J.-C.), qui sépare l'Ancien Empire memphite, dont nous venons de constater la vacuité culturelle, politique et historique, en dépit de la richesse quantitative de ses productions architecturales et artistiques, du Moyen Empire thébain. À cette période, funeste pour les Égyptiens, qui a duré cent trente et un ans, correspondent, dans les listes royales, les dynasties VII (fictive), VIII (dont les rois sont inconnus ou mal connus), IX et X (dynasties héracléopolitaines)[1] et les règnes des quatre premiers souverains de la XIe dynastie ; elle se termine vers 2064, avec l'avènement du cinquième roi de cette dynastie, Mentouhotep II (2064-2013 av. J.-C.), qui va mettre fin à l'anarchie ambiante, procéder à la réunification de l'Égypte et inaugurer l'ère du Moyen Empire, dont la capitale ne sera plus Memphis, en Basse-Égypte, mais Thèbes, en Haute-Égypte, à sept cents kilomètres au sud de Memphis.

Afirmer, comme le font – hélas – certains égyptologues eux-mêmes, qui ne sont cependant en rien des égyptomaniaques, que l'Ancien Empire fut l'âge d'or de l'Égypte est peut-être vrai sur le plan architectural et artistique, mais, sur le plan politique, économique et même militaire, c'est une imposture : la quarantaine de pharaons de l'Ancien Empire qui ont succédé à Djeser n'ont guère été, en fin de compte, que de vulgaires promoteurs immobiliers, qui ont, à la longue, par leurs dépenses somptuaires, ruiné leur royaume et détruit l'unité du pays que ce pharaon avait construite et fini par le livrer à la cupidité de quelques seigneurs provinciaux, avant de s'effacer et de laisser leur royaume plonger dans une crise économique et politique profonde qui durera près de deux siècles (de 2195 à 2026 av. J.-C. environ).

En fait, l'Ancien Empire était mort d'indigestion. La boulimie architecturale orgueilleuse des pharaons-promoteurs l'a tué : en 350 années de règnes, on ne relève aucune initiative politique, institutionnelle, sociale ou économique à mettre au crédit d'aucun d'entre eux.

---

[1]. Nom grec de la ville égyptienne de Nennésout, au Sud de l'oasis du Fatoum, à 70 kilomètres du Caire, dans le désert libyque ; les rois héracléopolitains, qui ont régné de 2195 environ à 2040 environ, sont mal connus.

L'égyptomanie, une imposture

Obsédés qu'ils étaient de construire toujours plus grand, toujours plus haut, toujours plus précieux, toujours plus secret, et imités en cela par leurs ministres et les nomarques, les roitelets de la période thinite étaient devenus des potentats grotesques, des sortes de « Pères Ubu » dont le bon plaisir primait tout ; à ce titre, la lettre suivante, adressée à son vizir par le huitième pharaon de la Ve dynastie, qui se nommait Djedkaré-Isesi, est caractéristique : elle semble provenir tout droit de la plume de Jarry[1] :

> « Décret du Roi pour le vizir de l'État, directeur des scribes des actes du Roi. Ma Majesté a examiné cette très belle lettre que tu as fait porter au Palais en ce jour favorable au bonheur d'Isesi, vraiment, pour ce qu'il aime, vraiment. Ma Majesté a été plus contente de voir cette tienne lettre que toute autre chose car tu sais dire ce qu'aime Ma Majesté par-dessus tout et ce que tu dis m'est plus agréable que toute autre chose. Ma Majesté sait bien que tu aimes dire tout ce qu'aime Ma Majesté. Ô Râchepses, je parle de toi un million de fois, en disant : "C'est un aimé de son seigneur, c'est un favori de son seigneur, c'est quelqu'un qui est dans le cœur de son seigneur, préposé aux secrets de son seigneur !" Je sais bien que Rê m'aime, parce qu'il m'a donné quelqu'un comme toi. Aussi vrai qu'Isesi vit éternellement, dis n'importe quel tien souhait à Ma Majesté dans une tienne lettre tout de suite en ce jour-ci, et Ma Majesté fera qu'il se réalise tout de suite. »

Le Moyen Empire (2064-1797) : 11 pharaons expéditeurs des affaires courantes

Une fois apaisés les troubles de la Première Période Intermédiaire, qui avaient occupé deux générations

---

1. Traduction par A. Roccati, dans *La Littérature historique sous l'Ancien Empire, op. cit.*

d'Égyptiens, les rois des deux premières dynasties thébaines (XIe et XIIe dynastie) vont s'atteler à la réunification du pays. Nous connaissons leurs noms et leurs durées de règne par la liste de Manéthon et le Papyrus de Turin, mais, en ce qui concerne leur œuvre politique, nos sources se réduisent à quelques inscriptions qui nous font connaître leurs noms, les lieux où ils ont construit des temples ou des sanctuaires et les titres de leurs fonctionnaires, désignés comme « les serviteurs de l'État », ainsi que des allusions aux nombreuses famines qui ont frappé le pays durant cette période. Les derniers pharaons de la XIe dynastie semblent avoir consacré l'essentiel de leurs règnes à la reconstruction de l'unité perdue (ce fut le cas, en particulier, de Mentouhotep II, qui régna cinquante et un ans, de 2064 à 2013), ceux de la XIIe dynastie ont d'abord choisi le dieu Amon comme dieu protecteur et reconstitué le corps des fonctionnaires de l'État, puis, une fois la politique intérieure de l'Égypte réorganisée, ils ont repris la politique d'expansion territoriale vers le Sud (vers la Nubie et au Soudan) des pharaons memphites (ce fut notamment le cas pour Sésostris Ier et Sésostris III).

Des pharaons de l'Ancien Empire, nous ne connaissions guère que les noms et les monuments démesurés (tombeaux, temples, complexes funéraires) qu'ils avaient fait construire ; ceux du Moyen Empire nous sont un peu mieux connus : ils nous apparaissent, dans l'ensemble, comme de bons administrateurs des affaires courantes, mais, pour la première fois dans l'histoire égyptienne, certains de ces rois se sont intéressés à ce qu'on pourrait appeler déjà la « politique extérieure », et, en particulier, ceux de la XIIe dynastie. Le premier d'entre eux, Amenemhat Ier (v. 1994-1964), a laissé une inscription connue sous le titre d'*Enseignement d'Amenemhat à son fils*[1], dans laquelle il rappelle ses expédi-

---

1. Commenté par John L. Foster dans *The Conclusion to the Testament of Ammenemes, King of Egypt*, Chicago, 1981.

tions contre des tribus nomades non identifiées : « *Je me suis rendu à Éléphantine [vers la frontière nubienne], puis je suis retourné dans le Delta [...] où j'ai vaincu le peuple des Ouaouat, j'ai capturé les Médjay, j'ai rendu les Sétjetyou dociles comme des chiens*[1]. » Le danger d'invasion de l'Égypte par les tribus qui nomadisaient dans les déserts syriens, palestiniens et libyens était de plus en plus pressant et déjà les dynastes héracléopolitains avaient muni la frontière égyptienne de murailles défensives ; les Thébains firent de même et les rois de la XIIe dynastie firent édifier une forteresse – les *Murs du Prince* – pour protéger la frontière orientale du Delta. Une autre source, le fameux *Roman de Sinouhé*[2], nous rappelle, nons sans un certain réalisme politique, que ces défenses étaient tout autant destinées à barrer la route aux envahisseurs éventuels qu'à empêcher les sujets du pharaon de s'enfuir de leur pays.

Ces murailles semblent avoir été efficaces, car, dans les inscriptions, il n'est plus question de guerre avec les « Asiatiques », jusqu'au règne de Sésostris III (cinquième souverain de la XIIe dynastie, 1881-1873 av. J.-C.). Toutefois, on a retrouvé, inscrits sur des vases et des statuettes, des textes dits *Textes d'envoûtement* dirigés contre une ville « asiatique » qu'on a identifiée comme étant Sichem, en Palestine, et contre les « tribus de la triple montagne », dont on pense qu'il s'agirait des Phéniciens de Byblos ; mais cela ne signifie pas que Sésostris III ait fait campagne contre eux : les textes dits d'envoûtement sont des malédictions et non pas des déclarations de guerre.

Conclusion : les informations que nous fournissent les inscriptions et les sources littéraires sur les pharaons du

---

[1]. Trad. d'après C. Vandersleyen, *L'Égypte et la vallée du Nil*, *op. cit.*, t. 2, p. 52.
[2]. Récit romanesque composé, semble-t-il, sous la XIIe dynastie, qui conte les aventures de Sinouhé (ou Sinuhil), attaché au service de la reine Néfertyt, épouse du roi Amenemhat Ier ; cf. aussi le *Conte du Naufragé*, qui est de la même veine et de la même époque.

Roitelets, pharaons ou Pères Ubu ?

Moyen Empire sont plus abondantes et plus riches que les listes royales dont nous devions nous contenter pour leurs prédécesseurs de l'Ancien Empire ; elles nous les présentent essentiellement comme de simples administrateurs des affaires courantes d'un peuple dont le territoire tente quelques nomades syro-palestiniens ou nubiens, au demeurant peu dangereux et qu'il était aisé de contenir. Et ils ne furent sans doute rien d'autre.

Cette modestie du comportement des pharaons de cette génération et, surtout, la simplicité et le réalisme de l'art du Moyen Empire, qui tourne ostensiblement le dos à la mégalomanie des pyramides et des complexes funéraires de l'Ancien Empire, ne sont pas propres à alimenter les délires des égyptomaniaques qui, s'agissant du Moyen Empire, vont se tourner vers un autre aliment : les mystères de l'histoire.

Vaste problème ! En effet, dans cette Égypte polygame, les conflits de succession ont sans doute été nombreux et les désordres engendrés par les crises que les égyptologues désignent par l'expression « Période Intermédiaire » prêtent à toutes les confusions. Et nos égyptomaniaques de s'interroger sur la moindre bizarrerie successorale pour en faire une montagne ou un sujet de roman policier, notamment à propos de la VIe dynastie de pharaons qui est la dernière dynastie de l'Ancien Empire et dont voici (d'après la liste de Manéthon, avec, entre parenthèses, la durée de chaque règne) les six représentants, le sixième étant une femme :

1. Téti (30 ans)
2. Pépy I (53 ans)
3. Mérenrê Ier (3 ans)
4. Pépy II (100 ans)
5. Mérenrê II (1 an)
6. La reine Nitocris (12 ans)

L'égyptomanie, une imposture

Les sources nous apprennent que ces six souverains sont originaires de Memphis, alors que ceux de la précédente dynastie venaient d'Éléphantine. Les questions fusent, bien entendu, la plupart sans véritable intérêt historique, mais qui passionnent les égyptomaniaques ; en voici quelques exemples, relevés dans des revues de grande diffusion auxquelles – hélas, et sans souci du ridicule – des égyptologues de renom prêtent parfois leur plume :

– Selon Manéthon, Téti aurait été assassiné par sa propre garde : pourquoi ? Le Papyrus de Turin mentionne un roi intermédiaire entre Téti et Pépy Ier qui se serait nommé Ouserkaré : ne serait-ce pas lui qui aurait assassiné Téti pour prendre sa place, mais que Pépy Ier lui aurait subtilisée ? (La question a été posée aux mânes de Sherlock Holmes qui n'y ont pas répondu ; il est question d'interroger celles du commissaire Maigret.)

– Ce Pépy Ier aurait épousé deux reines qui n'étaient pas de sang royal et qui portaient le même nom : étaient-elles sœurs, ou demi-sœurs ? (Cette question, qui n'est pas sans intérêt, a été étudiée sérieusement par Grimal, dans son *Histoire de l'Égypte ancienne,* Paris, 1988.)

– Mérenrê Ier, fils de Pépy Ier, a régné trois ans ; quel âge avait-il donc à la mort de son père ?

– Le quatrième pharaon, Pépy II, était aussi le fils de Pépy Ier ; il aurait accédé au trône à l'âge de six ans, ce qui est plausible, mais est-il possible qu'il ait vécu jusqu'à cent six ans ?

– Pépy II a eu trois épouses (Neit, Ipout et Oudjebten) dont on peut voir les trois pyramides (de petite taille) à proximité de la sienne, plus grande, à Saqqara Sud. Il eut aussi, semble-t-il, une autre compagne qui devait être une favorite, puisqu'elle n'a pas de pyramide royale, du nom d'Ankhesenpepy, qui lui donna un fils, Neferkarê. Neit était la fille de Pépy Ier, donc la sœur de Mérenrê Ier, qu'elle épousa avant d'épouser Pépy II

Roitelets, pharaons ou Pères Ubu ?

auquel elle donna un fils, Mérenrê II. Cette situation de famille est intéressante à étudier, car elle pose le problème du fondement du droit successoral chez les monarques égyptiens et donc celui de leur légitimité.

– Mérenrê II, ayant été désigné de son vivant par son père Pépy II, a donc été le cinquième ou sixième roi de la dynastie et il épousa une certaine Nitocris, dont Hérodote nous dit qu'il s'agissait d'une Babylonienne ; mais il n'eut aucun enfant d'elle et l'on imagine les innombrables problèmes que souleva la mort de ce roi, dont on ignore la cause. Les sources sont muettes ou confuses et les historiens sérieux considèrent comme fictives les VIIe et VIIIe dynasties, pour reprendre l'histoire de l'Égypte ancienne à la IXe dynastie, dite héracléopolitaine, les autres adoptent la version fantaisiste d'Hérodote que nous donnons ici pour mémoire ou la rendent plus fantaisiste encore en la chargeant de détails inventés et sans le moindre intérêt historique, dans le meilleur style des périodiques à sensation d'autrefois, comme *Détective* ou *France Dimanche* ; les revues de vulgarisation historique, qui n'ont d'autre but que d'augmenter leur tirage, en profitent pour présenter l'histoire de ces périodes comme des romans policiers, avec des titres ronflants : *Le crépuscule des rois, Un sanctuaire dévoilé, Étrange destin, Pour venger son frère*, et autres fariboles. Il faut avouer d'ailleurs que la version d'Hérodote est elle-même une faribole :

« La femme qui fut reine après Mérenrê II s'appelait Nitocris, comme la reine de Babylone. Les prêtres rapportaient que les Égyptiens avaient tué Mérenrê et, qu'après l'avoir tué, lui avaient remis à elle la royauté. Pour venger son frère [*Hérodote fait allusion à la coutume qu'avaient les pharaons d'épouser leur sœur ; Nitocris, si tant est qu'elle ait existé, était l'épouse de Mérenrê II*], cette reine en avait fait périr un grand nombre de prêtres par ruse. Elle se fit construire une salle souterraine très spacieuse, et, sous prétexte de l'inaugurer – mais, dans sa pensée, elle machinait quelque autre chose – elle donna un grand banquet où elle avait invité ceux des Égyptiens qu'elle savait être les plus coupables du meurtre ; et, pendant qu'ils festoyaient, elle fit introduire dans la salle l'eau du Nil, par un large canal secret. Voilà ce que les prêtres racontent. Ensuite, son crime accompli, et afin d'éviter des représailles, Nitocris se précipita elle-même dans une chambre pleine de cendres[1]. »

Selon les sources, enfin, le dernier pharaon de la VIe dynastie, après Mérenrê II, pourrait être un autre fils de Pépy II, Néferkarê, initiateur de la VIIe dynastie, puis l'Égypte se serait perdue dans le chaos des dynasties vraisemblablement fictives VII et VIII de la Première Période Intermédiaire, auxquelles auraient succédé les modestes pharaons des XIe et XIIe dynasties du Moyen Empire (= Ier Empire thébain), auxquelles succéderont, après une Deuxième Période Intermédiaire (dynasties XIII à XVII, dont les trois dynasties étrangères de Hyksos, entre 1797 et 1543 av. J.-C.), les deux grandes dynasties (XVIII et XIX) du Nouvel Empire (= IIe Empire thébain, entre 1543 et 1186), auquel appartiennent les pharaons « de légende » Amosis, Touthmosis II et III, Hatshepsout (la mère du précédent), Akhénaton, Toutankhamon et Ramsès II. C'est à propos des rois du Nouvel Empire que le syndrome égyptomaniaque est devenu paroxystique et son exploitation commerciale une imposture, pour ne pas dire, dans certains cas (nous songeons à son exploitation touristique), une escroquerie, comme nous l'allons montrer dans le prochain chapitre.

---

1. Hérodote, *Histoires*, II, 100-101.

IV.

L'égyptomanie paroxystique

Affirmer qu'il y a un peu plus de cinq mille ans s'est installé dans la vallée du Nil un peuple d'agriculteurs-pasteurs doté d'une organisation politico-sociale monarchique d'une étonnante stabilité qui a duré elle-même deux mille ans environ, c'est énoncer une vérité historique, fondée sur l'observation des innombrables et remarquables vestiges apparents que ce peuple a laissés derrière lui et sur les découvertes que de patients archéologues exhument depuis deux siècles des sables et des limons de la terre égyptienne. En revanche, dans la mesure où, parmi ces vestiges, il existe des documents gravés sur des pierres ou écrits sur des parchemins, prendre pour argent comptant les informations qu'ils nous proposent sans tenter de les vérifier, cela est contraire à la méthode historique, sans plus. Les interpréter et imaginer à leur propos des rapports de causalité sans en donner la justification, c'est faire preuve de mauvaise foi, mais formuler à leur sujet des hypothèses gratuites et les développer parce qu'elles sont séduisantes, c'est déjà délirer, et les présenter avec autorité comme des vérités historiques, cela relève soit de l'égyptomanie paroxystique, et l'on peut se contenter d'en sourire, soit de l'imposture romanesque à la manière de Victor Hugo, de Walter Scott ou de Dumas (et, pourquoi pas, de leurs émules contemporains) et l'on y applaudira si talent il y a, soit de l'imposture scientifique et l'on se doit de la dénoncer, ce que nous nous proposons de faire ici, à propos de quelques-unes des légendes innombrables qui courent sur cette période de l'Égypte pharaonique et que propagent les mauvais vulgarisateurs, les magazines à la mode et les brochures touristiques.

Il est bon de préciser ici que les vedettes des formes paroxystiques du syndrome égyptomaniaque sont uniquement des pharaons appartenant aux deux premières dynasties du Nouvel Empire, la XVIIIe et la XIXe dynastie (de 1543 à 1186 av. J.-C. environ) qui comptent respectivement 15 et 8 pharaons, dont nous rappelons ci-après la liste. Pour chacune de ces « vedettes », dont nous résumerons la légende, nous indiquerons les principales sources : le lecteur constatera de lui-même leur quasi-inexistence, et, s'il est sain d'esprit, il en conclura que la légende est une pure invention de la part de ceux qui la lui présentent comme une histoire vraie et qu'il est victime d'une imposture de leur part.

1. Amosis *(25 ans de règne selon Manéthon, de 1543 à 1518)*

Amosis (ou Ahmès, en grec), premier roi de la XVIIIe dynastie, est réputé avoir libéré l'Égypte d'un peuple nomade d'Asie Mineure mal connu, le peuple (sémitique ?) des Hyksos qui, refoulé par les migrations indo-européennes du IIe millénaire av. J.-C., avait envahi le Delta au cours de la Deuxième Période Intermédiaire, on ignore à quelle date exactement. Tout ce que l'on peut dire c'est que l'invasion a eu lieu au temps de la XIIe dynastie, c'est-à-dire entre 1797 et 1634, et qu'elle s'est faite d'une manière continue (certains auteurs, qui s'appuient sur le texte d'une stèle gravée sous le règne de Ramsès II [1279-1212], ont proposé les environs de 1725 av. J.-C. comme date de l'arrivée massive des Hyksos, qui aurait été précédée et suivie de petites invasions partielles). Cette agression a été le seul séisme politico-militaire d'importance qu'ait connu l'Égypte en deux mille ans d'histoire. Ce ne fut pas, en effet, une simple incursion un peu plus réussie que celles que subissait fréquemment le Delta de la part des tribus nomades de Libye ou des Bédouins du Sinaï, mais une conquête durable du pays, qui s'est traduite par l'installation de deux dynasties de pharaons hyksos (la XVe et la XVIe dynastie dans la liste de Manéthon) qui régnèrent pendant au moins un siècle sur la Basse-Égypte, entre 1634 et 1543 (dates d'ailleurs très hypothétiques) : « *Sous le règne de Timaôs*[1], lit-on dans les sources manéthoniennes, *les dieux firent souffler sur nous* [les Égyptiens] *un vent contraire et soudainement, venant des régions de l'Est, des envahisseurs d'une race indéfinie marchèrent avec assurance contre notre pays et facilement, sans combat, ils l'enlevèrent par la force.* » Après ce coup d'éclat, les Hyksos se bâtirent une capitale sur le bras le plus oriental du Delta (voir la carte, p. 148) qu'ils nommèrent *Avaris* et d'où leurs rois gouvernèrent le pays conquis (on ignore comment) jusqu'à ce qu'un héros indigène du nom d'Amosis s'empare d'Avaris, chasse les Hyksos d'Égypte et inaugure ainsi la XVIIIe dynastie (indigène) de pharaons.

Un seul et unique objet archéologique atteste l'existence d'un combat devant Avaris : c'est une pointe de lance découverte à Louxor, en 1902, par un archéologue russe et qui se trouve maintenant au musée de Moscou. On peut y lire l'inscription suivante : « *Le fils du Soleil, Amosis, doué de vie ; objet qu'il a rapporté, dans ses victoires,*

---

1. Nom grec attribué par Flavius Josèphe au pharaon – par ailleurs inconnu – sous le règne duquel les Hyksos envahirent le Delta.

d'Avaris la vaincue. » D'autre part, sur les murs de la tombe d'un certain Ahmès, paré du titre glorieux de « chef des rameurs » du roi Amosis, retrouvée à Elkab, à environ 70 kilomètres au Sud de Thèbes, son petit-fils, un scribe qui « signe » du nom de Pahéry, a gravé la biographie de son grand-père ; ce texte, qui s'étend sur quarante colonnes, nous apprend en particulier que ce marin a participé au siège et à la prise d'Avaris par Amosis[1].

Or, chose à peine croyable[2], cet événement et l'expulsion des Hyksos de la terre égyptienne, que les égyptologues modernes considèrent comme le plus important de l'histoire de l'Égypte antique, puisqu'il lui a permis de renaître après avoir été conquise et occupée pendant près de deux siècles, n'est relaté **dans aucune des inscriptions d'Amosis**. Les quelques rares documents que nous avons par ailleurs sur ce pharaon parlent de tout... sauf de l'expulsion des Hyksos ; en voici en effet l'énumération[3] :

1. une stèle muette (c'est-à-dire ne comportant aucun texte en dehors, éventuellement, des noms des personnages figurés) représentant le roi accompagné de sa grand-mère, Téti-Shéri ;

2. un graffito du vice-roi (gouverneur) de Nubie Djéhouty ;

3. une stèle relatant une tempête qui eut lieu sous son règne, dite *Stèle de la tempête* ;

4. une stèle représentant la mise au tombeau de sa mère, la reine Ahhotep Ire ;

---

1. Le récit (partial, évidemment) du règne d'Amosis occupe 19 des 40 colonnes de l'inscription ; la guerre menée par Amosis contre les Hyksos couvre 11 de ces 19 colonnes, dont 7 sont consacrées au siège d'Avaris.

2. La remarque en a été faite par Svetlana Hodjache et Oleg Berlev, dans *Chronique d'Égypte*, 52, p. 22-39 et reprise par C. Vandersleyen dans *L'Égypte et la Vallée du Nil*, *op. cit.*, t. 2, p. 213.

3. Selon Vandersleyen, *L'Égypte et la vallée du Nil*, *op. cit.*, p. 217 *sq.*

L'égyptomanie paroxystique

5. une stèle de l'an 18 de son règne représentant Amosis en compagnie de « l'épouse du dieu » (c'est-à-dire son épouse) Sat-Amon (conservée à Hanovre) ;

6. la grande stèle de Karnak relatant les dons offerts par le pharaon au temple d'Amon et portant l'éloge de sa mère ;

7. la *Stèle de la donation* faite par Amosis à son épouse Néfertary ;

8. une stèle retrouvée à Abydos annonçant que ce roi projette d'ériger un monument à la mémoire de sa grand-mère.

En bref, nous n'avons aucun moyen de savoir avec certitude ce qu'a fait réellement le roi Amosis. Tout ce que nous pouvons en dire, c'est que, sous son règne, l'Égypte a été libérée des Hyksos qui l'occupaient depuis deux siècles et qu'il a probablement joué un rôle important dans cette libération.

Malgré ce vide documentaire, une égyptologue de grand renom (renom par ailleurs mérité) n'hésite pas à écrire dans une revue de vulgarisation destinée à un large public : « *Encore enfant, Ahmès* [nom grécisé d'Amosis] *reçut de sa vaillante (?) mère l'éducation, puis le soutien, qui lui permirent de mener à bien l'expulsion des indésirables occupants asiatiques de son pays.* » Qu'une stèle le représente en train d'officier lors de l'enterrement de sa grand-mère Téti-Shéri, qu'une autre contienne l'éloge de sa mère, Ahhotep, et qu'une troisième, retrouvée à Abydos, annonce qu'il projette d'ériger un monument à la mémoire de sa grand-mère, tout cela ne prouve en aucune manière que sa « vaillante mère » lui ait apporté son soutien (lequel ? des encouragements verbaux ?) dans la guerre de libération qu'Amosis aurait entreprise contre les Hyksos, et l'affirmer péremptoirement, en des termes dithyrambiques, relève de l'imposture journalistique traditionnelle, car un historien doit être circonspect en la matière, surtout s'il écrit pour le grand public... tenté par l'égyptomanie.

2. Hatshepsout (21 ans et 9 mois de règne selon Manéthon, de 1479 à 1457)

En a-t-elle fait couler de l'encre, cette Hatshepsout[1], fille du pharaon Touthmosis Ier et de sa sœur, la grande épouse royale Athmès, elle-même demi-sœur aînée et épouse de Touthmosis II, fils du précédent et de son épouse secondaire, Moutnéfert (voir l'arbre généalogique page suivante), et qui figure sur presque tous les monuments consacrés à ce roi, qui n'a régné que trois ans.

Hatshepsout, épouse et demi-sœur de Touthmosis II, est présente, soit par sa représentation figurée, soit par une inscription, sur à peu près tous les monuments contemporains de Touthmosis II (en particulier dans la grande cour du temple de Karnak), alors que leur fils – le futur Touthmosis III – est systématiquement passé sous silence, comme s'il allait de soi que le successeur de Touthmosis II devait être cette reine, et non son fils. À cette prétention d'Hatshepsout, Touthmosis III rétorquera plus tard en faisant graver l'histoire de son enfance dans laquelle il prétendra qu'à l'occasion d'une procession à laquelle il participait, encore tout jeune, le dieu Amon l'avait placé devant le roi son père, le désignant ainsi, d'une manière surnaturelle, comme le successeur légitime et divin de ce dernier. Puis Touthmosis II mourut, et Hatshepsout devint régente de son fils (illégitime), trop jeune alors pour régner. Une

---

1. La meilleure synthèse récente concernant Hatshepsout est celle de Claude Vandersleyen dans *L'Égypte et la Vallée du Nil, op. cit.*, t. 2, chap. V, avec une abondante bibliographie.

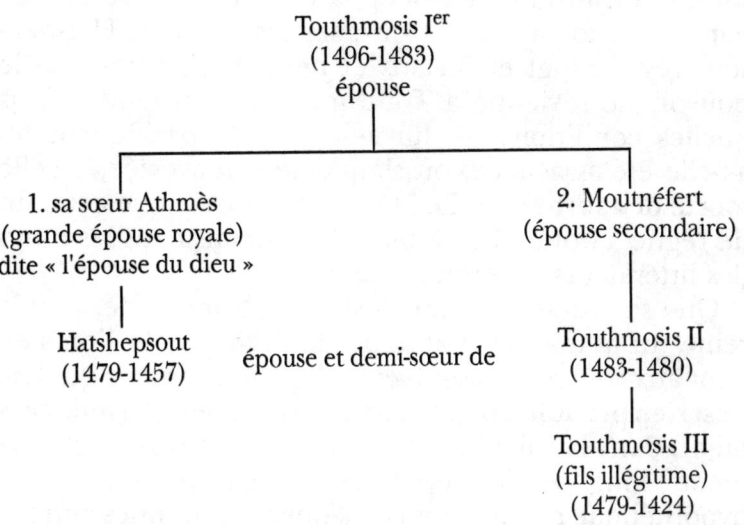

Figure 6.
*La descendance de Touthmosis I*ᵉʳ

À la mort de Touthmosis II, après seulement trois ans de règne, son fils Touthmosis III lui succède, mais, comme il était sans doute trop jeune pour régner, ce fut sa tante, la demi-sœur et épouse de Touthmosis II, Hatshepsout, qui exerça la régence. Touthmosis III ne régna seul qu'après la mort de celle-ci, en 1457. Touthmosis II avait eu aussi une fille (légitime) d'Hatshepsout, nommée Néfertouré.

inscription retrouvée à Karnak, et due à un certain Inéni, chef des travaux sur ce site à l'époque, résume ainsi la situation successorale : « *Le fils du roi Touthmosis II fut installé à sa place comme roi des Deux-Terres* [la Haute et la Basse-Égypte] *et monta sur le trône de celui qui l'avait engendré, tandis que sa sœur* [la sœur de Touthmosis II], *l'épouse du dieu* [= l'épouse du pharaon], *Hatshepsout, s'occupait des affaires du pays et gouver-*

nait les Deux-Terres. On accepta son autorité, car la vallée était soumise[1]. » Après cette intronisation en quelque sorte « constitutionnelle » de la régente, qui est attestée par divers documents et diverses inscriptions, Hatshepsout régna vingt et un ans et neuf mois, avant que le pouvoir ne revienne à Touthmosis III, on ignore dans quelles conditions (le lui a-t-elle cédé pacifiquement, a-t-elle été assassinée, ou simplement renversée, est-elle morte de mort naturelle ?) et l'on se doute que cette fin de règne a donné lieu à bien des romans dans les rangs des littérateurs égyptomaniaques.

Que se passa-t-il durant ces vingt et une années où la reine fut la maîtresse absolue de l'Égypte ? Si l'on s'en tient aux sources, on est bien obligé de constater qu'**il ne s'est rien produit d'important**, politiquement ou militairement, dans la vallée du Nil, au cours du règne relativement long d'Hatshepsout, hormis peut-être une hypothétique rivalité sans conséquences connues entre la reine et le pharaon Touthmosis II (qui ne régna que trois ans), et, après la mort de celui-ci, une expédition navale et de type commercial sur la côte des Somalis, dans un pays que les Égyptiens appelaient *Pount*, qu'ils visitaient depuis le temps de Sahouré (V[e] dynastie), dans le but d'en rapporter des produits et des animaux exotiques : encens, lingots d'or, ivoire, ébène, pierres précieuses, animaux africains (babouins, girafes, etc.).

On serait donc tenté de dire que les aventures de la reine Hatshepsout, dont nous rebattent les oreilles à grand renfort d'épithètes majoratives les revues de vulgarisation, ne sont que beaucoup de bruit pour rien et n'ont à peu près aucun intérêt sur le plan historique pour personne, sinon pour les journalistes et les égypto-

---

1. K. Sethe, traduction des *Urkunden der 18. Dynastie*, Berlin, 1984 (la publication de ces « Inscriptions de la XVIIIe dynastie », par le même, date de 1927-1930).

L'égyptomanie paroxystique

logues amateurs qui parviennent à se faire offrir le voyage sur les bords du Nil, et pour les éditeurs desdites revues dont les tirages sont proportionnels à la quantité de sornettes incontrôlées qu'ils publient. Cependant il convient de modérer notre scepticisme, car, si le règne d'Hatshepsout n'a rien apporté à l'histoire politico-militaire et sociale de l'Égypte ancienne, il a enrichi son patrimoine artistique de plusieurs temples (au dieu Amon, à la déesse Mout), de chapelles, d'obélisques et de reposoirs, et d'un temple unique en son genre sur la terre des pharaons, bâti sur le site qui porte aujourd'hui le nom de Deir el-Bahari.

3. Amenhotep (ou Aménophis) IV = Akhénaton (17 ans de règne selon Manéthon, de 1348 à 1331 ou de 1359 à 1342)

Le passage relativement bref et sans lendemain dans l'histoire de l'Égypte de ce personnage, dont l'idéologie religieuse – qu'on a qualifiée d'*amarnienne* par allusion au nom actuel du village d'*al-Amarna*, situé à proximité de l'emplacement où il fit bâtir une éphémère capitale en vue de remplacer Thèbes – n'a été qu'un feu de paille, a été abusivement et curieusement exploité par les égyptologues, car certains d'entre eux ont cru – ou voulu – y voir les prémices du monothéisme : nous allons montrer qu'il n'en a rien été.

Les cinq premières années du règne d'Amenhotep IV se sont passées à Thèbes, la capitale traditionnelle des pharaons depuis le Moyen Empire. À cette époque, Amon, le dieu local de la ville est, depuis le Moyen Empire (depuis 2064 av. J.-C. environ), le dieu impérial, et il a absorbé les prérogatives de Rê, le dieu solaire : on le nomme alors Amon-Rê. L'activité du nouveau roi se concentre alors sur Karnak, où il fait construire et décorer divers monuments dans le style classique. On a retrouvé sur ce site [1] un document daté **et un seul** correspondant à cette période et relatif au roi Amenhotep : il s'agit d'une pièce de tissu où est inscrit le nom du dieu Rê-Harakthès (« Rê dieu de l'horizon ») à l'aide de hiéroglyphes répartis en deux cartouches, ce qui signifie que le roi règne depuis deux ans et qu'il a déjà élaboré sa théologie, car c'est ainsi qu'il nommera Rê à el-Amarna.

Dès l'an 5 de son règne, Amenhotep IV, qui semble avoir déjà conçu son système religieux, abandonne Thèbes, sans doute pour fuir un lieu où il puisse adorer Aton (le disque solaire – *aton* en égyptien ancien – divinisé) en dehors de toute réminiscence de la religion traditionnelle ; il a sans doute déjà pris le surnom d'*Akhénaton*, « Lumière d'Aton » (*aton* : substantif qui signifie « le disque solaire ») et, au début de l'année, il a décidé de fonder une nouvelle capitale sur le site d'al-Amarna, qu'il avait sans doute déjà repéré quelques mois auparavant, non pas pour fuir le dieu Amon de Thèbes et son clergé, mais pour offrir à Aton, son dieu, un lieu de culte vierge de toute occupation antérieure et bien clos (le site est entouré de falaises) qui sera nommé *Akhétaton* et que le roi limitera par quatre grandes stèles. Combien de temps dura la construction de cette ville, avec ses monuments et ses sanctuaires, on l'ignore ; il semble qu'en l'an 12 du règne les travaux étaient terminés, et l'on ne peut rien dire de plus sur cette capitale éphémère, où Akhénaton, prétendent abusivement certains, aurait, pour la première fois dans l'histoire des hommes, prêché le monothéisme solaire.

À vrai dire, n'en déplaise aux égyptomaniaques, c'est là une fable que contredit formellement le *corpus* des

---

1. Plus précisément dans la tombe de Toutankhamon.

L'égyptomanie paroxystique

textes religieux de l'ancienne Égypte gravés plus de mille ans avant l'époque d'Akhénaton (vers 2500 av. J.-C.) sur les parois des chambres funéraires des pyramides royales et qu'on appelle les *Textes des pyramides*. Ces textes manifestent déjà une grande ferveur religieuse envers l'astre solaire, comme le souligne C. Lalouette, leur moderne traductrice :

> « L'universalité de son règne et de ses bienfaits qui touche toutes les créatures, même les plus humbles, est vantée. Le fidèle, dans la profondeur de sa foi, connaît l'extase. Ce sont là des images et des thèmes très anciens [...]. La fable, très populaire actuellement, selon laquelle Aménophis IV aurait ressenti le monothéisme et aurait suscité en ce sens une "révolution" religieuse ne tient guère lorsqu'on lit, non des gloses modernes, mais les documents égyptiens eux-mêmes. Depuis les temps anciens, chaque dieu est l'UNIQUE dans le cœur et l'esprit de son fidèle – ce qui n'exclut pas, en vue d'une plus grande efficience magique, un éventuel recours aux autres. Une essence divine supérieure, s'incarnant en des lieux différents dans des enveloppes diverses, chacune de celles-ci présentant une relative individualité, mais se confondant dans l'entité *netjer* (= Dieu) – l'unicité dans la tolérance, telle est la signification profonde de la religion égyptienne de tous les âges. Le scribe Any, dans sa *Sagesse*, écrivait vers 1650 av. J.-C. : « *Dieu peut placer sa puissance en un million de formes.* » À cette conception ne peut s'appliquer aucune de nos définitions modernes, souvent superficielles, lorsqu'elles veulent « classer » les pensers antiques, de monothéisme ou de polythéisme [...]. La grande présence divine diffuse dans tout l'univers s'incarnait dans toutes les formes de la création et, selon les lieux, portait des noms divers [1]. »

À défaut d'avoir été l'initiateur du culte – dominant plus que monothéiste – du soleil, Akhénaton a-t-il été le

---

1. Claire Lalouette, *Textes sacrés et textes profanes de l'ancienne Égypte*, Paris, Gallimard, t. II, p. 125 *sq*.

grand philosophe réformateur incompris de son temps ? Certains égyptologues sérieux le prétendent, telle Mme Desroches-Noblecourt, qui voit en lui « *le premier poète mystique de l'humanité, vivant dans une continuelle recherche spirituelle*[1] » et à laquelle on peut se permettre de poser la question : en quoi le fait de construire des sanctuaires en hommage au « Grand Aton vivant » et de détruire systématiquement et avec fureur les lieux de culte du dieu Amon permet-il d'affirmer de ce roi, annonciateur des honteuses Croisades de notre Moyen Âge, qu'il fut le précurseur égyptien de saint François d'Assise ou de Spinoza ? Je respecte énormément Mme Desroches-Noblecourt dont j'ai suivi jadis, vers 1943, avant de me diriger vers d'autres voies, les cours d'épigraphie égyptienne qu'elle donnait alors au Louvre, mais je ne peux m'empêcher de sourire poliment devant une telle affirmation.

En effet, la « pensée » – si l'on peut dire – d'Akhénaton se limite aux quelques affirmations que certains considèrent comme lyriques et qui constituent son *Hymne au Soleil*, le poème plus naïf que profond qu'on lui attribue et dont le texte a été sculpté à Amarna dans la tombe de Aÿ, le quatorzième pharaon de la XVIIIe dynastie ; en voici quelques extraits : le lecteur jugera de lui-même.

Hymne au Soleil d'Akhénaton
(v. 1350 av. J.-C.) [2]

« Adorer Rê-Horakhty [*Rê, le dieu solaire, qui est devenu le grand dieu de l'Égypte à partir de la Ve dynastie, vers 2500 av. J.-C., plus de mille ans avant Akhénaton*] qui se réjouit dans

---

1. Jugement émis par cet auteur dans un article publié récemment dans un magazine de grande diffusion.
2. Traduits par Claire Lalouette, dans *Textes sacrés et textes profanes de l'ancienne Égypte*, op. cit., t. II.

L'égyptomanie paroxystique

l'horizon en son nom de lumière, qui est dans le disque Aton [*le mot égyptien pour désigner le disque solaire*], vivant pour le temps infini et le temps éternel.

Adorer le grand Aton vivant [*c'est-à-dire Aménophis IV lui-même, qui s'autoproclame comme une hypostase du soleil*] en ses fêtes jubilaires, le maître de tout ce qu'encercle le disque, le seigneur du ciel, le seigneur de la terre, le maître du temple d'Aton dans l'horizon d'Aton [*à Tell Amarna*], le roi de la Haute et de la Basse-Égypte qui vit de la vérité et de la justice, le Seigneur du Double-Pays, le fils de Rê qui vit de la vérité et de la justice, le maître des apparitions radieuses, Akhénaton (« Celui qui est utile à Aton »), à la longue durée de vie.

Adorer la grande épouse royale, sa bien-aimée, la maîtresse du Double Pays [*il s'agit de Néfertiti*], puisse-t-elle vivre, être prospère et toujours jeune pour le temps infini et le temps éternel !

[...]

Tu te lèves bellement dans l'horizon du ciel, ô disque vivant qui ordonnes la vie. Tandis que tu apparais dans l'horizon oriental, après avoir rempli le pays de ta perfection, tu es beau, grand, étincelant, élevé au-dessus de la terre en toute son étendue. Tes rayons enveloppent les pays jusqu'à la limite de tout ce que tu as créé. Tu es Rê, et tu rapproches leurs extrémités, tu les lies pour ton fils bien-aimé. Tu es lointain, mais tes rayons sont sur la terre ; tu es dans les regards, et l'on peut contempler ton voyage. Mais lorsque tu te couches dans l'horizon de l'Occident, le pays est dans les ténèbres, comme mort ; les hommes sont allongés dans leurs chambres, recouverts d'un linge, et chaque œil ne voit même plus son compagnon ; si tous leurs biens placés pourtant sous leurs têtes étaient saisis, ils ne s'en apercevraient même pas. Chaque lion sort de sa tanière, tous les serpents mordent, car la nuit est pour eux le temps de la lumière. La terre est dans le silence, car son créateur est en son horizon.

Quand à nouveau blanchit la terre, alors tu apparais radieux en l'horizon, tu étincelles, ô Aton, comme le jour. Tu repousses la nuit, tu donnes tes rayons et le Double Pays est en liesse. Ceux qui dormaient s'éveillent, se dressent sur leurs pieds, car tu les fais se lever ; ils lavent leurs corps, prennent leurs vêtements, tandis que de leurs mains ils louent et acclament ta radieuse apparition. Et le pays entier accomplit ses travaux. Les animaux de toute espèce se reposent sur leurs pâtures ; les arbres et les plantes reverdissent ; les oiseaux volettent dans leurs nids, tandis que leurs ailes ouvertes louent et acclament ton *ka*[1] ; le petit bétail saute sur ses pieds. Tout ce qui vole et se pose prend vie lorsque tu apparais, radieux.[...] Tu rends les femmes fécondes et crées la semence chez les hommes, tu fais vivre le fils dans le sein de sa mère [...]. Lorsque l'enfant descend du ventre de sa mère, au jour de sa naissance, tu ouvres sa bouche et pourvois à ses besoins. Le poussin dans le nid gazouille en sa coquille, car tu lui donnes les souffles pour l'animer ; tu façonnes sa forme tout entière de telle sorte qu'il puisse briser l'œuf ; lorsqu'il en sort, il gazouille très fort et marche sur ses pattes.

Combien multiple est ton œuvre ! cachée parfois à la vue, ô dieu unique, auprès de qui il n'en existe point d'autres [*il faut se garder d'interpréter cette phrase comme une affirmation du « monothéisme » d'Akhénaton : c'était la formule que prononçaient tous les fidèles égyptiens quand ils s'adressaient à leurs dieux quels qu'ils fussent*]. Tu as fait la terre selon ton désir – alors que tu étais seul – ainsi que les hommes, le bétail entier, gros et petit, tout ce qui marche avec des pieds sur le sol, tout ce qui s'élève en volant avec des ailes, les pays de Syrie, les pays de Koush [*une partie du Soudan actuel, entre la 2ᵉ et la 4ᵉ cataracte du Nil*] et l'Égypte. Tu donnes sa place à chaque homme, pourvoyant à ses besoins ; ainsi chacun a sa subsistance et son temps de vie est compté. Les langages des hommes sont divers, les formes également, leurs couleurs sont différentes, car tu as distingué les étrangers [*des Égyptiens, qui se considéraient comme une race à part et supérieure aux autres*]. »

---

1. L'élément constitutif d'une personne humaine, qu'on traduit parfois par « double ».

L'égyptomanie paroxystique

Cet hymne fameux au disque solaire, manifestation visible du dieu Rê, date d'environ 1350 av. J.-C. ; il est intéressant de le comparer aux hymnes solaires qui figurent parmi les *Textes des pyramides* dont nous donnons ci-après deux extraits et qui datent de l'Ancien Empire (dynasties III à V, de 2700 à 2195 av. J.-C.), ce qui permettra à nos lecteurs de constater que, entre les pharaons de la Ve dynastie et le lyrique Akhénaton, il n'y a rien eu de nouveau sous le soleil d'Égypte en matière de sentiment religieux et qu'Akhénaton n'est pas l'inventeur du monothéisme, qui a été forgé par le clergé de la très antique ville égyptienne dont le nom était *On* ou *On-du-Nord* (il est cité dans la Bible) et que les Grecs ont appelée Héliopolis. Les prêtres d'Héliopolis avaient fondé une des plus anciennes et des plus remarquables écoles théologiques d'Égypte, dont les doctrines sont devenues, en quelque sorte, la doctrine religieuse officielle du pays, fondée sur la primauté du dieu solaire Rê sous ses deux formes, du soleil levant et du soleil couchant, appelées « l'Horus [en grec, *Harakhtès*] de l'horizon ».

HYMNE AU SOLEIL (extrait)
Textes des pyramides (v. 2600 av. J.-C.) [1]

Salut à toi, Grand, fils de Grand !
Le palais du *Per-Our*[2] se met en branle pour toi,
Celui du *Per-Neser*[3] est au travail pour toi.
Les baies des fenêtres célestes sont ouvertes pour toi.
Les pas des rayons solaires sont déliés pour toi.

Salut à toi, l'Unique qui dure tous les jours !
Horus de l'horizon vient ! Le Coureur aux larges pas vient !

---

1. Traduction par A. Barucq et F. Daumas, *Hymnes et prières de l'Égypte ancienne*, Paris, Éditions du Cerf, 1980, p. 50-51.
2. Sanctuaire archaïque en Haute-Égypte, près de Hiérakonpolis.
3. Sanctuaire en Basse-Égypte, dans le Delta.

Celui qui a pouvoir sur l'horizon [*Rê*] vient !
Celui qui a pouvoir sur les [*autres*] dieux !
Salut à toi, *Baï*[1] qui es dans son sang [*le sang de Rê*]
L'Unique que son père a nommé,
Le seul sage que les dieux ont nommé,
qui a pris place au zénith du ciel,
au lieu dont ton cœur se réjouit.
Tu traverses le ciel en tes enjambées,
Tu traverses la Basse et la Haute-Égypte en ton parcours.
[...]

HYMNE AU SOLEIL POUR LE PHARAON PÉPY (extrait)
Textes des pyramides (v. 2300 av. J.-C.)[2]

Tu t'éveilles en paix, ô Rê, purifié, en paix !
Tu t'éveilles en paix, Horus de l'Est [*le soleil levant*], en paix !
Tu t'éveille en paix, *Baï* oriental, en paix !
Tu t'éveilles en paix, Harakhtès, en paix !
Tu dors dans ta *Seketet* [*la barque dans laquelle le soleil accomplit son parcours pendant la nuit*],
Tu t'éveilles dans ta Mândjet [*la barque dans laquelle il accomplit son parcours pendant le jour*]
Car tu es celui qui promène son regard par-dessus les dieux.
Aucun dieu ne promène son regard au-dessus de toi !
[...]

En résumé, Akhénaton n'a été ni l'initiateur du « monothéisme » égyptien, qui, on vient de le voir, remonte au culte solaire forgé quelque 1 500 ans avant son règne, sous l'Ancien Empire, par le clergé d'Héliopolis, ni le grand poète mystique que certains prétendent en se

---

1. Élément constitutif de la personne d'un dieu.
2. Traduction par A. Barucq et F. Daumas, *Hymnes et prières de l'Égypte ancienne*, *op. cit.*, p. 50-51.

L'égyptomanie paroxystique

référant à son *Hymne au soleil,* un genre banal et même classique depuis l'Ancien Empire. Les égyptologues, qui sont bien plus des hommes de musées que des historiens, insistent sur l'originalité de l'art amarnien, qui s'est détourné du réalisme traditionnel de l'art égyptien antérieur, et ils ont raison ; mais une telle vision des choses est comparable à celle qu'aurait un historien de l'Allemagne nazie qui admirerait Hitler pour avoir été le premier chef d'État à construire des autoroutes en Europe ou à faire faire de la gymnastique collective aux jeunes Allemands, et qui passerait sous silence la création de la Gestapo et la propagation de l'idéologie raciste. De même pour Akhénaton : que pèsent, dans la balance de l'histoire, la construction d'une nouvelle capitale, les amours de ce faux mystique avec une Néfertiti dont nous ne savons à peu près rien, le schisme amarnien et la révolution artistique qui s'ensuivit, en comparaison de la seule et unique invention politique que l'on puisse porter au crédit – si l'on peut dire ! – de ce gigolo paranoïaque que fut Akhénaton, l'homme qui inventa de toutes pièces l'art de la persécution idéologique à outrance qu'il exerça, pour sa part, contre le culte du dieu Amon et ses sectateurs, autant dire la quasi-totalité de la classe sacerdotale et une bonne partie du peuple égyptien. Pour ce faire, Akhénaton employa les grands moyens réunis de la propagande et de la violence. Il fit marteler le nom et l'image d'Amon dans tous les temples et sur toutes les stèles où ils se trouvaient, saccager les sépultures dont il était le protecteur, poursuivre ses prêtres et peut-être même fermer les temples qui lui étaient dédiés ; il renonça même à son nom d'Amenhotep, parce qu'il contenait le mot « Amon ».

En fait, lorsque le roi Amenhotep IV se fait appeler *Akhénaton* et agit en « serviteur » du dieu solaire, ce n'est pas en précurseur du monothéisme qu'il se pose, mais en précurseur du fanatisme religieux destructeur :

L'égyptomanie, une imposture

« *L'acharnement avec lequel Akhénaton s'est employé à persécuter les anciens dieux, spécialement ceux de Thèbes, est unique dans l'histoire du fanatisme* », écrivait déjà Erman au début de ce siècle, et il n'est pas étonnant que la « Ville d'Aton, le dieu solaire » qu'il édifia sur le site de l'actuel al-Amarna, en Moyenne-Égypte, ait été abandonnée après sa mort pour tomber peu à peu en ruine et que les antiques croyances aient été alors rétablies, plus triomphantes que jamais.

Quel fut l'impact de la révolution manquée d'Akhénaton ? Parmi les égyptologues, les avis sont partagés. Ceux qui ramènent l'histoire de l'Égypte ancienne à l'histoire de son art sont admiratifs, et il est vrai que, sur ce point, il y a eu une véritable révolution, mais ceux qui fondent leurs jugements sur les rois de l'ancienne Égypte en tenant compte, essentiellement, de leur activité politique, militaire ou socioculturelle (et comment faire autrement ? avec ou sans Versailles, Louis XIV n'en serait pas moins Louis XIV), tel Donald B. Redford[1], sont particulièrement sévères (Redford ne lui reconnaît qu'un certain don pour la poésie), et nous partageons l'opinion de Claude Vandersleyen, qui a publié, depuis une trentaine d'années, de nombreux travaux sur Akhénaton et qui écrit[2] :

> « L'extrême originalité du règne d'Akhénaton a pour seule source la personnalité du roi, homme assurément génial. L'essentiel de sa vision du monde était constitué au moment où il est devenu roi. Elle est peut-être née d'une réflexion sur la civilisation égyptienne au terme de son évolution. De la multitude des dieux, il n'a gardé que le soleil, moteur du monde, manifestation physique (l'astre, l'*aton*) d'une puissance supérieure non vraiment nommée. Tout

---
1. Dans son livre sur *Akhenaten, the Heretic King*, Le Caire, 1984.
2. *L'Égypte et la Vallée du Nil*, op. cit., Paris, t. 2, p. 461 sq.

ce qui n'est pas le jour est mauvais : la nuit est le temps de tous les dangers. Monothéisme, si l'on veut, mais d'un genre particulier, inaccessible à d'autres qu'au roi et à la reine et peut-être, globalement, à la famille royale. Akhénaton est plutôt homme que dieu, de là peut provenir l'insistance de l'art amarnien sur des détails très concrets, même triviaux, de l'anatomie, une anti-idéalisation de l'être humain. »

4. Toutankhamon (9 années de règne et quelques mois selon Manéthon, de 1339 à 1329)

De qui ce prince obscur dont nous possédons la momie était-il le fils ? Sa tombe (n° 58 dans la Vallée des Rois) a été découverte à peu près intacte en 1923 par les Britanniques Carter et Carnavon [1]. Aucun document ne nous donne ni le nom de son père ni celui de sa mère et seule une inscription sur un bloc retrouvé par des archéologues allemands dans les années 1930, à Hermopolis, et provenant du grand temple d'Aton à el-Amarna, nous le mentionne comme « *Tout-ankhou-aton, fils du roi, de son corps* », donc de lignée royale. Les autres documents concernant ce pharaon qui a régné neuf ans sont :
– sa momie, dont l'examen a permis d'estimer l'âge à 20 ans ;
– deux sièges royaux retrouvés dans sa tombe, qui ne pouvaient convenir qu'à un enfant de 10 ans ;
– une mèche de cheveux conservée dans un cercueil miniature retrouvé dans sa tombe et portant le nom et les titres de la reine Tiyi qui était la grand-mère de l'épouse de Toutankhamon et peut-être celle du jeune roi lui-même ;

---

[1]. Carter, *The Tomb of Tut Ankh Amon*, Londres, 1923-1933.

– un instrument rudimentaire d'astronomie sur lequel Toutankhamon appellerait Touthmosis IV son « arrière-grand-père » ;
– une stèle dite *Stèle de la restauration*, où figurent le nom royal et sa titulature (cinq noms), sur laquelle est gravé un décret du roi daté de l'an 1 de son règne, qui a duré en tout un peu moins d'une dizaine d'années.

À partir de ces maigres données, les égyptologues ont évoqué prudemment plusieurs filiations possibles, les égyptomaniaques ont construit mille histoires qui sont autant de contes à dormir debout, et les romanciers, qui ont tous les droits à partir du moment où ils inscrivent le mot « roman » sur la couverture de leurs livres, ont offert quelque pâture à nos malades (exemple honnête : *L'Affaire Touthankhamon*, roman, par Christian Jacq).

5. Ramsès II (66 années d'un règne vide, de 1279 à 1212)

Ramsès II est certainement le pharaon dont le nom est le plus connu du grand public. L'article anonyme qui lui est consacré dans le grand dictionnaire encyclopédique Larousse le qualifie de « *plus grand pharaon de l'histoire* », et l'infatigable et compétente égyptologue qu'est Mme Desroches-Noblecourt, qui le surnomme le « *pharaon miracle* », lui a décerné le titre de « *plus grand diplomate du Proche-Orient* » dans une revue de grande diffusion dont les belles images en couleurs occupent tant de place qu'il n'en reste plus assez à cette éminente spécialiste pour lui permettre de démontrer son propos ; elle en serait bien en peine, d'ailleurs, car nous allons constater que la réputation de ce roi est totalement usurpée (voir notamment, sur ce sujet, l'appendice II, à la fin de ce chapitre).

L'égyptomanie paroxystique

Le nombre de documents datés portant le nom de Ramsès II, fils de Séthy Ier et petit-fils de Ramsès Ier, est considérable. Il en existe plusieurs, en effet, pour chaque année de règne... et il a régné pendant soixante-six ans : les uns sont futiles (par exemple les centaines d'étiquettes retrouvées sur des jarres de vin ou sur des pots de miel, ou les innombrables petits documents retrouvés sur le site de Deir el-Médina, dont les habitants étaient pour la plupart des artistes et des artisans spécialisés dans la décoration des tombes royales de la Vallée des Rois) ; d'autres sont des documents figurés (des bas-reliefs ou des peintures) et de grandes inscriptions sur les parois des temples ou sur des stèles. Cependant, on constate en les analysant que les soixante-six années du règne de Ramsès II ont été pauvres en événements importants, comme le met en évidence le tableau 3, pages suivantes, qui récapitule le contenu des principaux vestiges datés concernant ce prétendu « plus grand pharaon de l'histoire », ainsi que le surnomme grotesquement (et faussement) le rédacteur-compilateur du dictionnaire cité plus haut.

Tout compte fait, si l'on excepte l'expédition de Ramsès contre les Hittites et le traité de paix qui s'ensuivit dont nous parlons plus loin, il ne s'est à peu près rien passé en Égypte sous son règne, aussi bien sur le plan militaire que sur le plan politique ou social : pendant soixante-six ans, ce « pharaon miracle » n'a rien fait d'autre que d'élever un nombre impressionnant de stèles et de temples à sa gloire, de sorte que, dans la mesure où cette activité se limitait, pour lui, à commander l'édification de ces bâtiments, à enrégimenter les ouvriers pour ce faire et, sans doute, à les inaugurer, on peut dire que sa vie n'a guère été plus remplie que celle d'un quelconque baron Haussmann ou d'un promoteur immobilier contemporain.

Tableau 3.
Le règne vide de Ramsès II

ANNÉES DE RÈGNE	CONSTRUCTIONS, STÈLES DÉDICATOIRES, ÉVÉNEMENTS POLITIQUES OU **MILITAIRES** (EN GRAS) DU RÈGNE.
1 = (1279 av. J.-C.)	Ramsès, devenu pharaon, accompagne à Thèbes la momie de son père, Séthy Ier, pour l'inhumer. Il prend une série de décisions architecturales dont la réalisation va demander plusieurs années : agrandir Louxor, achever le temple de son père Séthy Ier à Gourna ; agrandir la salle hypostyle de Karnak. Il fonde le petit temple de Beit el-Ouali, en Nubie, redescend le Nil et fait graver à Abydos, sur le temple de Séthy, une *Grande inscription dédi*
2	*Ramsès se fait appeler « élu de Rê » et décide la construction de son propre temple, le Ramesseum, à Thèbes.* **Expédition contre les Bédouins de Libye.**
3	Apparition sur une inscription du nom de la première épouse royale de Ramsès, Néfertary (la seconde épouse royale, Isisnéfert, ne sera citée qu'à partir la fin du règne). La première lui donnera six enfants, et la seconde quatre.
4	Une stèle dans la vallée du Nahr el-Kelb atteste la présence de forces égyptiennes dans le « pays d'Amurru » : expédition de reconnaissance en pays hittite ?
5	Deux textes principaux content la **bataille de Qadesh** : un long récit contant la marche de l'armée égyptienne jusqu'à Qadesh sur le mode lyrique, rédigé d'après Ramsès lui-même par un scribe-poète nommé Pentaour, et appelé pour cette raison « *le Poème* » et un texte plus court, appelé « *le Rapport* » ou « *le Bulletin* » qui narre la bataille (voir ces textes à la fin du chapitre).

ANNÉES DE RÈGNE	CONSTRUCTIONS, STÈLES DÉDICATOIRES, ÉVÉNEMENTS POLITIQUES OU **MILITAIRES** (EN GRAS) DU RÈGNE.
	Début de la construction du temple colossal d'Abou Simbel.
6 et 7	Rien à signaler.
8	Inscription sur un mur du *Ramesseum* donnant la liste de 18 « villes » (en fait des localités) prises par Ramsès, dont celle de Dapour, dans le pays d'Amurru.
10	Mort de Muwattali, roi des Hittites, auquel succèdent son fils, Mursil III, puis Hattusili III, l'oncle de ce dernier.
21	Traité égypto-hittite (conçu et voulu par Hattusili III, roi des Hittites) de non-agression et d'alliance ; l'Égypte conserve ses possessions en Palestine et le pays d'Amurru. Gravure du traité sur les parois du *Ramesseum* et du temple de Karnak.
De 21 à 24	Relations suivies entre la cour du roi hittite et celle de Ramsès II : 50 lettres adressées par Ramsès, sa famille et son vizir au roi Hattusili III et à son épouse (elles ont été retrouvées à Bogasköy, la capitale des Hittites).
24	Ramsès II, presque sexagénaire, épouse une fille du roi des Hittites (il en épousera une autre huit ans plus tard).
34 à 66	Aucun événement politique notable au cours des trente-deux dernières années du règne de Ramsès II, préoccupé uniquement par sa divinisation.

En soixante-six années de règne, Ramsès II a livré une bataille (dans sa quatrième année de règne), et a consacré les soixante-deux années suivantes à s'en glorifier.

L'égyptomanie, une imposture

On constate à lire ce tableau édifiant qu'à l'exception d'une expédition de maintien de l'ordre en Libye, le règne de Ramsès II a été un règne totalement vide. L'unique action historique notable que ce pharaon ait accomplie, en soixante-six ans de règne, fut donc de partir pour la Palestine avec une armée d'environ 20 000 fantassins, dans la cinquième année de son règne d'après les inscriptions[1] (donc en 1274), avec l'intention de conforter la domination de l'Égypte sur le pays d'Amurru[2] (un ancien petit royaume sémitique dont le territoire était situé entre l'Oronte et la côte libanaise actuelle) qui relevait alors du domaine d'influence des Hittites. Le roi hittite Muwattali se porta à sa rencontre avec une armée de quelque 35 000 hommes (?), et un engagement eut lieu sur les rives de l'Oronte, à proximité d'une localité que les inscriptions nomment Qadesh, dont le site a été retrouvé et a pu être identifié[3]. La « bataille » de Qadesh fut le seul fait d'armes du règne de Ramsès II, qui en fit graver le récit (enjolivé et magnifié) et réaliser de nombreuses représentations figurées sur les murs immenses des temples de Louxor,

---

1. Les assyriologues (Garelli, *Le Proche-Orient asiatique*, Paris, 1969, p. 185) ont tendance à dater la bataille avortée de Qadesh de la huitième année du règne de Ramsès II.
2. Les Amorrites étaient des Sémites qui s'étaient installés dès le IIIe millénaire sur le territoire du Liban actuel et d'une partie de la Syrie, entre les sites modernes de Homs et de Beyrouth, d'où ils avaient essaimé. Leur territoire était tombé entre les mains d'un peuple de langue indo-européenne installé en Anatolie centrale, le peuple des Hittites, qui y avaient fondé un puissant État (les précurseurs des Hittites en Anatolie parlaient une langue asianique, le *hatti* ; dans les textes égyptiens ce terme désigne l'ancien pays des Amorrites, l'*Amurru* et le territoire d'implantation des Hittites dans cette région du Proche-Orient).
3. Des vestiges (une enceinte fortifiée) de l'ancienne Qadesh ont été retrouvés sous le tell Nebi-Mandûh, à proximité du Tannour, un petit affluent de l'Oronte.

L'égyptomanie paroxystique

de Karnak, d'Abydos, du *Ramesseum*, qu'il édifia à Thèbes et qu'il dédia au dieu Amon et... à lui-même, le dieu Ramsès, ainsi que sur les murs de l'énorme temple d'Abou Simbel, en Nubie (voir l'appendice I, à la fin de ce chapitre).

À s'en tenir à ces inscriptions, nos seules sources (évidemment partiales), on constate que la bataille se déroula sur deux jours. Le roi hittite, Muwattali, avait tendu un piège à l'armée égyptienne en cachant ses hommes et ses chars derrière une ville toute proche de l'Oronte (« Qadesh la vieille », disent les sources) pendant que Ramsès, qui venait de l'Ouest, traversait à gué le fleuve avec deux divisions d'infanterie (une division : 5 000 hommes), appelées *division d'Amon* et *division de Rê*. Le premier jour, les chars hittites attaquèrent par surprise la division de Rê, qui venait de franchir l'Oronte, et la dispersèrent, puis l'armée de Muwattali se porta vers la division d'Amon, qui était en train d'installer son camp ; toutefois, l'arrivée d'un détachement égyptien créa une diversion et les Hittites durent se replier. Le lendemain matin, l'armée égyptienne, au complet, se présenta au combat, mais celui-ci n'eut pas lieu ; en effet, le roi hittite fit porter une lettre à Ramsès, lui proposant un armistice : « *La paix est meilleure que la guerre* », lui écrivait-il. Ramsès, après avoir consulté ses officiers, ordonna à ses troupes de rebrousser chemin et de retourner en Égypte, tandis que Muwattali, de son côté, repliait ses chars et les laissait repartir vers l'Ouest. Ainsi se termina la rencontre de Qadesh, qui ne fut ni une véritable bataille ni, encore moins, une victoire égyptienne ; mais, par le biais des inscriptions et des bas-reliefs des grands temples (notamment celui d'Abou Simbel), Ramsès transforma son échec en un superbe triomphe, comme le fera plus tard le poète anonyme qui métamorphosera l'embuscade de Roncevaux où Roland perdit la vie en un mythique combat de Titans. Et il se trouve des égyptologues avertis, comme Mme Desroches-Noblecourt, prêts à titrer ainsi un article sur la bataille de Qadesh dans une revue de grande diffusion [1] : « À Qadesh, Ramsès II arrête la **foudroyante** avancée des Hittites » ! L'avancée des Hittites vers la Syrie et le Liban n'avait rien de foudroyant (elle avait commencé un ou deux siècles plus tôt), et Ramsès II n'a arrêté personne, à Qadesh : il s'y est fait battre ! Après avoir fait retraite devant les Hittites, le « plus grand pharaon de l'Égypte », le « pharaon miracle », s'installa dans le rôle d'un Père Ubu promoteur immobilier et consacra tous ses efforts à soigner sa grandeur et à se faire traiter comme un dieu par ses sujets.

Conclusion

À l'époque pharaonique, l'Égypte était une île isolée du reste du monde par la mer Méditerranée au Nord et par le sable de déserts sans fin partout ailleurs. Elle n'a pas bénéficié du formidable « grand pas en avant » que les Sumériens et les Sémites de Mésopotamie ont fait faire à l'humanité en inventant la civilisation urbaine, l'écriture, le droit écrit et la démocratie fondée sur un régime d'assemblée, la pensée abstraite, les mathématiques, l'astronomie scientifique (mesurée) d'observation, l'agronomie et la médecine. Elle ne sera tirée de son isolement qu'au VIe siècle avant J.-C. seulement, à partir du moment où elle sera rattachée aux grands empires proche-orientaux et européens (celui des Perses d'abord, puis ceux des Gréco-Macédoniens et des Romains). Pendant les deux ou trois mille ans où elle a vécu en vase clos, l'Égypte a presque tout ignoré des

---

[1]. *Historia*, numéro spécial de décembre 1996.

L'égyptomanie paroxystique

révolutions politiques, religieuses et culturelles qui ont bouleversé les mondes méditerranéen et médio-oriental, et, lorsqu'elle a été découverte par les armées du Perse Cambyse, puis par celles d'Alexandre et de César, elle leur est apparue comme un « nouveau monde », dépositaire d'une civilisation mystérieuse et fascinante. Ainsi sont nées mille légendes sur l'empire des pharaons dont le développement a été facilité par l'incapacité dans laquelle Perses, Grecs, Romains et Européens se sont trouvés de déchiffrer les multiples inscriptions et papyrus dont le contenu aurait pu les informer sur ce qu'avait été vraiment cette civilisation. Heureusement, Champollion – et bien d'autres – vinrent et l'égyptologie, qui n'avait été jusqu'alors que l'art de cambrioler les temples et les pyramides, put prendre son essor. Mais le pli était pris, et la thèse du savoir mystérieux et millénaire des anciens Égyptiens se répandit insidieusement, aussi bien chez certains spécialistes, qui tenaient à valoriser leurs recherches, que parmi le grand public, facile à allécher et, même de nos jours, il est malaisé de séparer le bon grain de l'ivraie.

L'une de ces légendes a été la *saga* des pharaons conquérants fastueux et irrésistibles, vainqueurs des plus terribles coalitions. En fait, sur les quelque deux cents rois qui ont régné sur l'Égypte pendant deux mille ans, on n'en peut citer que deux qui aient mené de véritables campagnes militaires, qui ne soient pas de banales opérations de police : Amosis, qui libéra l'Égypte des Hyksos, qui l'occupaient depuis deux siècles, et Touthmosis III, qui guerroya pendant vingt ans contre les Hourrites ; les aventures guerrières de la plupart des autres pharaons relèvent des contes de fées : nous venons de le montrer à propos de Ramsès II, le plus injustement illustre d'entre eux (voir à ce sujet les appendices I et II ci-après).

APPENDICES

I. Le récit de la bataille de Qadesh selon Ramsès II

Le *Poème* contant la bataille de Qadesh a été rédigé par le scribe Pentaour sous la surveillance de Ramsès II, et reproduit, selon les ordres du roi, sur les parois des temples d'Abou Simbel, de Louxor, de Karnak, d'Abydos et du Ramesseum, le temple funéraire de Ramsès II à Thèbes, dédié à Amon et à Ramsès II ; il est différent, dans sa forme, du *Bulletin* qui contient un certain nombre de précisions supplémentaires, mais, dans les deux cas, il s'agit de toute évidence de textes de propagande. Dans ce qui suit, nous résumons le *Poème* de Pentaour, avec, entre guillemets et en petits caractères, des citations extraites de ce texte que nous complétons, le cas échéant, par des extraits du *Bulletin* (dans les deux cas, d'après les traductions en anglais de ces deux textes par James H. Breasted, *The Battle of Kadesh*, publiées par cet auteur en 1903 dans les *Decennial Publications of the University of Chicago*, V, p. 81-127) ; nos commentaires sont entre crochets, et en italique.

1. Ramsès II partit avec son armée à la fin du mois d'avril 1275 av. J.-C. C'était alors, nous dit Pentaour, l'auteur du *Poème,* « un héros sans égal ; ses bras étaient puissants, son cœur vaillant, sa force était comparable à celle de Montou en son heure [*Montou était le dieu guerrier du*

Qadesh selon Ramsès II

nome de Thèbes, dont le culte avait été implanté par Sésostris III vers 1875 av. J.-C.], sa forme était parfaite comme celle d'Atoum [*dieu primitif d'Héliopolis*], et l'on se réjouissait de contempler sa beauté [...] ».

2. Après avoir préparé sa charrerie et son infanterie, à savoir quatre « divisions » de soldats égyptiens, placées sous la protection des dieux de Thèbes (Amon et Rê), de Memphis (Ptah) et d'Ombos (Seth), ainsi qu'une division de mercenaires barbares, « des Shardanes[1] qui faisaient partie du butin provenant de ses campagnes victorieuses » [*nous n'avons aucune trace de ces campagnes, vraisemblablement inventées par le thuriféraire*] et après avoir pourvu ses soldats de leurs armes,

> « Sa Majesté se dirigea vers le Nord [*en sortant de Thèbes, Ramsès se dirige d'abord vers le Delta puis vers l'isthme de Suez, afin de passer en Syrie*], son infanterie et sa charrerie avec lui, et il prit heureusement la route, en la cinquième année de son règne, le neuvième jour du deuxième mois de la saison shemou [*à la fin du mois de mai*], vers ce vil pays du Hatti [*vers « le pays d'Amurru », à savoir vers les côtes libanaises et la haute vallée de l'Oronte, à proximité de l'actuelle ville syrienne de Homs ; ce pays qui était sous la dépendance des Hittites*]. »

3. Après que plusieurs jours de marche se furent écoulés [*il y a plus de 1 500 kilomètres de Thèbes à la vallée de l'Oronte*] Ramsès se dirige, nous dit le *Poème*, « vers une hauteur, au Sud de la cité de Qadesh », une forteresse juchée sur une colline située en Syrie actuelle, à quelques kilomètres de la frontière syro-libanaise, entre le fleuve Oronte et l'un de ses petits affluents : le site

---

1. Peuple de la ville de Sardes, en Lydie ; ces Shardanes constituaient la garde personnelle du pharaon.

L'égyptomanie, une imposture

porte de nos jours le nom du tell Nebi-Mandûh ; dans cette citadelle et/ou autour d'elle :

> « Ce misérable ennemi qu'était le Hatti [« *le Hittite* » : *il s'agit du roi Muwattali*] avait rassemblé autour de lui tous les pays étrangers, jusqu'aux confins de la mer [*suit l'énumération des peuples coalisés cités plus haut qui ont rejoint les Hittites, et qui comptent dans leurs rangs les peuples installés sur le littoral méditerranéen de la Turquie actuelle, les Phéniciens du Liban et divers peuples cananéens et syriens*], et tous leurs rois étaient là, avec leur infanterie et leur charrerie, et leurs troupes qui recouvraient les collines et les vallées, tels des nuages de sauterelles [*nous n'avons aucun autre document que ce récit, dicté ou commandé par Ramsès II lui-même, qui mentionne une telle coalition, bien invraisemblable compte tenu de l'éloignement de plusieurs de ces peuples*]. »

4. Maintenant, ce « misérable ennemi », avec la multitude des alliés qui l'accompagnent, se tient caché [*le scribe Pentaour ne se demande même pas comment tant de forces armées – des « centaines de milliers de soldats » si l'on croit ses dires – pouvaient se tenir « cachées » dans ces contrées quasi-désertiques*], prêt à combattre, au Nord-Ouest de la ville de Qadesh [*c'est-à-dire derrière les murailles de cette ville qui dominait la vallée de l'Oronte*] :

> « Sa Majesté se trouvait alors entièrement seule, avec ses compagnons ; personne d'autre n'était avec lui, la division d'Amon marchait derrière lui ; celle de Rê traversait le gué un peu plus loin vers le Sud, près de la ville de Shabtouna [*non localisée : cette cité ne devait pas être très loin du champ de la proche bataille ; la description qui suit de la marche des armées vers Qadesh est très confuse*]. Sa Majesté avait également constitué une compagnie avec les guerriers d'élite de son infanterie [*les Shardanes, qui constituaient sa garde personnelle et qui se trouvaient sur le rivage du pays d'Amurru, au Sud du Liban actuel et au Nord d'Israël*].

Qadesh selon Ramsès II

Mais ce misérable ennemi du Hatti, qui se tenait au milieu de ses soldats, ne se présente pas encore pour combattre, à cause de la crainte que Sa Majesté lui inspire [*à ce stade préliminaire de la rencontre, Ramsès ignore tout de la position de son ennemi et de ses intention : est-il dans la ville ? derrière la ville ? se prépare-t-il à l'attaquer ? Le scribe Pentaour interprète la situation*]. Pourtant il a fait venir des hommes et des chevaux extrêmement nombreux, aussi nombreux que les grains de sable du désert ; sur chaque char hittite, il y a trois hommes [*il n'y en avait que deux, le conducteur et le combattant, sur les chars égyptiens*], et l'on pouvait voir, réunis là, tous les meilleurs soldats de ce vaincu [*Pentaour, qui a écrit son poème après la bataille, qualifie ainsi le roi Muwattali*], équipés avec toutes sortes d'armes de guerre, innombrables. Voyez comme ils se tiennent, prêts au combat, dissimulés au Nord-Ouest de la forteresse de Qadesh. »

7. le *Bulletin* nous apprend alors qu'à ce stade de la bataille – qui n'a pas encore commencé et qui ressemble bien plus à une partie de cache-cache autour d'un tertre entre deux bandes armées qu'à la manœuvre d'Austerlitz – deux Bédouins, appartenant à la tribu cananéenne des Shasou et se présentant comme les chefs des familles auxquelles appartenaient certains alliés de Muwattali, se seraient rendus auprès de Ramsès II et lui auraient tenu ce langage : « Nos frères, qui sont auprès de ce vaincu du Hatti [*il s'agit toujours du roi des Hittites que Ramsès n'a pas encore pu affronter*], nous ont fait venir auprès de Sa Majesté pour lui dire qu'ils seront les serviteurs et les alliés de Pharaon Vie-Santé-Force car ils désirent partir loin de ce "vaincu du Hatti" » ; Sa Majesté leur demande alors où se trouvent leurs frères :

> « "Ils sont auprès de ce vaincu du Hatti, qui se trouve actuellement dans le pays d'Alep, lui répondent-ils hypocritement, car ils craignent, à cause de Pharaon Vie-Santé-Force, d'être obligés de repartir vers le Sud" [*vers le pays*

L'égyptomanie, une imposture

d'Amurru d'où ils viennent] ; mais les paroles que ces Shasou dirent à Sa Majesté étaient des mensonges, car ce misérable vaincu du Hatti les avait envoyés pour espionner l'endroit où était Pharaon, et pour que celui-ci n'ait pas encore le loisir de préparer son armée au combat » [*en termes modernes, cette démarche pourrait être qualifiée de manœuvre d'intoxication : les murailles de Qadesh masquent les mouvements de l'armée hittite au pharaon, qui hésite quant à la stratégie qu'il doit adopter (attendre que l'armée ennemie se présente dans la plaine ou monter vers Qadesh pour lui livrer bataille)*].

8. Peu de temps après, Ramsès, qui a traversé l'Oronte à Shaboutna, au Sud de Qadesh, et qui envisage alors de couper les communications de l'armée hittite avec une éventuelle armée de secours qui viendrait du pays d'Amurru (c'est-à-dire du Sud), a envoyé une patrouille vers Qadesh ; celle-ci en ramène deux éclaireurs, capturés devant les murailles de la cité et que Pharaon décide d'interroger lui-même. Le *Bulletin* rapporte ainsi l'interrogatoire des deux hommes qui jouent devant Ramsès la même comédie que les Bédouins shasou :

« Sa Majesté se tient sur un siège d'électrum, dans sa tente, qui a été dressée au Nord de Qadesh, sur la rive gauche de l'Oronte [*Qadesh est sur la rive droite*]. Voici qu'arrive un éclaireur de la suite royale, amenant avec lui deux espions à la solde du roi des Hittites ; ils sont introduits auprès de Sa Majesté Ramsès qui les interroge :
– Qui êtes-vous ? leur demande-t-il.
– Nous appartenons au prince du Hatti, c'est lui qui nous a envoyés afin d'espionner l'endroit où se tenait Sa Majesté.
– Où est-il donc, ce vaincu du Hatti ? s'exclame le pharaon ; j'ai entendu dire qu'il se tenait dans le pays d'Alep, au Nord de Tounip.
– Voici, confesse l'espion, le vaincu du Hatti se tient avec les nombreux montagnards qu'il a emmenés en totalité avec lui pour vaincre, avec toutes les régions de toutes les

provinces du pays du Hatti, du pays de Naharina et de Kodi ; ils sont tous là, avec leurs infanteries, leurs charreries, tous bien armés et aussi nombreux que les grains de sable des grèves : ils se tiennent prêts à combattre derrière Qadesh la perfide... »

À ce récit, c'est la stupeur dans la tente du roi. On convoque sur-le-champ le Conseil des chefs, pour qu'ils entendent de leurs oreilles les aveux des espions hittites et Ramsès interpelle ses officiers :
– Voyez donc de quelle manière ont agi les chefs, aussi bien les chefs égyptiens, qui sont mes sujets, que les asiatiques, qui se disent mes alliés. Ils m'ont affirmé à moi, Pharaon, que ce vaincu du Hatti était dans le pays d'Alep, et qu'il avait fui devant Ma Majesté en apprenant qu'Elle arrivait !... Et voilà maintenant que je viens d'entendre, de la bouche de ces éclaireurs ennemis, que ce vaincu du Hatti est venu avec des hommes et des chevaux nombreux comme les grains de sable, et qu'il se tient derrière Qadesh la perfide !

Le pharaon tient un conseil de guerre sur-le-champ, avec ses officiers : il ordonne à son vizir de hâter la marche vers le Nord de la division de Rê, qui est encore au Sud de Shabtouna, afin de disposer de toutes ses troupes lorsqu'il lancera la bataille.

9. Pendant que Ramsès tenait conseil, Muwattali, le roi des Hittites, agissait. Il était passé sur la rive droite de l'Oronte avec son armée et ses chars, cachés aux regards de son ennemi par les murailles de Qadesh qu'il avait contournées de loin, puis ses fantassins et sa charrerie étaient redescendus discrètement vers le fleuve, à travers les bois de cèdres et les oliviers, toujours aussi invisibles des Égyptiens devant lesquels les Hittites surgirent donc comme par miracle, un beau matin de mai, après avoir franchi l'Oronte et tombèrent sur la division de Rê, qu'ils attaquèrent en son centre : le premier acte de la

L'égyptomanie, une imposture

bataille de Qadesh venait de commencer. Il ne dura cependant que quelques heures : les généraux égyptiens qui commandaient la division de Rê n'avaient rien su du mouvement tournant exécuté par les troupes du roi Muwattali, et leurs hommes n'étaient pas prêts au combat : l'infanterie et la charrerie de Sa Majesté faiblirent devant les assauts de la cavalerie hittite, l'armée égyptienne se disloqua, comme coupée en deux, et se débanda dans la plaine.

De son côté, Ramsès avait établi le camp de la puissante division d'Amon au Nord de la ville de Qadesh, sur la rive gauche de l'Oronte ; lorsqu'il appprit la défaite des généraux qui commandaient la division de Rê, le pharaon se dressa sur son trône de campagne, et la suite dramatique de la bataille de Qadesh nous est ainsi contée par Pentaour :

> « Tel son père Montou, le dieu des guerriers, il saisit sa parure de combat, revêt sa cotte d'armes ; il est comme Baal en son heure. Le grand attelage qui tire le char de Sa Majesté s'appelle "Victoire-dans-Thèbes". Il se lance au galop et pénètre au milieu de ses ennemis, venus du Hatti. Il est complètement seul, personne d'autre n'est avec lui. Il s'avance pour regarder derrière lui et découvre alors que deux mille cinq cents chars l'encerclent [*ce qui est géométriquement impossible dans la plaine accidentée où se trouve le tell Nebi-Mandûh qui recouvre maintenant le site de Qadesh*], lui interdisant tout espoir de fuite, des chars montés par les guerriers de ce misérable ennemi venu du Hatti et ceux de nombreuses autres contrées qui sont avec lui, venant de l'Arzawa, de Mysie, de Pisidie » [*l'auteur du* Poème *insiste sur l'énorme supériorité numérique des Hittites et de leurs alliés afin de sauver l'honneur du pharaon vaincu*]. Sa Majesté invoque alors Amon [*ici aussi, le doute nous envahit, car le morceau de bravoure poétique qu'est cette invocation au grand dieu des Égyptiens, et en particulier des Thébains, est fort long et l'on imagine mal Ramsès II sur son char, combattant seul contre deux*

Qadesh selon Ramsès II

mille cinq cents chars ennemis et priant dans le même temps son dieu : nous ne sommes plus, ici, sur le terrain de l'histoire, mais sur celui de la légende épique, comme l'étaient à peu près à la même époque les aèdes qui chantaient les épisodes de la guerre de Troie] :

« Que t'arrive-t-il donc, ô mon père Amon ? Est-ce qu'un père peut oublier son fils ? [...]

Je t'appelle, ô mon père Amon. Je suis au milieu d'ennemis innombrables que je ne connais pas ; tous les pays étrangers sont unis contre moi, et je suis seul, absolument, sans personne d'autre avec moi. Mes nombreux soldats m'ont déserté, aucun de mes charriers n'a regardé vers moi lorsque je les appelais ; pas un d'entre eux n'a écouté ma voix, quand je criais vers eux.

Mais je m'aperçois qu'Amon vaut plus pour moi que des millions de soldats, que cent mille charriers, qu'une myriade de frères ou de jeunes fils, car le nombre des hommes n'y fait rien et Amon l'emporte sur eux. Amon surgit à mon injonction, il me tend la main, il pousse un cri de joie quand il me hèle par-derrière : "Face à face avec toi, Ramsès, je suis avec toi ! C'est moi, ton père ! ma maison est avec toi, et je vaux mieux pour toi que des centaines de mille. Moi, le fort qui aime la vaillance, j'ai reconnu un cœur courageux, et mon cœur est satisfait" [...]. Alors je suis comme le dieu Mentou : de ma main droite je darde, de la gauche, je saisis les ennemis. Je suis comme Baal en son heure devant eux : j'ai rencontré deux mille cinq cents chars [*c'était l'effectif de la charrerie des Hittites*], et, dès que je suis au milieu, ils se renversent devant mes cavales. Pas un de ces gens-là n'a trouvé sa main pour combattre, le cœur manque dans leurs poitrines, la peur énerve leurs membres ; ils ne savent plus lancer leurs traits et ils n'ont plus de force pour tenir leur lance. Je les précipite dans les eaux comme y choit le crocodile : ils sont prostrés, face en bas, l'un sur l'autre et je tue au milieu d'eux... celui qui tombe ne se relève pas... Aussi se disaient-ils les uns les autres : "Ce n'est pas un homme qui est parmi nous, c'est Soutehkou, c'est Baal incarné[1]." »

---

1. Traduction par Maspéro, *Histoire ancienne des peuples de l'Orient*, Paris, 1895-1897.

10. Ainsi donc, et pour nous résumer, à partir du moment où la bataille de Qadesh a été engagée, les Hittites ont eu le dessus au cours de la première journée de combats qui n'ont sans doute duré que quelques heures, mais, le lendemain matin, lorsque les deux armées se sont retrouvées dans la plaine face à face, séparées seulement par l'Oronte, le roi hittite – qui était sans doute un sage – a jugé bon de ne pas poursuivre l'empoignade et a pris l'initiative de négocier : il dépêcha vers Ramsès un messager, porteur d'une lettre dans laquelle il lui faisait des offres de paix en ces termes, que rapporte le *Poème* dicté par Ramsès à Pentaour :

> « Ô souverain, protecteur de ton armée, vaillant grâce à ton bras puissant, muraille pour ses soldats le jour du combat, roi de Haute et de Basse-Égypte, prince de la joie, seigneur des Deux Terres, fils de Rê, lion, maître de la puissance, Ramsès, toi qui es chéri d'Amon, moi, ton serviteur, je te parle afin de te faire savoir que tu es le fils de Rê, issu de son corps, et qu'il t'a donné tous les pays réunis en un seul. Le pays d'Égypte et le pays du Hatti sont tes serviteurs, ils sont sous tes pieds : Rê, ton père auguste, te les a donnés. Ne sois pas violent avec nous. Vois, ta gloire est grande, et ta puissance est lourde sur le pays du Hatti. Serait-il bon, le massacre de tes serviteurs, ton visage furieux étant parmi eux sans pitié ? Vois, tu es venu hier et tu as tué des centaine de milliers d'entre nous [*ce nombre de victimes est évidemment faux, l'engagement de Qadesh ne peut pas avoir opposé plus de quelques milliers d'adversaires, les deux camps confondus*] ; tu es revenu aujourd'hui, et tu n'as pas laissé d'héritiers [*entendez : dans la bataille, tous les descendants des rois alliés ont péri*]. Ne rends pas tes paroles trop sévères, ô roi victorieux. La paix est plus utile que la guerre : laisse-nous respirer. »

Alors, écrit Pentaour dans son *Poème*, toujours sous la dictée de Ramsès, Sa Majesté se reposa. Le roi fit en sorte que lui fussent amenés tous les chefs de son infanterie et de sa charrerie, ainsi que tous ses officiers, et leur fit connaître le projet de paix que lui avait adressé le misérable prince du Hatti. Leur opinion fut unanime : « Ô souverain, notre seigneur, lui dirent-ils, la paix est la meilleure des choses et nul ne te reprochera de l'avoir rétablie ; mais qui peut te résister au jour de la colère ? » Sa Majesté ordonna donc que l'on écoutât ses paroles de paix, et il repartit sereinement dans la direction de l'Égypte.

Ramsès revint en paix vers son Pays Bien-Aimé avec son infanterie et sa charrerie, les dieux et les déesses assurant la protection magique de son corps ; « il avait repoussé tous les peuples asiatiques coalisés du fait de la crainte qu'il leur inspirait [*écrit Pentaour sous la dictée de Ramsès qui transforme sa tentative manquée de conquête en une guerre défensive hors des frontières de l'Égypte et son évidente défaite en victoire*], tandis que sa puissance avait protégé son armée. Tous les peuples des pays qu'il traversait louaient et acclamaient son beau visage.

Après une si belle victoire [*admirable puissance de la propagande : Qadesh, on vient de le voir, a été une défaite totale pour les armées égyptiennes*], conclut impudemment Pentaour sous la dictée de son maître, Sa Majesté arriva en paix au Pays Bien-Aimé et il put se reposer dans son palais, plein de vie et de force, semblable à Rê dans ses deux horizons [*le levant et le couchant*]. Les dieux de l'Égypte venaient à lui en lui rendant hommage, disant : "Bienvenue à notre fils, notre aimé, roi de Haute et de Basse-Égypte, Ousermaatré-Sétepenrê [*nom de couronnement de Ramsès II*], fils de Rê, Ramsès-aimé-d'Amon, doué de vie." »

15. Colophon :

« Cet écrit fut rédigé en la neuvième année de règne [*donc quatre ans après la bataille de Qadesh*], le deuxième mois de la saison shemou pour le roi de Haute et Basse-Égypte

L'égyptomanie, une imposture

grâce au travail du Supérieur des Archives, Ameneminet, du scribe du Trésor du palais royal, Amenemouia, du scribe du Trésor du palais royal...

Écrit par Pentaour. »

Il n'y a rien à ajouter à ce texte dithyrambique, sinon que le résultat réel de la « bataille » de Qadesh se réduisit à ceci, comme l'écrivait déjà Moret[1], il y a un demi-siècle : la « ville » (peut-être n'était-ce qu'un village fortifié) ne fut pas prise, la bataille tourna à la déroute et Ramsès II retourna en Égypte célébrer son « triomphe » et immoler quelques dizaines de prisonniers sur l'autel du dieu Amon.

---

1. A. Moret et G. Davy, *Des clans aux empires*, coll. « L'Évolution de l'Humanité », Albin Michel, 1923, p. 372.

II. *Le traité égypto-hittite*

L'échec de Ramsès II devant Qadesh, en 1279, n'était qu'un demi-échec, la victoire de Muwattali n'était qu'une demi-victoire, et l'on en resta là. Puis au roi des Hittites, mort en 1296, succéda Urhi-Teshub (1296-1289), qui maintint le *statu quo* entre les deux nations ; mais la montée en puissance des rois assyriens, qui venaient de s'installer sur l'Euphrate (Adad-nirari, 1307-1275, et surtout Salmanazar Ier, 1274-1245), inquiétait au plus haut point les Hittites du Hatti dont le roi, Hattusili III (1289-1265), prit l'initative de proposer un traité d'alliance à Ramsès II : ainsi naquit le premier traité international de l'histoire dont certains égyptologues – faisant chorus, cette fois, avec les égyptomaniaques – attribuent illégitimement la gloire à Ramsès II.

En fait, le projet en fut établi à Hattusa, la capitale du Hatti, par la chancellerie du roi hittite, avec la collaboration de deux ambassadeurs égyptiens, et présenté à Ramsès II qui le renvoya, légèrement amendé, à Hattusili. Le texte de l'exemplaire hittite de ce traité fut déposé au pied d'une statue du dieu solaire égyptien (Amon-Rê) et des copies gravées en seront conservées au Ramesseum et à Karnak ; l'exemplaire égyptien sera déposé à Hattusa, au pied d'une statue du dieu national Teshou, et recopié sur des tablettes d'argile séchée qui furent conservées dans les archives de la chancellerie hittite, où elles ont été retrouvées, de nos jours, par les hittitologues. Nous le citons d'après la traduction qu'en ont donnée A. Moret et G. Davy.

I. *Préambule.* – L'an 21, jour 21 du premier mois de l'hiver, sous la majesté du roi de la Haute et Basse-Égypte Ousermaatré-Sétepenrê, fils de Rê. Ramsès-Méryamon..., en ce jour où Sa Majesté était dans la ville de Pi-Ramsès... alors vint le messager du roi... et le messager du Hatti... apportant (la tablette d'argent) que le grand chef du Hatti, Hattusili, faisait apporter à Pharaon pour demander la paix à Sa Majesté Ramsès.
Copie de la tablette d'argent que le grand chef du Hatti, Hattusili, a fait apporter à Pharaon par la main de son messager Tarteshub et de son messager Ramès.

II. *Titre.* – Traité que le grand prince du Hatti, Hattusili, le fort, le fils de Mursili, le grand chef du Hatti, le fort, le fils du fils de Souppilouliouma, le grand chef du Hatti, a fait sur une tablette d'argent pour Ousermaatré-Sétepenrê, le grand régent de l'Égypte, le fort, le fils de Menmara, le grand régent de l'Égypte, le fort, le fils du fils du fils de Menpehtyre : bon traité de paix et de fraternité, donnant paix (et fraternité) entre nous, par moyen de traité du Hatti avec l'Égypte à jamais.

III. *Traités antérieurs.* – Pour le temps passé, et depuis l'éternité, en ce qui concerne la situation du grand régent de l'Égypte et du grand chef du Hatti, le dieu n'avait pas permis qu'il y eût guerre entre eux, grâce à un traité. Mais, au temps de Muwattali, le grand chef du Hatti, mon frère, celui-ci combattit (avec Ramsès-Méryamon) le grand régent de l'Égypte. – Aussi, désormais, à dater de ce jour, voici que Hattusili, le grand chef du Hatti, a fait un traité pour rendre permanente la situation que Phra a créée, et que Soutekh a créée, pour le pays d'Égypte avec le pays du Hatti, de façon à ne pas permettre que des hostilités existent entre eux, à jamais.

IV. *Traité actuel.* – Donc Hattusili, le grand chef du Hatti, a fait lui-même un traité avec Ousermaatré-Sétepenrê, le grand régent de l'Égypte, à dater de ce jour, pour faire exister une bonne paix et une bonne fraternité entre nous, à jamais : et il est en fraternité avec moi, et en paix avec moi, et moi je suis en fraternité avec lui, et en paix avec lui, à jamais...

Et les enfants des enfants du grand chef du Hatti seront en fraternité et en paix avec les enfants des enfants de Ramsès-Méryamon, le grand régent de l'Égypte, étant dans notre situation de fraternité et de paix. Et le pays d'Égypte avec le pays du Hatti sont en paix et en fraternité, comme nous, à jamais ; et des hostilités n'existeront plus entre eux, jamais.

V. *Interdiction mutuelle d'invasion.* – Le grand chef du Hatti ne pénétrera pas dans le pays d'Égypte, jamais, pour y piller quelque chose ; et Ousermaatré-Sétepenrê ne pénétrera pas dans le pays du Hatti pour y piller quelque chose, jamais. Et pour le traité régulier qui existait au temps de Souppilouliouma, le grand chef du Hatti, et de même, pour le traité régulier qui existait au temps de Muwattali, le grand chef du Hatti, mon frère, je les maintiendrai. Voici donc que Ramsès-Méryamon, le grand régent de l'Égypte, maintient la paix faite entre nous depuis ce jour ; et nous agirons conformément à cette situation régulière.

VI. *Alliance défensive contre un ennemi extérieur.* – Si quelque autre ennemi vient dans ce pays d'Ousermaatré-Sétepenrê, le grand régent de l'Égypte, et qu'il envoie dire au grand chef du Hatti : « Viens avec moi pour m'aider contre lui ! » Le grand chef du Hatti viendra avec lui et le grand chef du Hatti tuera son ennemi. Mais, si ce n'est pas le désir du grand chef du Hatti de venir (en personne), il enverra ses soldats, et ses chars, et tuera son ennemi.

VII. *Action commune contre des sujets révoltés.* – Si Ramsès-Méryamon, le grand régent de l'Égypte, doit s'irriter contre ses propres sujets, et s'ils lui font encore quelque offense, et s'il part pour tuer son ennemi, le grand chef du Hatti agira avec lui pour détruire quiconque contre qui ils doivent s'irriter.

VIII, IX, X. – (Suivent une *clause réciproque d'aide* de Ramsès contre une attaque extérieure, ou une rébellion des sujets de Hattusili et une clause mutilée relative à la *succession au trône* dans les deux pays.)

XI. *Extradition de fugitifs importants.* – [Si un grand seigneur fuit du pays d'Égypte et vient au pays] du grand chef du Hatti, ou si c'est une ville, [ou un district] appartenant aux territoires de Ramsès-Méryamon, le grand régent de l'Égypte, qui vienne au grand chef du Hatti : le grand chef du Hatti ne le recevra pas. Le grand chef du Hatti le fera amener à Ousermaatré-Sétepenrê le grand régent de l'Égypte.

XII. *Extradition des gens du commun.* – Ou si c'est un homme, ou deux hommes, qu'on ne connaît point, qui s'enfuient... et s'ils viennent au pays du Hatti, pour être les serviteurs d'un autre, on ne les laissera pas dans le pays du Hatti, mais on les amènera à Ramsès-Méryamon, le grand régent de l'Égypte.

XIII-XIV. *Clause réciproque à l'égard de transfuges hittites.*

[*Suivent des formules invoquant, comme témoins et garants de ce traité, « mille dieux, mâles et femelles de ceux du pays du Hatti, et mille dieux, mâles et femelles, de ceux du pays d'Égypte ».*]

V.

Le non-mystère des pyramides

Tous les peuples de l'Antiquité, orientale ou méditerranéenne, sans aucune exception, confrontés aux forces parfois effrayantes, parfois bienfaisantes de la nature (la foudre, la nuit, la lumière par exemple) et aux incertitudes de l'existence humaine (la faim, la maladie, la mort), ont élaboré collectivement des croyances mythologiques pour les expliquer, se rassurer et, éventuellement, pour tenter d'y échapper. Lorsque les hasards de leur destinée les ont conduits à vivre ensemble et en sociétés organisées, ces croyances et ces mythes ont fini par constituer les éléments des religions et, comme l'angoisse de la mort est l'angoisse fondamentale de l'espèce humaine, tous les peuples, même les plus primitifs, ont imaginé, outre des mythes naturalistes (les divinités de la terre, du soleil, de l'eau, etc.) ou de sauvegarde du groupe (les divinités protectrices d'une ville, d'un foyer, etc.), des mythes de survie plus ou moins sophistiqués qui sont, en définitive, les fondements de toutes les croyances et de toutes les espérances religieuses de l'humanité, depuis celles des Aborigènes australiens les plus frustes jusqu'à celles des monothéistes modernes les plus pieux.

Les anciens Égyptiens n'ont pas dérogé à cette règle de l'humaine nature. Chaque grande puissance physique (celles de la foudre ou du feu, par exemple) ou chaque astre avait sa divinité (Rê était le dieu du soleil, Hathor la déesse du ciel, etc.) et, de même, chaque localité, quelle que fût son importance, possédait un dieu protecteur (Amon à Thèbes, Osiris à Busiris puis à Abydos, Thot à Edfou, etc.) ; quant à leur angoisse de mort, ils l'avaient évacuée en se forgeant la conviction intime que tout être humain continuait de vivre après son décès terrestre, sous la forme de son « double » – son *ka* – et en élaborant un culte funéraire minutieux destiné à assurer à chaque disparu une vie *post mortem* bienheureuse. Quel que fût le niveau social du mort, pharaon ou simple paysan, il fallait conserver son corps dans une sépulture, pour que son *ka* puisse en disposer à sa guise, avec ses armes et ses meubles, de sorte qu'il puisse y continuer la vie qu'il menait sur terre, et ne pas oublier de déposer sur la table d'offrande du tombeau des aliments et des boissons.

Or ces croyances et ces pratiques funéraires, qui ont conduit sans doute le pharaon Djeser à commander à son architecte Imhotep la première pyramide jamais construite sur la terre égyptienne [1], ne sont pas propres aux Égyptiens de l'époque pharaonique. En effet, depuis que les préhistoriens s'intéressent au sous-sol égyptien, ils ont mis en évidence différentes cultures antérieures de quelque 3 000 ans aux premiers pharaons (en particulier celle du *Badarien*, entre 6115 et 4080 av. J.-C., voir le tableau 1, p. 26) [2] et y ont trouvé de nombreuses sépul-

---

1. C'est une pyramide à six degrés, élevée à Saqqara Nord, qui n'a rien d'imposant ; elle mesurait initialement environ 60 mètres de haut (10 mètres par degré), elle en mesure 58 maintenant ; chaque degré est un mur plein fait de petites briquettes de pierre, liées entre elles par un mortier d'argile.

2. Ces cultures et l'âge prédynastique correspondant sont désignés par le nom moderne (arabe) des sites où elles ont été retrouvées ; celle du Badarien est la plus ancienne, découverte sur le site moderne de Badari.

Le non-mystère des pyramides

tures dont l'agencement est hautement significatif. Ce sont de simples fosses, de petites dimensions, ne contenant en général qu'un seul cadavre enveloppé dans une peau ou dans une toile, le plus souvent dans la position d'un dormeur recroquevillé, couché sur le côté gauche, la tête au Sud et regardant vers l'Ouest ; la présence d'éléments de mobilier funéraire aux côtés des corps (notamment une poterie vernie rouge ou noire) confirme la croyance des Badariens en une vie après la mort[1], et il n'y a pas de grandes différences d'une tombe à l'autre, ce qui porte à penser que nous sommes en présence d'une société tribale, non encore hiérarchisée et peu nombreuse (la population totale de la vallée du Nil à cette époque a été estimée à 500 000 habitants environ[2]). La culture prédynastique, l'*Amratien*, qui a fait suite au Badarien, généralement sur les mêmes sites ou sur des sites voisins (notamment à el-Amrah, entre 4800 et 3800 av. J.-C.), présente les mêmes coutumes funéraires, mais le mobilier retrouvé dans les fosses tombales est plus nombreux et plus varié.

Il est important de souligner ici qu'au début du Badarien, alors que les populations clairsemées de la vallée du Nil en étaient encore au stade préhistorique, les Sumériens sont en train d'en sortir (voir le tableau 1, p. 26) et qu'entre 5000 et 4500 av. J.-C, ils ont construit leurs premiers temples (à Hassuna et à Eridu) et leur première tour à étages – une *ziggurat* – (à Uruk). Or, à la fin de l'Amratien et au début du stade prédynastique suivant, le *Gerzéen*, dont le site éponyme est Gerzeh (à 75 kilomètres au Sud du Caire), on voit apparaître, parmi les objets funéraires, des poteries d'un type jusqu'alors inconnu dans le Delta et dans la vallée du Nil

---

1. *Cf.* G. Brunton et G. Caton-Thompson, *The Badarian Civilization and Predynastic Remains Near Badari*, Londres, 1928.
2. Selon Butzer, *Environment and Archaeology*, New York, 1966.

L'égyptomanie, une imposture

(il s'agit de vases à anses ondulées et de vases à becs verseurs, provenant de Mésopotamie et de Syrie *via* le couloir palestinien) ; l'égyptologue français Jacques Vandier a montré[1] que l'apparition de ces objets dans les sépultures gerzéennes était la preuve de la pénétration dans la basse vallée du Nil de populations exogènes plus évoluées, venues de Mésopotamie *via* la Palestine, seule voie d'accès terrestre au territoire égyptien. Plus récemment, on a établi[2] que la poterie gerzéenne était l'œuvre d'artisans spécialisés, à la différence de la poterie amratienne, qui semble être le résultat d'une production de type collectif, et qu'elle était spécifiquement destinée au mobilier funéraire (finement décorée, elle est remarquablement différente de la céramique destinée aux habitats des vivants, plus grossière).

Ce progrès matériel est tout aussi manifeste sur un autre site, plus proche encore que Gerzeh du sommet du Delta, le site de *Méadi*, où l'influence de la civilisation mésopotamienne[3] est maintenant indiscutable et indiscutée, surtout dans le domaine de l'habitat[4]. Il n'est pas

---

1. Dans son *Manuel d'archéologie égyptienne*, 5 vol., Paris, 1952-1964 (t. I, p. 321-325).
2. Trigger, Kemp, O'Connor et Lloyd, *Ancient Egypt*, Londres, 1983, p. 34 *sqq*.
3. À cette époque (fin du IVe millénaire), les Sumériens sont sortis depuis environ mille ans de la préhistoire et même de la protohistoire : ils connaissent déjà la civilisation urbaine et l'écriture.
4. Les Méadiens, en effet, semblent avoir connu trois types d'habitations : 1° des huttes ovales sommaires, nombreuses et groupées au centre du site ; 2° des habitations enfouies dans le sol ; 3° des sortes de hangars rectangulaires en bois et des silos, qui devaient servir au stockage des grains, des réserves alimentaires, des matières premières (plaques de silex, cuivre, etc.). Les spécialistes qui ont fouillé à Méadi considèrent qu'il s'agirait d'une sorte de comptoir par où transitaient les caravanes qui circulaient entre la Palestine et le Delta ; en particulier, les Méadiens seraient à l'origine de l'introduction en Égypte des vases à anses ondulées que nous avons évoqués plus haut.

Le non-mystère des pyramides

interdit de penser que les habitants ont entendu parler des ziggurats mésopotamiennes

Autrement dit, lorsque les égyptomaniaques, ignorant ces données élémentaires que connaissent bien les égyptologues, parlent de la « civilisation » et du « savoir millénaire » des Égyptiens, ils divaguent et cultivent l'équivoque consistant à confondre les termes *culture* et *civilisation* qui connotent des concepts très différents. Le premier s'applique aux phases prédynastiques de l'histoire des populations nilotiques – c'est-à-dire aux Badariens, aux Amratiens et aux Gerzéens pour l'essentiel – qui s'implantent dans le Delta et dans la vallée du Nil entre 5500 et 3200 av. J.-C. environ, et le second à l'histoire de l'Égypte pharaonique (dynastique), qui débute vers 3150 av. J.-C. avec les deux premières dynasties (thinites), et dont la civilisation s'est constituée progressivement, à partir des cultures de ces petits groupes tribaux prédynastiques fortement influencées par celles de la Mésopotamie. De sorte que, lorsqu'on lit, sous la plume d'une archéologue [1], que « *l'idée de se faire enterrer dans une pyramide revient à Djeser, premier pharaon de la IIIe dynastie, et à son architecte de génie, Imhotep, qui introduisent l'utilisation de la pierre à des fins monumentales...* », on ne peut que lever les yeux au ciel et dénoncer l'imposture : pourquoi l'auteur de cet article, qui expose fort bien comment, techniquement, avec les moyens – non mystérieux – de l'époque, on a pu bâtir ces constructions colossales, ce à quoi on ne peut qu'applaudir, éprouve-t-elle le besoin d'affirmer catégoriquement que la pyramide-tombeau est une « idée » de Djeser ? Serait-elle non seulement une excellente archéologue, mais aussi une pythonisse ? ou un auteur d'histoire-fiction ? Il est vraisemblable que Djeser s'était d'abord fait construire par Imhotep un *mastaba*[2]

---

1. Il s'agit de Mme Aude Gros de Beler.
2. Ce mot, qui signifie en arabe « banc », désigne la superstructure, de forme plus ou moins parallélépipédique, qui surmonte la

L'égyptomanie, une imposture

classique, en briques et de grande taille, à Beit Khallâf[1], près d'Abydos, où il aurait commencé sa carrière ; puis, lorsqu'il devint roi, il comprit l'intérêt qu'il y avait à gouverner l'Égypte du Delta, et il se transporta à Memphis où il se fit bâtir un deuxième mastaba, plus grand que le premier, dont la base était rectangulaire (environ 100 × 120 mètres), et qui surmontait non pas une chambre, mais un véritable appartement funéraire. En même temps que celui-ci croissait en superficie et en profondeur, Imhotep agrandissait la superstructure qui devint, finalement, une tour à gradins à la manière des ziggurats mésopotamiennes dont chaque étage était monté en briques appareillées, selon la technique utilisée pour les mastabas traditionnels ; ni lui ni son pharaon n'ont innové en matière d'architecture funéraire.

L'affirmation de Mme Gros de Beler est donc purement gratuite, et il y a même de fortes chances qu'elle ait été guidée par le désir d'exalter la mémoire de Djeser en parant ce souverain – dont, soit dit en passant, on ne sait à peu près rien – des plumes d'un génie novateur. Djeser n'a pas eu « l'idée » de commander une pyramide à son architecte, et celui-ci lui a simplement construit un mastaba nettement plus grand que les mastabas traditionnels, selon les mêmes techniques de maçonnerie, mais en lui conférant une forme extérieure différente (une pyramide à degrés au lieu d'un parallélépipède).

---

chambre funéraire à laquelle on accède par un puits, et dont les faces étaient généralement talutées et ornées de panneaux plus ou moins décorés. On déposait dans le caveau souterrain, pouvant atteindre jusqu'à 20 mètres de profondeur, le sarcophage et le mobilier funéraire. Les dimensions des mastabas sont moindres que celles des pyramides (entre 10 et 40 mètres de hauteur).

1. On a affectivement trouvé, à Beit Khallâf, dans une tombe du type mastaba plusieurs empreintes du nom de Djeser, mais on n'est pas certain qu'elle ait été construite pour Djeser lui-même.

Le non-mystère des pyramides

Ce sont les architectes inconnus des pharaons de la IVe dynastie (voir le tableau 2, p. 28), et, en particulier, ceux de Snéfrou, Chéops, Chéphren et Mykérinos, qui, sans doute après de nombreux tâtonnements, ont fait évoluer la superstructure des tombes royales, de la pyramide à degrés avec appareil de briques pierreuses comme celle de Djeser, relativement aisée à construire, à la pyramide vraie (une base carrée et quatre triangles isocèles égaux dont les sommets convergent), avec appareil en pierre de taille recouvert d'un revêtement de calcaire (ou parfois de granite) très fin et très lisse.

Ces monuments imposants, qui méritent l'épithète de « colossaux », témoignent non pas tellement du « génie » d'un quelconque architecte inspiré, mais de la puissance des pharaons qui les firent édifier, car il leur fallut employer pour ce faire des dizaines de milliers d'esclaves, de prisonniers ou de sujets à une époque où la population totale de l'Égypte atteignait à peine 1 500 000 personnes (donc 750 000 hommes, y compris les enfants de sexe masculin) selon les estimations de K.W. Buster citées plus haut (p. 29). Leurs dimensions (60 mètres de hauteur pour la pyramide de Djeser, 104 mètres pour la « Pyramide Rouge » de Snéfrou[1], 147 mètres de hauteur pour celle de Chéops, etc.) et leur architecture souterraine qui n'est plus secrète pour personne à notre époque (ce sont les superstructures apparentes des tombeaux royaux, dans lesquels étaient enfouis aussi les armes, les bijoux et parfois les trésors du roi défunt, comme les 40 000 vases d'albâtre et de pierre dure qui avaient été placés dans la grande pyramide de Saqqara, par exemple) font encore délirer des milliers d'ignorants qui croient voir dans ces édifices la preuve de l'existence, chez les anciens Égyptiens, de

---

1. Premier pharaon de la IVe dynastie (2630-2069 av. J.-C.), successeur de Djeser.

L'égyptomanie, une imposture

connaissances mystérieuses qui remonteraient à la nuit des temps... alors qu'ils ne se posent aucune question de ce genre à propos de la construction des cathédrales, au Moyen Âge, par des hommes qui, sur le plan technologique, n'avaient cependant pas beaucoup plus de moyens ni plus de machines que les sujets des pharaons.

Deux questions obsèdent en permanence nos égyptomaniaques : 1° par quels moyens ces monuments énormes ont-ils été édifiés ? 2° quels mystères recelaient les appartements funéraires souterrains qu'ils surmontaient ?

À la première, tous les spécialistes sérieux qui se sont intéressés à la construction des pyramides ont donné des réponses hypothétiques diverses, plus ou moins bien fondées (leurs sources sont des bas-reliefs et des peintures illustrant ces travaux, quelques rares inscriptions anciennes et le livre II des *Histoires* d'Hérodote, consacré à l'Égypte) ; elles sont toutes plausibles[1], mais incomplètes et de parti pris (les documents archéologiques sont élogieux, évidemment, mais Hérodote n'en porte pas moins un jugement sévère sur le traitement imposé au peuple égyptien par les pharaons-constructeurs, voir ci-dessous, p. 127 *sqq.*). Voici comment on peut imaginer les étapes des travaux :

1. *Transport des matériaux.* À peu près toutes les pyramides, dont la plupart contiennent plus d'un million de mètres cubes de pierre (2,6 millions pour la plus grande d'entre elles, celle de Chéops, selon Lauer[2]), ont été élevées sur des sites voisins des riches carrières de cal-

---

1. Plausibles, mais non certaines.
2. Jean-Philippe Lauer (né en 1902), le plus grand spécialiste en la matière – plus de quarante publications sur la question depuis 1936, dont une synthèse récente (1989), *Le Problème de construction de la Grande Pyramide*, publié par la bibliothèque d'étude de l'Institut français d'archéologie orientale du Caire, 40, p. 91-111.

Le non-mystère des pyramides

caire, d'accès et d'exploitation faciles, du plateau de Gizeh, et proches du Nil. Le transport des blocs calcaires extraits des carrières locales jusqu'aux chantiers se faisait sur des traîneaux en bois tirés par des hommes et, parfois, par des bœufs, sur des chaussées construites à cet effet ; les blocs provenant de gisements lointains (granites) étaient transportés de la même façon depuis les carrières nubiennes ou libyques jusqu'au Nil, puis par voie fluviale, sur des barges, jusqu'au voisinage des chantiers, et tirés à nouveau par des manœuvres sur des chaussées de pierres pour être amenés à pied d'œuvre. Nous possédons sur ce sujet quelques documents qui nous donnent une idée des méthodes employées, qui n'avaient rien que de très banal. Par exemple, une inscription commémorative retrouvée dans une carrière proche du Caire nous enseigne qu'en la vingt-deuxième année de son règne, le pharaon Amosis Ier (XVIIIe dynastie, 1543-1518 av. J.-C.) en a fait extraire d'énormes blocs destinés à la construction d'un sanctuaire dédié au dieu Amon à Louxor, et d'un temple du dieu Ptah à Memphis. Le chef de cette expédition, un certain Néferpéret, qui a fait graver cette inscription, précise que ces blocs avaient été transportés à l'aide d'une sorte de traîneau sans roues posé sur une surface glissante (sans doute une boue d'argile) et tirés par des bœufs, l'énorme pierre étant fixée sur le traîneau par le câble d'attelage, enroulé autour d'une cheville plantée dans le bloc. Mille ans plus tôt, du temps de Chéops et de Chéphren, c'était vraisemblablement un procédé analogue qui avait été utilisé pour les grosses pierres des grandes pyramides, car on y a retrouvé le trou de tarière dans lequel cette cheville était logée.

2. *Élévation de la pyramide.* Une fois les appartements souterrains de la tombe terminés (travail qui imposait la mise en place d'un certain nombre de murs de soutènement) et le socle de la superstructure convenablement

nivelé, l'élévation de la pyramide commence, assise par assise ; ce stade de la construction des monuments funéraires égyptiens est, on s'en doute, le plus important et le plus délicat, car il va s'agir de manipuler des blocs de pierre très lourds, de les mettre en place et de les élever, assise par assise, jusqu'au sommet des pyramides (la masse moyenne des blocs variant de quelques quintaux à 2,5 tonnes selon les édifices considérés, et le « record » appartenant à la pyramide de Chéops qui est faite de 2 300 000 blocs de calcaire dont certains ont dû être hissés jusqu'à 146 mètres de hauteur).

Selon toute vraisemblance, une première assise parallélépipédique de blocs a d'abord été montée sur le socle de la future pyramide, parfaitement nivelé ; puis, après avoir taillé les quatre faces extérieures de ce premier parallélépipède, qui avait une hauteur de quelques mètres (une dizaine ? davantage ?), de façon à le transformer en un tronc de pyramide, ils ont élevé sur sa face supérieure, de la même façon, un nouveau tronc de pyramide, et ainsi de suite, en comblant (au fur et à mesure ou une fois le sommet de la future pyramide atteint) les discontinuités résultant de cette structure en gradins par un revêtement plan, pour obtenir ainsi une pyramide parfaite. Ce sont les techniques d'élévation employées par les constructeurs égyptiens qui ont donné lieu aux hypothèses les plus variées et aux débats les plus inutiles : étant donné les énormes masses à mouvoir et à élever, seules des rampes relativement pentues (de 5 à 10 % de pente) et assez larges pouvaient permettre la traction de ces masses par des hommes et, accessoirement, par des bœufs ; étaient-elles multiples, rectilignes et convergentes vers la future pyramide ou, au contraire, n'y avait-il qu'une rampe large et unique, s'enroulant hélicoïdalement autour d'elle ? On l'ignore, de même que l'on ignore la nature des énormes travaux de terrassement imposés par la réalisation de telles chaussées,

Le non-mystère des pyramides

faites de briques crues reposant sur des monticules de terre artificiels.

3. *Une main-d'œuvre corvéable à merci.* Les considérations qui précèdent, largement développées par tous les auteurs sérieux qui ont réfléchi sur les problèmes posés par la construction des pyramides égyptiennes en général et celle des grandes pyramides de Gizeh en particulier, ne nous permettent peut-être pas d'affirmer que leurs architectes ont choisi telle ou telle solution pour les élever, mais, à la question : « Comment les anciens Égyptiens ont-ils fait pour construire ces énormes superstructures tombales ? », elles nous suggèrent la seule réponse rationnelle et plausible : pour construire mastabas et pyramides, il suffisait de disposer d'une main-d'œuvre corvéable à merci, et celle-ci ne manquait pas à ces pharaons mégalomanes qui n'avaient qu'un geste à esquisser pour faire exécuter esclaves, prisonniers ou sujets récalcitrants par des sbires sans âme et sans pensée, ce qui rend caduc tout appel à de prétendues « connaissances mystérieuses » qu'auraient possédées les architectes ou les anciens prêtres égyptiens pour rendre compte de ces réalisations cyclopéennes.

Sur ce sujet, interrogeons d'abord Hérodote (qui écrit, soulignons-le, deux mille ans après l'édification des pyramides et rapporte les dires des prêtres égyptiens qu'il a interrogés et qui ne font que réciter une tradition). Il nous apprend que Chéops, qui régna vingt-trois ans[1], de 2480 à 2457 selon la nouvelle chronologie basse, réduisit ses sujets à une extraordinaire misère, « *les forçant à travailler pour lui* », et les assignant en particulier à traîner des pierres d'un poids énorme à partir des carrières dont elles étaient extraites[2] :

---

1. Selon le Papyrus de Turin.
2. Hérodote prétend qu'elles venaient des montagnes d'Arabie, mais nous savons maintenant qu'elles provenaient en réalité des carrières du plateau de Gizeh, proche du chantier et de faible altitude.

L'égyptomanie, une imposture

« Un ordre parfait régnait alors en Égypte, disaient les prêtres, et le pays jouissait d'une grande prospérité [*on peut le croire : l'extraordinaire richesse agricole de la vallée du Nil suffisait amplement à nourrir un million et demi d'Égyptiens*] ; mais Chéops réduisit les Égyptiens à une complète misère. D'abord, fermant les sanctuaires, il les empêcha d'offrir des sacrifices ; puis il les força à travailler pour lui [*Heil, Chéops !*]. Aux uns était assigné de traîner des pierres à partir des carrières qui sont dans la montagne arabique, jusqu'au Nil ; à d'autres, il ordonna de recevoir ces pierres, après que, sur des bateaux, on les eut transportées au-delà du fleuve, et de les traîner jusqu'à la montagne libyque. Le travail était accompli par des troupes de dix myriades d'hommes[1] qui se renouvelaient à chaque trimestre. Le temps pendant lequel le peuple fut soumis à ces exténuants labeurs aurait été de dix ans pour l'établissement de la chaussée par où l'on traînait les pierres, ouvrage qui, à mon avis, n'est guère moindre que la pyramide : sa longueur est en effet de cinq stades [*885 mètres*] et sa largeur de dix orgyies [*15 mètres*] et faite de pierres où sont gravées des figures. [...] Pour la construction de la pyramide elle-même, le temps employé aurait été de vingt ans [...] ; elle est de pierre polie, et aucun bloc n'y a moins de trente pieds de côté[2] » (*Histoires*, II, 124).

Hérodote nous fournit aussi un témoignage (bien tardif) concernant la méthode qui aurait été employée par les architectes et les maçons égyptiens du IIIe millénaire av. J.-C. pour bâtir la pyramide de Chéops :

« Voici comment fut construite cette pyramide [*celle de Chéops*] : ce fut d'abord une succession de degrés que les

---

1. 100 000 hommes.
2. Nombres fantaisistes : la pyramide de Chéops mesurait en réalité 147 mètres de hauteur (aujourd'hui celle-ci n'est que de 139 mètres), chacune de ses arêtes mesure 227 mètres de longueur environ et elle occupe au sol une surface d'environ 4 hectares.

Le non-mystère des pyramides

uns appellent *krossai*[1] et d'autres *bomidès*[2] ; quand la pyramide fut d'abord construite sous cette forme [*comme un empilement d'estrades de grandeur décroissante de la base jusqu'au sommet*], on éleva le reste des blocs pierreux à l'aide de machines faites de morceaux de bois courts [*de morceaux de troncs d'arbres ou de branches faisant office de leviers ou de treuils rudimentaires ?*] jusqu'à la première assise des degrés et la pierre, ainsi montée, était placée dans une autre machine dressée sur la première assise ; de cette première assise, elle était menée à la seconde et placée sur une autre machine. Car, autant il y avait d'assises, autant il y avait de machines (ou bien une seule et même machine, facile à déplacer, était installée successivement sur chacune des assises après que, chaque fois, la pierre en avait été retirée) [...]. Les parties les plus hautes de la pyramide furent achevées en premier lieu [*Hérodote veut dire par là qu'une fois les lourds blocs de pierre empilés sur les estrades, de degré en degré, ils furent travaillés par des tailleurs de pierre pour conférer aux faces des pyramides une apparence plane et, à ses arêtes, une apparence linéaire*] ; on travailla ensuite de proche en proche à l'achèvement des parties voisines, et on acheva les dernières, celles qui touchent le sol et qui sont tout à fait en bas » (*ibid.*, II, 125).

Il ressort de tout ce qui précède que les grandes superstructures surmontant les tombes royales, qui font leur apparition sur la terre égyptienne dès la IIIe dynastie avec son fondateur, le roi Djeser, sont l'aboutissement d'une tradition antérieure née au début du Prédynastique récent. À cette époque (vers 3500 av. J.-C.), deux cultures coexistaient dans la vallée du Nil. En Haute et Moyenne-Égypte, sur des sites comme Badari ou el-Amrah, les groupements humains étaient encore très

---

1. Mot grec servant à désigner des pierres ou des rocs formant saillie sur une paroi, utilisé dans l'*Iliade* à propos des hautes murailles de Troie.
2. Diminutif du mot grec *bômos*, qui signifie « estrade ».

dispersés et leur subsistance restait liée à l'exploitation prédatrice de l'environnement naturel (pêche, chasse, cueillette) : il n'existait pas encore de véritables villages, comme il y en avait déjà en Basse-Mésopotamie depuis la fin du VIe millénaire sur les sites de Muallafat, Jarmo ou el-Obeïd par exemple.

En revanche, dans le Delta, les activités prépondérantes des peuplades nilotiques sont la culture du blé et de l'orge, ainsi que l'élevage du petit et du gros bétail, et leurs nécropoles suggèrent le développement de structures d'habitats groupés : ces agriculteurs-éleveurs semblent sur la voie sinon de la découverte de la vie urbaine, du moins de la vie collective à ciel ouvert dans de gros bourgs.

Cette évolution a eu lieu au cours du Gerzéen, entre 3500 et 3200 av. J.-C. environ, date à laquelle les sites archéologiques deviennent de plus en plus riches. Toutefois, les premières grandes agglomérations humaines qui apparaissent en Égypte entre 3200 et 3100 av. J.-C. naissent non pas à partir des gros villages de la Basse-Égypte, comme on aurait pu s'y attendre, mais dans le Sud du pays, en Haute-Égypte ; elles se nomment Thinis (Abydos pour les Grecs), Nagada (Ombos pour les Grecs), Nékhen (Hiérakonpolis), Edfou, Éléphantine. Leur caractéristique primordiale n'est pas d'être de gros bourgs fortifiés, mais d'être principalement habitées par une population à majorité artisanale et non plus paysanne, avec des artisans de plus en plus spécialisés, de plus en plus habiles, et les fouilles pratiquées dans les nécropoles laissent apparaître une société pré-urbaine, déjà hiérarchisée, avec des riches et des pauvres, des dirigeants et des exécutants, et, dans certains cas, des roitelets ou même des rois, et des sujets.

La diversité de la production artisanale est caractéristique dans ces localités du Sud que l'on peut commencer à appeler des « villes », eu égard à la densité

Le non-mystère des pyramides

apparente de leur peuplement et au mode de vie de leurs habitants : alors que les anciens Amratiens et les Gerzéens n'utilisaient à peu près que les matières premières qu'ils trouvaient sur place, comme le basalte ou l'albâtre, les nouveaux occupants du sol de la Haute-Égypte se servent de pierres de plus en plus variées, de plus en plus difficiles à travailler (ce qui implique un enrichissement de leur outillage) : le marbre, le granite, le porphyre, la diorite, l'améthyste. Des formes nouvelles sortent de leurs ateliers, notamment les vases à anses tubulaires, qui se multiplient (voir ci-dessus, p. 120), les techniques de taille des objets de pierre ou d'os s'affinent, et il en est de même de la décoration des manches de couteaux, des palettes de fards, des têtes de massues.

Cette diversification soudaine et riche, qui se manifeste un peu avant 3100 av. J.-C., c'est-à-dire à l'époque précise où la vallée du Nil – du moins dans sa partie haute – devient un État monarchique[1], a donné lieu à l'hypothèse d'une influence directe et ponctuelle des Mésopotamiens – en l'occurrence des Sumériens – sur la naissance de la civilisation pharaonique, reposant sur les quatre arguments suivants : 1° l'aspect « mésopotamien » des motifs décoratifs (animaux fabuleux, monstres typiques comme les griffons qu'on retrouve sur les manches des couteaux et les palettes de fards déjà cités) ; 2° la découverte de cylindres-sceaux[2] mésopotamiens dans les sépultures égyptiennes de la fin de l'âge prédynastique ; 3° l'utilisation dans les premières tombes

---

1. Le premier pharaon de la Ire dynastie (dite *thinite* par référence au nom de sa capitale, Thinis, dont les ruines n'ont pas été retrouvées), Narmer selon les inscriptions ou Ménès selon la liste de Manéthon, aurait régné soixante ans, de 2185 à 3125 av. J.-C. environ.

2. Petits objets cylindriques, gravés en creux de scènes mythologiques, que l'on déroulait sur l'argile molle d'une tablette et qui tenaient lieu de sceau.

royales égyptiennes de briques à redent (à bordures encastrables deux à deux), propres aux Mésopotamiens ; 4° l'existence d'une architecture monumentale antérieure aux pyramides (les ziggurats) chez les Sumériens.

Toutefois, il faut se garder de conclure trop rapidement. L'hypothèse d'une influence directe de la civilisation sumérienne sur la naissance de celle de l'Égypte, à la suite d'une invasion, par exemple, ne repose sur aucune donnée historique ; en revanche, il est certain que des rapports pacifiques (commerciaux, notamment) ont existé entre l'Égypte et la Mésopotamie, par le couloir palestinien, avant les pharaons. Ainsi, on a retrouvé sur les sites prédynastiques de Mérimdé et de Méadi (voir la carte, p. 42) des constructions semi-souterraines, circulaires ou rectangulaires, dont le type est attesté aussi en Palestine (à Beersheba) ; en particulier les archéologues ont mis au jour à Méadi de nombreux silos où étaient stockées des céréales égyptiennes (blé, orge), dans de grandes jarres de terre cuite, en vue de leur exportation vers la Syrie Palestine ou la Mésopotamie, ainsi que du cuivre en provenance du Sinaï, des outils de silex cananéens et des graisses aromatisées qui n'existaient qu'en Palestine à cette époque. Ces vestiges témoignent de l'activité commerciale intense à laquelle se livraient les Méadiens, activité qui les avait conduits à développer l'élevage des ânes qu'ils contribuèrent sans doute à faire connaître en Asie, et c'est par le couloir palestinien qu'ont été introduits en Égypte les vases à anses ondulées mésopotamiens dont nous avons parlé plus haut. Ce serait alors par le biais de ces échanges commerciaux de la fin du IVe millénaire que les Égyptiens auraient pu connaître les ziggurats sumériennes qui auraient inspiré, plus tard, les constructeurs des pyramides, tout comme à l'époque contemporaine les architectes européens ont pris modèle sur les constructeurs américains de gratte-ciel.

Le non-mystère des pyramides

Ce n'est pas seulement le caractère monumental des grandes pyramides de Gizeh qui a excité – à tort, comme on vient de le montrer – l'imagination des égyptomaniaques, c'est aussi les pyramides à degrés comme celle du roi Djeser (IIIe dynastie) à Saqqara ou du roi Snefrou (dernier pharaon de la IIIe dynastie) à Meidoum, ainsi que les nombreuses petites pyramides royales des dynasties suivantes qui jalonnent les abords du désert de Saqqara, ou encore les mastabas bien alignés qui les entourent.

Ces mastabas, qui étaient décorés extérieurement de peintures et de bas-reliefs évoquant les scènes de la vie courante auxquelles aurait pu participer le défunt de son vivant (les semailles, la chasse, le vannage, les vendanges, la cuisson du pain, etc.), ont intrigué les savants à partir du jour où l'égyptologue français Maspero pénétra, en 1881, dans l'un d'entre eux, la petite pyramide tombale du pharaon Ounas (Onnos chez Manéthon), dernier pharaon de la Ve dynastie (2380-2350 av. J.-C.), et découvrit que ses parois étaient entièrement couvertes d'inscriptions bleuâtres, très soigneusement gravées, et qu'il en était de même dans les quatre pyramides édifiées par quatre rois de la VIe dynastie qui se nommaient Téti, Pépy Ier, Mérenrê et Pépy II. Ce fut alors le délire dans le petit monde élégant des conférences du Louvre, et l'on s'interrogea durant de longues années sur ces mystérieux hiéroglyphes funéraires.

Puis, après des années de travail, Maspero publia sa trouvaille sous le titre alléchant et prometteur de *Textes des pyramides*[1]. Ces textes constituaient alors, pour les égyptologues, un précieux recueil, et le seul que l'on connût, de poèmes funéraires, religieux ou magiques, de formules rituelles pour ressusciter le mort qui repo-

---

1. L'égyptologue allemand Kurt Sethe en donna une grosse édition critique (4 vol.) entre 1908 et 1922.

sait dans son sarcophage et le faire accéder au monde de l'Au-delà. En voici quelques exemples[1] :

> « Tes os pour toi [*le roi défunt*] sont assemblés, tes membres sont en place pour toi, la poussière qui était sur toi est chassée, tes liens pour toi sont dénoués. On ouvre pour toi le tombeau, on fait glisser les deux portes du sarcophage, enfin l'on déploie pour toi les portes du ciel.
> [...]
> Le roi vient à toi, Nout [*la déesse du ciel*]. Le roi vient à toi, Nout. Ses deux ailes se déploient comme celles d'un faucon, ses plumes sont semblables à celles de l'épervier. Son *ka*[2] l'emporte, tandis que ses charmes magiques l'accompagnent.
> Les pieds du roi frappent la terre pour prendre son essor vers le ciel. Le voilà qui monte au ciel, il s'élève sur la fumée de la grande exhalaison. Il vole comme un oiseau, il se pose, tel un scarabée, sur le trône vacant qui est dans ta barque, ô Rê.
> [...]
> Le roi monte au ciel sur les cuisses d'Isis, il grimpe le long des cuisses de Nepthis. Et le père du roi, Atoum, prend alors celui-ci par la main.
> Comme il est beau de voir le roi, le front ceint comme celui de Rê, vêtu de son pagne comme Hathor, sa plume étant comme la plume du faucon, tandis qu'il s'élève vers le ciel, parmi ses frères les dieux.
> [...]
> Le roi a trouvé les dieux debout, enveloppés dans leurs vêtements, leurs sandales blanches aux pieds. Ils lancèrent

---

1. Traduits de l'allemand à partir du texte de Kurt Sethe par C. Lalouette, sous les auspices de l'Unesco, Gallimard, 1984.
2. Terme que Maspero traduisait par double et qui désignait, dans la mythologie égyptienne, la partie vitale de chaque être – son âme, si l'on veut. Figurée par un oiseau à tête humaine, elle peut, après l'ensevelissement du mort, s'envoler du caveau vers la terre pour y quérir les souffles de la vie et les lui rapporter dans son tombeau.

leurs sandales blanches à terre et dépouillèrent leurs vêtements : "Notre cœur ne connaîtra plus le bonheur si tu redescends dans ton tombeau", dirent-ils. »

L'ensemble des *Textes des pyramides* ne constitue ni un poème mystique, comme la *Divine Comédie*, ni un traité consolateur sur la mort, ni, encore moins, des révélations sur l'Au-delà dont sont friands, de nos jours, les spirites, les cartomanciennes et autres diseuses de bonne aventure : ils ne recèlent aucun savoir caché et ne nous renseignent que sur les croyances superstitieuses et mythologiques des anciens Égyptiens. On peut en dire autant des poèmes religieux et des formules magiques tracés sur les parois des sarcophages des pharaons et des notables des dynasties IX à XIII (environ 2160-1760 av. J.-C.), publiés partiellement par l'égyptologue français Lacau en 1903[1] et dans leur totalité, après un travail de titan, par l'égyptologue hollandais Adriaan A. de Buck[2]. Ces textes sont curieux, mais fort décevants ; un traducteur français récent, Paul Barguet[3], écrit à leur sujet :

> « C'est une sorte de kaléidoscope de la pensée religieuse des anciens Égyptiens, un miroir qui en révèle à la fois la profondeur pouvant aller jusqu'à l'impénétrabilité, et le côté déconcertant ; certains textes restent tout à fait obscurs, incompréhensibles, et même une traduction littérale est parfois impossible, ceci surtout lorsque le texte n'est fourni que par un seul sarcophage » (*op. cit.*, p. 25).

Voici quelques exemples de ces divagations mythologiques. Ce sont des avertissements au dieu Osiris, qui a été tué par son frère jumeau Seth, et des résolutions que

---

1. Lacau, *Sarcophages antérieurs au Nouvel Empire*, Le Caire, 1903-1904.
2. *Coffin Texts*, 7 vol., 1935-1961.
3. *Textes des sarcophages égyptiens du Moyen Empire*, Paris, Cerf, 1986.

prend le défunt pour se prémunir contre les dangers qu'il court outre-tombe :

> « Les ouvertures de la lucarne céleste s'ouvrent à Rê ; il annonce l'enterrement à Osiris. Une femme en tant que femme, un homme en tant que mâle vont venir à moi [*le défunt*]. J'ai mes biens, ce sont les poussières de l'enterrement et les offrandes. "Donne !" dit Atoum [*démiurge personnifiant le Chaos dans la théologie d'Héliopolis*]. "Apporte les poussières de l'enterrement et les offrandes de l'inhumation. Donne !" dit Routy, le lion à deux têtes. C'est l'un de ces enfants de leurs pères qui lit la formule de la tombe d'Osiris sur le chemin d'Anubis, maître des sépultures [*fils d'Osiris et d'Isis, Anubis avait inhumé son père*]. À moi appartient l'Occident.
> [...]
> Ô Osiris, tu as pris possession du ciel, tu as hérité de la terre. Qui donc t'enlèvera le ciel, à toi, ce dieu rajeuni et parfait qui est là-bas ! Tu es proclamé juste contre tes ennemis et contre tes ennemies.
> [...]
> Salut à vous, tribunal des dieux qui aura à juger le défunt que voici sur ce qu'il a dit : qu'il était ignorant, qu'il était heureux, qu'il n'était pas malade ; vous qui l'entourez, vous qui vous tenez derrière lui ! Qu'il soit proclamé juste devant Geb [*dieu égyptien de la terre*], prince des dieux, par ce dieu qui le juge conformément à ce qu'il sait ! Alors il s'est mis debout, sa plume sur sa tête, sa Maat [*déesse de la justice et du droit, dont le symbole était une plume d'autruche*] devant lui, car il a repris possession de tous ses biens, ayant été proclamé juste.
> [...]
> Ô Rê, Atoum, Geb, veille que cet Osiris aille au ciel, sur terre, dans les eaux, cet Osiris retrouvera sa famille au ciel, sur terre, dans les eaux. Il sera complet, ayant été complété [*allusion à la légende du découpage en quatorze morceaux du cadavre d'Osiris par son frère Seth, reconstitué par Isis, sœur-épouse d'Osiris*].

Le non-mystère des pyramides

[...]
Voici la formule pour monter au ciel et pour rejoindre Rê :

Je suis Horus chef du lac du ciel. Thot chef du pavillon divin, le Taureau blanc nourrisson de Hesat ; je suis le Grand qu'a créé [*qu'a ressuscité*] celle qui a rassemblé les os d'Osiris [*sa sœur Isis*].

Chaque fois que vous montez au ciel en vautours [*allusion à l'âme du mort qui, libérée de son tombeau, va rejoindre le ciel sous la forme d'un animal, sous la conduite d'Horus*], je monte sur vos ailes ; chaque fois que vous montez en serpents, je monte sur vos replis ; chaque fois que vous montez au ciel en uérus, je monte sur vos fronts. J'ai pris avec moi mon propre *ka* afin qu'il m'emmène aux sources de la Campagne des Félicités de Rê et que je mange ; car je me nourris là-bas : les offrandes de la fête du sixième jour sont pour mon repas principal et les offrandes de la fête-dénil pour mon repas du soir. On me fait acclamation derrière Rê. »

Nous arrêterons là cette énumération fastidieuse : les *Textes des sarcophages*, les *Textes des pyramides* et le *Livre des morts* qui étaient placés dans le sacophage auprès de la momie d'un certain nombre d'Égyptiens[1] ne sont, comme l'a écrit J. Vandier, l'un des maîtres de l'égyptologie française, « *que des compilations de formules pratiquement utiles aux particuliers pour leur vie d'outre-tombe. Leur importance secondaire par rapport à l'essence de la religion égyptienne est assez démontrée par le fait qu'ils apparurent et disparurent successivement sans que cette religion subît la moindre altération* ».

Que peut-on conclure de tout cela ?

---

1. C'était un recueil d'hymnes aux dieux qu'il convient d'adorer et de rituels à respecter pour que le défunt soit bien accueilli par Osiris dans son royaume ; dernière traduction (en anglais) par Th. G. Allen (Chicago, 1960).

L'égyptomanie, une imposture

En premier lieu que, historiquement parlant, il n'y a aucun « mystère des pyramides ». Ce sont des tombeaux royaux, ou, plus exactement, les superstructures de certains tombeaux royaux, qui sont apparues sous des formes colossales au temps de la IVe dynastie et qui dérivent des ziggurats sumériennes, élevées mille ans avant que ne l'eût été celle de Chéops, et l'hypothèse d'un apport culturel sumérien en Égypte à l'époque prédynastique est loin d'être à exclure.

En second lieu, qu'il n'y a pas non plus de mystère technologique. Concernant les grandes pyramides, elles ont été construites en dix ou vingt ans (selon Hérodote) avec les pierres des carrières voisines, situées à quelques centaines de mètres du chantier et tirées jusqu'à celui-ci par des bœufs et/ou par des hommes. Elles ont ensuite été édifiées par degrés, sur des plates-formes étagées de plus en plus étroites, ce qui leur a donné primitivement l'aspect d'une tour à étages analogue aux anciennes ziggurats sumériennes et élamites. La suppression des gradins s'est faite de haut en bas, pratiquement sans échafaudages, car les ouvriers travaillaient en permanence sur une plate-forme. Ajoutons une précision sur le célèbre Sphinx : lors de l'extraction des blocs nécessaires à la construction des pyramides, dans une carrière située à 500 mètres à l'Est et en contrebas de la pyramide de Chéphren, les carriers avaient laissé en place un énorme rocher dont la forme évoquait un animal couché ; les sculpteurs royaux n'eurent qu'à parfaire la ressemblance avec un lion accroupi doté d'une tête d'homme, et le rocher resta en place.

En troisième lieu enfin, que les pyramides, aussi bien les grandes que les petites, et que les mastabas ne recèlent aucun contenu secret ou mystérieux particulier. Les longs textes gravés ou peints sur leurs parois intérieures, voire sur celles des sarcophages, et qu'on a nommés pompeusement *Livre des morts*, *Textes des pyramides* et

Le non-mystère des pyramides

Textes des sarcophages, ne contiennent aucun message, aucune révélation d'importance et, de l'aveu même des spécialistes qui les ont traduits et étudiés, ils ne nous sont utiles que dans la mesure où ils nous renseignent sur les croyances, les coutumes religieuses et les rites de l'Égypte pharaonique.

VI.

L'écriture n'est pas née dans la vallée du Nil

À l'âge prédynastique – c'est-à-dire au sortir de la préhistoire –, la population de la vallée du Nil était bien loin d'être homogène, tous les vestiges retrouvés et analysés par les préhistoriens l'attestent. Toutefois, les études comparatives entreprises sur des squelettes remontant à cet âge et sur des momies de l'ère pharaonique tendent à montrer que tous les anciens Égyptiens appartenaient à ce que les spécialistes d'anthropologie physique appellent, vaguement, la « race méditerranéenne brune », qui s'est répandue dans toute l'Afrique du Nord. D'autre part, les peintures qui ornent les temples et les monuments funéraires de l'ère dynastique et les caractères négroïdes que présentent certains squelettes recueillis en Haute-Égypte nous suggèrent que ces Égyptiens ont eu, très tôt, des contacts avec les « nègres vrais [1] » de l'Afrique subsaharienne ; cela n'a rien d'invraisemblable étant donné la situation géographique de la vallée du Nil, véritable carrefour anthropologique et culturel entre le Sud et le Nord du continent africain

---

1. Hypothèse développée par E. Stendhal, *Indices de la pénétration précoce des nègres dans l'Égypte préhistorique*, article paru en 1971 dans *Journal of African History* (n° 12, p. 1-9), reprise par J. Vercouter, *L'Égypte et la vallée du Nil, op. cit.*, t. I, p. 39.

d'une part, entre la Mésopotamie et l'Afrique du Nord-Ouest (l'actuel Maghreb) d'autre part.

Les langues que parlaient ces populations prédynastiques (qui représentaient alors, au total, quelque 500 000 hommes et femmes dispersés le long de la vallée du Nil) nous sont inconnues ; elles se sont sans doute influencées mutuellement, pour aboutir à des dialectes régionaux dont l'unification, qui a produit ce qu'on appelle l'*égyptien ancien*, s'est effectuée entre environ 3100 et 2200 av. J.-C., à l'époque archaïque (ou thinite) et sous l'Ancien Empire, dans le même temps où se réalisait l'unification politique de l'Égypte[1].

Ce processus unificateur politico-linguistique s'est déroulé parallèlement à un processus de mutation sociale qui s'est développé à partir du Gerzéen, auquel nous avons déjà fait allusion ci-dessus et qui a été observé notamment sur les sites de Hiérakonpolis (Nekhen), de Nagada et d'Ombos (voir la carte, p. 42) : aux villages ruraux, isolés les uns des autres et perchés sur des hauteurs pour éviter les inconvénients de l'inondation annuelle et bénéfique du Nil, vont se substituer progressivement, à cette époque, des agglomérations plus importantes, installées dans la vallée, avec une population nettement différenciée de paysans, d'artisans, de techniciens spécialisés dans la construction de barrages sur le Nil et de levées de terrain parallèles au cours du fleuve pour en retenir les eaux, et peut-être aussi de « prêtres » (qui ne sont sans doute encore que des

---

1. Cette unification s'est faite en deux temps : il s'est d'abord constitué deus embryons d'États, l'un au Sud, limitrophe de la Nubie, regroupant les territoires de la Haute-Égypte, avec This puis Thèbes pour capitale, l'autre au Nord, englobant notamment le Delta, avec Memphis comme capitale. Lorsque cette unification fut définitivement réalisée, les pharaons portèrent le titre de « roi de Haute- et Basse-Égypte ».

L'écriture n'est pas née dans la vallée du Nil

chamans ou des *medicine-men*) : ainsi naquirent les premières « villes » de l'histoire égyptienne et, presque dans le même temps, les hiéroglyphes.

Sur les sites de ces ébauches de villes, qui n'étaient sans doute que des bourgades, on voit en effet apparaître, à partir de 3150 av. J.-C. environ, c'est-à-dire au tout début du Protodynastique, des signes figurés tracés sur les objets rituels que nous avons déjà cités[1] (les têtes de massues votives ou les palettes de fards) : ils constituent un embryon d'écriture pictographique, chaque signe représentant l'objet qu'il signifie et pouvant être « lu » (de façon différente, mais toujours avec la même signification) dans les divers dialectes que parlaient les populations nilotiques. Ces signes ont été appelés hiéroglyphes (« caractères sacrés ») par les Grecs et ils servaient initialement soit à désigner graphiquement l'objet qu'ils représentaient, soit à écrire phonétiquement le nom ou la fonction de son propriétaire. C'est ainsi qu'on a retrouvé en Haute-Égypte, sur le site d'Hiérakonpolis, une palette de schiste vert datant de 3100 av. J.-C. environ, en forme d'écu, portant en son sommet une inscription formée de deux hiéroglyphes, le signe « poisson » (qui se disait *nar* en égyptien) suivi du signe « oiseau » (qui se disait *mer*) ; l'inscription, qui se lisait donc *nar-mer*, à la manière d'un rébus, indiquait que la palette appartenait ou rendait hommage à un personnage répondant au nom de *Narmer* et nous verrons plus loin que la décoration imagée qui agrémente ses deux faces permet d'avancer que ce Narmer n'était autre que le premier roi de la Ire dynastie qui régna sur l'Égypte (voir p. 47 *sqq.*).

L'écriture hiéroglyphique, qui se développa et se précisa dans les siècles qui suivirent, comme nous l'expliquons dans l'annexe 1 à la fin de ce livre, est à l'origine

---

1. Voir ci-dessus, p. 45 *sqq.*

d'une double méprise dont est issue l'égyptomanie moderne. Les murs, les colonnes des temples et des autres monuments égyptiens, les faces des pyramides et des mastabas, leurs parois intérieures ou celles de leurs parties souterraines, les sarcophages, les stèles, les colonnes et les quelques rares rouleaux de papyrus qui nous sont parvenus étaient couverts d'inscriptions gravées ou peintes en des caractères si différents des « lettres » auxquelles étaient accoutumés les Grecs, que ces derniers – qui furent les premiers Européens à découvrir l'Égypte pharaonique – virent dans ces graphismes une écriture sacrée, qui aurait été connue, en son temps, des seuls prêtres et des scribes, destinée à transmettre un savoir mystérieux, tout aussi étrange que les dieux égyptiens à têtes d'animaux ou que les coutumes religieuses de ce peuple qui adressait des prières à des bœufs au lieu de les abattre et de les manger, et dont les prêtres à la tête rase paraissaient posséder, malgré leur apparence bizarre, une science hermétique à laquelle nul Athénien, nul Ionien ne pouvait parvenir. C'est ainsi que plus d'un sage grec, savant comme Pythagore ou philosophe comme Platon, entreprit de se rendre en pèlerinage dans la vallée du Nil, avec l'espoir d'y découvrir l'explication des grandes énigmes de l'univers et tomba dans le piège des hiéroglyphes.

En effet, après que les secrets de cette écriture eurent été percés à jour par Champollion et par les générations d'égyptologues qui lui succédèrent, lorsque des milliers d'inscriptions et quelques centaines de papyrus furent enfin transcrits et traduits, on put se rendre compte que le prétendu savoir des anciens Égyptiens et de leurs prêtres n'existait que dans l'imagination de ceux qui le célébraient. Il faut lire, à ce sujet, ces lignes désabusées écrites par l'égyptologue A. Erman[1] :

---

1. L'un des plus grands spécialistes de la langue et de la grammaire égyptiennes, qui appartient à la deuxième génération d'égyptologues.

L'écriture n'est pas née dans la vallée du Nil

« Cette croyance naïve du monde gréco-romain, qui voyait dans l'Égypte le pays de la science hermétique, a persisté pendant dix-sept siècles. Naguère encore [*Erman écrit dans la deuxième moitié du XIXe siècle*], en entendant parler de pyramides et d'obélisques, on sentait monter en soi l'effroi des plus impénétrables mystères, on considérait avec une réelle terreur les sarcophages égyptiens et leurs grotesques images de génies, et Rose-croix et francs-maçons s'entouraient de hiéroglyphes et de "symboles" égyptiens. Aujourd'hui, que nous connaissons directement les monuments de l'Égypte, que nous lisons ses inscriptions et étudions sa littérature, ce prestige s'est évanoui. Au lieu du "crépuscule sacré" à travers lequel l'Égypte apparaissait encore à Goethe, la claire lumière de l'histoire a brillé, et les anciens Égyptiens sont devenus pour nous un peuple ni meilleur ni pire que les autres peuples[1]. »

En d'autres termes, avant Champollion et ses successeurs, l'ancienne Égypte semblait à tous une terre de mystères cachés, que recouvrait le voile des hiéroglyphes. Puis les découvertes des égyptologues du XIXe siècle nous ont fait connaître une multitude de monuments, d'objets et de statues d'une qualité artistique exceptionnelle et les bas-reliefs, les stèles et les peintures mis au jour depuis près de deux siècles semblent nous conter une histoire pharaonique longue de deux mille ans, faite de guerres, de victoires et de défaites ; mais c'est hélas une histoire sans paroles, car aucune inscription, aucun papyrus ne nous renseigne sur les intentions, les mœurs, les buts des pharaons et de leurs ministres, ne nous fait connaître les règles qui fixaient leurs droits et leurs devoirs, qui ils aimaient et qui ils haïssaient. Nous en sommes réduits ou bien à les imaginer, comme le font les écrivains qui ont choisi de

---

1. *La Civilisation égyptienne,* traduit de l'allemand par Ch. Mathieu, Paris, Payot, 1982, p. 9 *sq.*

décrire l'histoire de l'Égypte d'une manière romanesque et qui n'ont pas à se soucier de la vérité historique, si tant est que l'on puisse l'atteindre, ou bien à n'en point parler. Et cela est vrai, *a fortiori*, des notations psychologiques qu'introduisent dans leurs analyses certains égyptologues de renom lorsqu'ils écrivent pour des revues de vulgarisation destinées au grand public, qu'il s'agit de séduire et non pas d'informer, dans lesquelles ils nous vantent l'« intelligent gouvernement » de la reine Hatshepsout ou du « valeureux et très puissant prince » que fut Ramsès II, appréciations purement hypothétiques, qui ne se trouvent dans aucune inscription et qui ne se fondent sur rien.

En fait, le développement de l'écriture hiéroglyphique s'est déroulé parallèlement à celui de la religion et à la mise en place de cette féroce monarchie absolue que fut l'institution pharaonique. Celle-ci ne s'est pas bâtie en un seul jour et son origine est à chercher non pas dans l'apparition d'un chef prestigieux qui aurait unifié par la force le territoire égyptien et imposé son autorité à l'ensemble des « ébauches de villes » dont nous avons parlé plus haut, mais dans la domestication progressive des crues annuelles du Nil. Celles-ci, comme l'avait souligné Hérodote dans une formule fameuse, étaient certes bénéfiques, mais elles pouvaient aussi se révéler catastrophiques les années où elles étaient trop fortes, et, pour se protéger de l'inondation destructrice, les Égyptiens apprirent peu à peu, sous la houlette de quelques rois plus habiles et plus réfléchis que d'autres, à construire des digues, des barrages et des levées de terrain parallèles au cours du fleuve afin d'en contenir les eaux. De sorte que les nombreux méandres du Nil finirent par découper dans sa vallée une succession de bassins naturels particulièrement riches, limités par les levées latérales de terrain et par les barrages, où s'étaient installés des groupes humains plus ou moins nombreux,

L'écriture n'est pas née dans la vallée du Nil

attirés par la fertilité des terres, l'abondance des possibilités de pâturage et les ressources estimables de la pêche et de la chasse dans les marécages qui s'étaient formés dans la plaine, au pied des plateaux et des digues naturelles.

Ces bassins, qui étaient tout à la fois des unités territoriales, économiques et démographiques, existaient *de facto* à l'âge protodynastique (entre 3500 et 3150 av. J.-C. environ, donc avant l'avènement de Narmer, le pharaon fondateur de la première des trente dynasties égyptiennes qui ont gouverné l'Égypte[1]), ils furent à l'origine des quarante-deux nomes[2] dont on a retrouvé la liste dans les soubassements d'un temple solaire élevé par Niouserrê (sixième pharaon de la Ve dynastie, qui régna de 2460 à 2430[3] av. J.-C.) sur un site voisin du village actuel d'Abou Ghourab[4]. Toutefois nous ne savons absolument rien du rôle réel de ce Narmer, car les documents que nous possédons sur lui se résument à deux objets retrouvés au cours de fouilles pratiquées sur le site de Hiérakonpolis, en Haute-Égypte, à la fin du siècle dernier : une palette de schiste vert en forme d'écu, que nous avons déjà citée, et une tête de massue ! Le recto de la palette conte, à la manière d'une bande dessinée sans paroles, la victoire du roi Narmer (son nom est écrit en hiéroglyphes dans le haut de l'écu), coiffé de la couronne blanche des rois de la Haute-Égypte, sur les habitants du Delta (représentés par une tête humaine qui sort d'une plante symbolisant la végétation de ce Delta) ;

---

1. Depuis 3150 av. J.-C. environ jusqu'à la conquête de l'Égypte par les Perses en 525 av. J.-C.
2. Du grec *nomos*, « division » ; le terme égyptien est *sepet*.
3. 2386-2356 av. J.-C. selon la chronologie de K. Spence.
4. Ce temple dit « d'Abou Ghourab » (nom du village actuel voisin) est à ciel ouvert ; il est muni d'un autel à quatre tables d'offrandes, dirigées vers les quatre points cardinaux et d'un obélisque trapu auquel on accède par une rampe ascendante.

le verso représente le même roi (son nom est répété en haut de l'écu), coiffé cette fois de la couronne rouge de la Basse-Égypte (ce qui est le signe de la victoire rapportée au recto de l'unification du pays égyptien), précédé de porteurs d'enseignes, partant pour une nouvelle conquête, symbolisée dans le bas de l'écu (Narmer, transformé pour la circonstance en taureau, abat les murailles crénelées d'une ville). Quant à la tête de massue, elle représente la même victoire : on y voit le roi Narmer, également coiffé de la couronne rouge de la Basse-Égypte, assis sous un dais et protégé par la déesse vautour Elkab, partageant le butin de ses victoires.

Ce serait néanmoins une erreur que de penser qu'avant Narmer il aurait existé dans la vallée du Nil quarante-deux provinces indépendantes et antagonistes et que ce pharaon ou l'un de ses proches successeurs aurait finalement régné sur une Égypte unifiée. En effet, nous ne savons à peu près rien de l'histoire des huit pharaons de la Ire et de la IIe dynastie (entre 3100 ± 120 et 2925 ± 120 av. J.-C.), sinon leurs noms et leur ordre de succession que nous donne la liste de Manéthon[1]. Nous possédons cependant deux types de documents qui nous fournissent quelques faibles lueurs sur leurs règnes : 1° des cylindres-sceaux (ou leurs empreintes), qui nous apprennent l'existence de tel ou tel service administratif sous le règne d'un pharaon déterminé et, souvent, le nom du notable qui le dirigeait ; 2° des tablettes rectangulaires d'ivoire, d'ébène ou d'autres bois commémorant les événements marquants de certains règnes.

Nous ignorons totalement ce qui s'est passé au cours des deux siècles qu'a duré la période dite thinite. Quel (ou quels) pharaon(s) thinite(s) a-t-il ou ont-ils entrepris de donner un nom aux quarante nomes dont on a

---

1. Pour cette liste, voir ci-dessus, p. 29.

L'écriture n'est pas née dans la vallée du Nil

retrouvé la liste partielle sur un bas-relief qui a été exécuté sept ou huit siècles après l'unification supposée de l'Égypte par les rois thinites (dans le complexe funéraire de Niouserrê, un pharaon de la Ve dynastie, cité plus haut)? Nous ne le savons pas davantage, et cela n'a rien d'étonnant lorsqu'on lit cette inscription, particulièrement laconique, dont voici la traduction [1] (voir aussi les figures 7 et 8) :

« Nomes de Haute-Égypte :
1. Pays de Nubie ; 2. Les supports d'Horus. 3. Le grenier. 4. Le sceptre ; 5. Les deux faucons. 6. Le crocodile. 7. Le fétiche-*bat* ; 8. Le pays grand ; 9. Le symbole de Min ; [*lacune*] ; 18. Le faucon Nemti ; 19. Les deux sceptres ; 20. L'arbre-*atef* antérieur ; 21. L'arbre-*atef* postérieur ; 22. La coupure.
Nomes de Basse-Égypte :
1. Le mur blanc ; 2. [*lacune*] ; 3. L'occident ; 4/5. Les deux flèches ; 6. Le taureau sauvage ; 7. Le harpon ; [*lacune*] ; 10. Le taureau noir ; 11. Le taureau abattu ; 12. Le taureau et la vache divine ; [*lacune*] ; 15. L'ibis ; [*lacune*]. »

On peut, certes, gloser sur ces dénominations, mais toutes les interprétations que l'on peut en donner ne sont que pures chimères, et c'est là que se dessine le piège de la plupart des inscriptions hiéroglyphiques. Le texte déchiffré du temple de Niouserrê ne nous apporte aucune lumière sur le découpage de l'Égypte ancienne en nomes : sous quel pharaon a-t-il été établi ? Quelles étaient les limites territoriales des nomes ? Que signifient les noms qui leur ont été attribués ? Quels rapports existaient-ils entre les nomarques (les dirigeants des nomes) et le pharaon ? Autant de questions qui resteront toujours sans réponse, toutes celles que l'on pour-

---

1. Traduction par Alessandro Roccati, dans *La Littérature historique sous l'Ancien Empire, op. cit.*

Figure 7.
Les nomes de Basse-Égypte

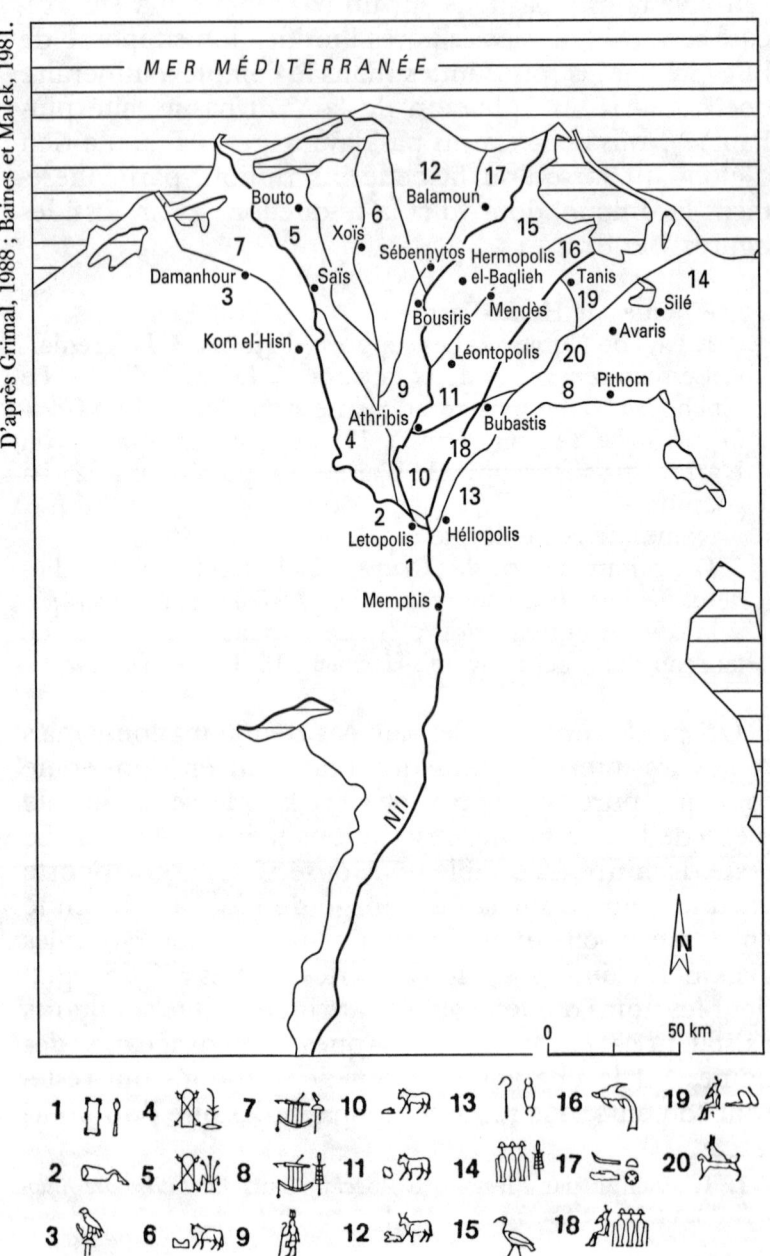

Figure 8.
Les nomes de Haute-Égypte

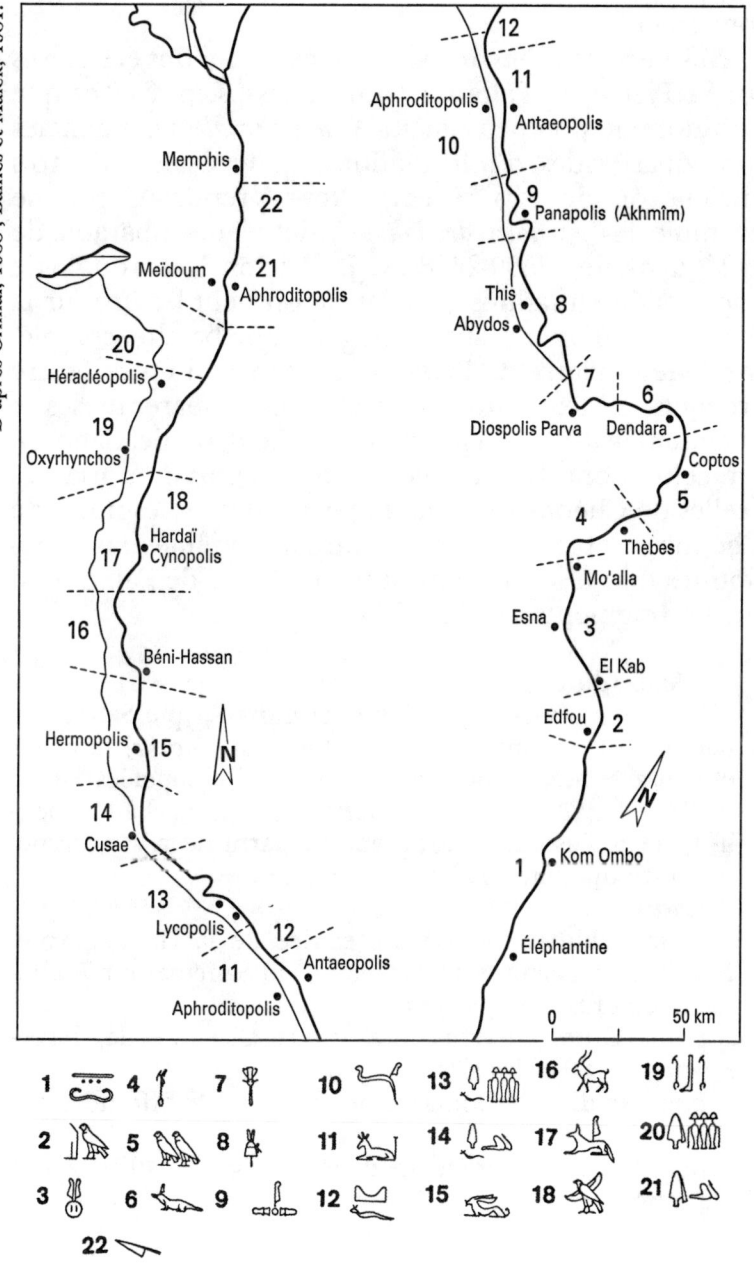

L'égyptomanie, une imposture

rait proposer ne pouvant être que des hypothèses sans fondement.

Plus décevants encore sont les textes qui ont été gravés sur la Pierre de Palerme (voir ci-dessus, p. 37) et que l'on nomme pompeusement *Annales royales* : ces annales sont quasi vides d'informations, qu'il s'agisse de rois anciens ou de rois récents. Nous prendrons comme exemple les *Annales de Sahouré*, deuxième pharaon de la Ve dynastie (2500-2488 av. J.-C. selon la chronologie communément admise), telles qu'on peut les lire sur la Pierre de Palerme et sur un fragment de basalte, complément de la Pierre de Palerme, conservé au Caire (entre crochets : texte reconstitué ; entre parenthèses : commentaires) : des cinq rois de cette dynastie, Sahouré est celui dont les Annales sont les plus importantes (celles de Chéops sont quasi inexistantes, et les noms de Chéphren et de Mykérinos ne sont même pas mentionnés : il ne se trouvent ni sur la Pierre de Palerme ni sur les fragments du Caire).

« An 5 (du règne)
[L'année où le roi de Haute- et Basse-Égypte Sahouré a fait en tant que monument] de lui pour [*lacune*] modeler et consacrer six statues en électrum de lui appelées "le roi de Basse-Égypte Sahouré est beau" pour [*lacune*] à Héliopolis (ville de Basse-Égypte, devenue, à partir de la Ve dynastie, le centre du culte solaire du dieu Rê) :
[*lacune*]
pour Nekhbet (déesse protectrice de la Haute-Égypte, représentée par un vautour blanc) du Sanctuaire méridional : 800 offrandes par jour ;
pour Outo (déesse-cobra, protectrice de la Basse-Égypte) : 4 800 offrandes par jour ;
pour Rê dans le Domaine des Stèles : 138 offrandes par jour ;
pour Rê dans le Sanctuaire de Haute-Égypte : 40 offrandes par jour ;

L'écriture n'est pas née dans la vallée du Nil

pour Rê dans la Terrasse : 74 offrandes par jour ;

pour Hathor (divinité céleste) de Sékhetré (en Basse-Égypte) : 4 offrandes par jour ;

pour Rê de Sékhetré : un terrain de 1 *aroure*, 2 *kha*, 4 *ta* (mesures agraires) dans le nome d'Athribis (en Basse-Égypte) ;

pour le Harponneur (Horus, le dieu-faucon) : un terrain de 2 *aroures* dans le nome de Bousiris (en Basse-Égypte) ;

pour le dieu Sem (prêtre tenant le rôle d'Horus dans certains rites) : un terrain de 2 *aroures* dans le nome de Bousiris ;

pour Khentiaoutef (dieu associé à Ptah, dieu tutélaire de Memphis) : un terrain de 2 *aroures*, 2 *kha*, *ta*. 8 1/4 1/8 dans le nome de Memphis ;

[*lacune*].

L'an après le deuxième recensement :

niveau du Nil : 2 coudées, 2 *palmes* 1/4 (mesures de longueur) ;

[*lacune*].

apporté des Terrasses de la Turquoise (carrières du Sinaï) : 6 000 [pièces d'électrum].

apporté d'Oponé (la côte des Somalis) : 80 000 pièces d'oliban, 6 000 pièces d'électrum ;

apporté d'Oponé : 2 900 pièces de malachite, 23 020 bâtons (?).

L'année après le 7e recensement

An, 9e mois, 28e jour...

Niveau du Nil [*lacune*].

An 6 (du règne)

L'année où le roi de Haute et de Basse-Égypte Sahouré a fait en tant que monument de lui pour : l'Ennéade (groupement des neuf dieux du panthéon égyptien) dans la maison des écrits divins, le Palais et le Domaine des stèles, la Terrasse d'Horus : un terrain de [*lacune*] aroures.

An 15 (du règne)

[L'année où le roi de Haute et de Basse-Égypte Sahouré a fait en tant que monument] de lui pour :

[*lacune*] ;

L'égyptomanie, une imposture

Rê : un terrain de [*lacune*] *aroures* dans la Basse et la Haute-Égypte ;
Hathor : un terrain de [*lacune*] 8 [*ta*] ;
Séchat (déesse de l'écriture) de l'école et de la noblesse : un terrain de 2 *kha*, 4 *ta* ;
[À titre] personnel, apporté des Terrasses de la Turquoise (les carrières du Sinaï) : 6 000 [*lacune*] :
apporté d'Oponé : 80 000 [pièces] d'oliban, 6 000 pièces d'électrum ;
apporté d'Opiné : 2 900 [pièces] de malachite, 23 020 bâtons.

L'année après le 7e recensement
An, 9e mois, 28e jour [*lacune*]
Niveau du Nil : [*lacune*][1]. »

La lecture de ce texte – le seul que nous possédions concernant Sahouré – nous apprend que ce pharaon semble avoir régulièrement honoré les principaux dieux du panthéon égyptien, et en particulier Rê, le dieu du soleil, qu'il a été quérir des matériaux nécessaires, sans doute, à la construction du temple solaire et de son tombeau (dont nous parlons ci-après) dans les carrières du Sinaï et sur la côte somalienne, et qu'il prenait note, chaque année, de la hauteur de la crue du Nil : il n'y a pas là de quoi écrire sur lui un grand chapitre ! Pour en savoir davantage sur ce pharaon, interrogeons l'ensemble funéraire qu'il s'est fait construire à Aboutir, sur la rive gauche du Nil, où s'élèvent une trentaine de petites pyramides et de mastabas édifiés pour la plupart par des pharaons de l'Ancien Empire. Il est composé d'un temple (dans la vallée) relié par une chaussée montante à une pyramide de dimensions modestes. Ses différents éléments étaient décorés de très beaux bas-reliefs,

---

1. Alessandro Roccati, *La Littérature historique sous l'Ancien Empire*, *op. cit.*, p. 46-48.

L'écriture n'est pas née dans la vallée du Nil

maintenant dispersés dans différents musées européens (en France, en Grande-Bretagne et en Allemagne pour l'essentiel), qui illustrent, entre autres événements, les campagnes militaires de Sahouré : dans l'un d'entre eux on voit Séchat, la déesse de l'écriture et de l'histoire, en train de dresser la liste des prisonniers capturés par ce pharaon en Libye et en Asie et contemplant le butin pris à l'ennemi (troupeaux de bovidés et d'ovidés ; l'arrivée en Égypte de femmes libyennes captives, avec leurs enfants ; et ainsi de suite). Certes, les quelques lignes gravées sur la Pierre de Palerme ne sont pas très explicites, mais il est vraisemblable que les « guerres de Sahouré » n'aient été que des raids dans les pays voisins de l'Égypte (en Libye, au Sinaï) et non pas des campagnes militaires de grande envergure : avec ou sans Sahouré, la face du monde égyptien n'aurait pas été changée pour autant.

*

L'exemple de l'histoire des pharaons de l'Ancien Empire, dont celle de Sahouré est typique, doit être médité. Tous les égyptologues s'accordent sur le fait que l'écriture hiéroglyphique, ébauchée à l'âge protodynastique, est alors en plein développement et que ce développement est dû, en partie, à la naissance de l'institution monarchique (pharaonique) : grâce à elle, et malgré les insuffisances de ce système d'écriture, les rois de Haute- et Basse-Égypte, comme on les nomme maintenant, vont parvenir à créer un pouvoir bureaucratique et administratif. Et ce n'est pas par hasard si, parallèlement à la pratique des inscriptions contant les prouesses ou la puissance d'un pharaon, s'instaure l'architecture monumentale (pyramides, mastabas, complexes funéraires) comme support de ces inscriptions, avec ses peintures et ses bas-reliefs.

L'égyptomanie, une imposture

Cela dit, il convient de relativiser le rôle de l'écriture dans la civilisation pharaonique naissante, c'est-à-dire à l'époque thinite (celle des deux premières dynasties), entre 3100 et 2700 environ av. J.-C. À cette époque, les pictogrammes qui ornent les manches de couteaux, les têtes de massues ou les palettes de fards sont en nombre limité ; ce sont ou bien des *signes-mots* qui servent à désigner des êtres, vivants ou inanimés, ou encore des actions à l'aide de dessins simplifiés. Ainsi, pour écrire les mots « chat » ou « grain », le scribe égyptien dessinait un chat ou un grain ; pour écrire le mot « nager », il dessinait un homme en train de nager, et ainsi de suite ; mais, pour écrire « chagrin », il juxtaposait le signe « chat » et le signe « grain », qu'il fallait donc lire alors comme des *signes-sons*. Un tel système était nettement insuffisant quand il s'agissait de transcrire un discours long et nuancé ; les scribes et les prêtres qui l'utilisaient le perfectionnèrent quelque peu, de génération en génération, en simplifiant les dessins, en utilisant des signes-sons de préférence à des signes-mots, en introduisant des signes déterminatifs pour pallier les ambiguïtés du phonétisme, etc. Puis cette écriture, initialement conçue pour la gravure sur des pierres, tendres ou dures, fut déformée par l'apparition d'une graphie cursive sur des peaux de bêtes traitées, ancêtres des futurs parchemins, ou sur des papyrus : les scribes ont continué d'utiliser simultanément les signes-mots et les signes-sons, mais ces hiéroglyphes, au lieu d'être laborieusement gravés les uns à côté des autres (comme sur les stèles ou les obélisques, par exemple), étaient tracés au pinceau ou au calame sur ces nouveaux supports. Néanmoins, qu'elle fût hiéroglyphique ou cursive, cette écriture était peu adaptée à l'expression des idées abstraites et à la notation des relations entre ces idées, donc impropre à l'écriture d'ouvrages scientifiques ou juridiques, par exemple, et elle devint l'apanage des scribes professionnels et des prêtres.

L'écriture n'est pas née dans la vallée du Nil

Ajoutons qu'il n'est pas impossible que les principes de l'écriture hiéroglyphique primitive aient été inspirés aux Égyptiens par les idéogrammes des Sumériens, installés dans la basse vallée du Tigre et de l'Euphrate au cours du IVe millénaire av. J.-C., et qui, trois ou quatre siècles avant l'an 3000 av. J.-C., étaient déjà en possession d'un système d'écriture abstrait, avec, chez eux aussi, des signes-mots et des signes-sons, particulièrement adaptés à la transcription d'autres langues (les langues sémitiques, par exemple, qui feront leur apparition en Mésopotamie au IIIe millénaire).

C'est maintenant une vérité admise par tous les égyptologues que les anciens Égyptiens sont loin d'avoir inventé l'écriture et qu'ils avaient, en la matière, plusieurs siècles de retard sur les Sumériens, et c'en est une autre que leur système était maladroit et limité. Les raisons de ce retard et de cette infériorité sont à rechercher dans le vice fondamental et rédhibitoire de la société égyptienne : les Égyptiens ont été d'une habileté extrême à construire des barrages et des digues, leurs architectes et leurs innombrables esclaves ont édifié, à toutes les époques de leur histoire, des temples monumentaux, des pyramides, des mastabas et des complexes funéraires impressionnants, mais ils ont été totalement incapables d'accomplir la révolution urbaine qui les aurait mis sur la voie du véritable progrès, politique d'abord, mais aussi religieux, moral, scientifique, culturel, artistique et, pour tout résumer, humain, dont les Sumériens ont été les promoteurs, pour le plus grand bien de tous les grands peuples de l'Antiquité méditerranéo-orientale, les Sémites, les Grecs et les Romains. L'histoire et la civilisation ne sont pas nées dans la vallée du Nil ou dans le Delta de ce fleuve, mais bel et bien à Sumer, près de mille ans avant la construction des grandes pyramides et deux mille ans avant la guerre de Troie. L'extraordinaire richesse artistique de l'Égypte antique, produit de deux millénaires d'esclavagisme, d'abrutissement du peuple égyptien tant par la propagande pharaonique que par l'emprise qu'avaient les prêtres sur la société égyptienne, et d'obscurantisme forcené, n'est qu'un prodigieux miroir aux alouettes, car le peuple égyptien n'a connu que très tardivement la révolution urbaine, source de tous les progrès, révolution qu'ont su réaliser les Sumériens en Mésopotamie et dont les Sémites qui leur ont succédé (les Akkadiens, les Babyloniens, les Assyriens, les Araméens et les Phéniciens pour l'essentiel) ont amplement profité.

Retournons donc sur les rives du Tigre et de l'Euphrate, aux environs de l'an 5000 av. J.-C. C'est aux alentours de cette date lointaine, dans les vallées de ces deux fleuves et nulle part ailleurs, selon nos connaissances actuelles, que sont nés les premiers « villages » de l'humanité : nous ne sommes pas encore dans l'histoire, puisque celle-ci se définit par l'apparition de l'écriture et que l'on n'a trouvé aucun document écrit sur ces sites, mais, bien que l'outillage de ces premiers villageois ait tous les caractères de l'outillage néolithique, leur mode de vie n'est plus néolithique : nous ne sommes plus dans la préhistoire, nous devons parler de protohistoire. Les vestiges archéologiques du plus ancien de ces villages, ont été retrouvés, nous l'avons dit, sur le site du village actuel de Muallafat, et datent d'environ 5000 av. J.-C. ; ceux du plus récent d'entre eux, Djemdet Nasr, datent d'environ 3000 av. J.-C. (voir la carte p. 161).

Vers la fin du Ve et au début du IVe millénaire avant notre ère, la culture de ces premiers villageois du monde atteint son apogée sur le site d'el-Obeïd, et elle va irradier alentour jusqu'à la Turquie actuelle, l'Iran et le Baloutchistan, mais elle reste toujours protohistorique, c'est-à-dire non écrite, et villageoise, identique à elle-même dans tous les sites où elle s'est implantée : partout, dans cette petite région du monde, l'homme commence

L'écriture n'est pas née dans la vallée du Nil

à cultiver le sol, à domestiquer des animaux, à travailler le cuivre, il manifeste sa sensibilité artistique, qui se traduit par le développement de la céramique peinte, aux formes et aux décors variés, il s'organise une vie sociale communautaire, élève ses premiers temples et ses premières habitations fixes qui remplacent les huttes préhistoriques.

C'est alors que, vers 3700 av. J.-C., sur cet arrière-plan de culture protohistorique uniforme qui s'était répandu à travers tout le Proche-Orient, apparaît soudainement, dans le Sud de la Mésopotamie, aux alentours du golfe Persique, le peuple des *Sumériens*, et tout va changer dans cette région du monde où dominait alors, partout, la culture dite d'el-Obeïd[1]. La céramique peinte grossière va disparaître brutalement, les nouveaux arrivants vont se détourner des villages obéïdiens que dominaient la silhouette massive de leurs temples et ils vont créer un type d'agglomération jusqu'alors inconnu en Mésopotamie et, *a fortiori*, en Égypte prédynastique, la *cité-État*, dont l'exemple le plus ancien est celui d'Uruk (ses ruines ont été retrouvées sur le site actuel de Warka, à 75 kilomètres au sud-est de Bagdad), et dont les principales furent Kish, Lagash, Umma, Ur, Shuruppak et Nippur.

Au cœur de ces villes cernées de murailles[2], de tours et de domaines agricoles vivaient de nombreux habitants, répartis dans des « quartiers » en fonction des

---

1. Caractérisée par une poterie recouverte d'une peinture mate (vert clair), ornée de motifs décoratifs géométriques en régression sur la poterie de tell-Halaf, plus fine et mieux décorée, qui l'avait précédée (ce qu'on explique par l'intrusion d'immigrants plus frustes que les gens d'el-Obeïd, mais plus nombreux).
2. Pour fixer les idées : les murailles d'Uruk mesuraient un peu plus de 9 kilomètres de circonférence et elles étaient munies de 900 tours semi-circulaires ; la surface totale de la ville qu'elle circonscrivait était d'environ 5 kilomètres carrés.

Figure 9. Les cités-États du pays de Sumer

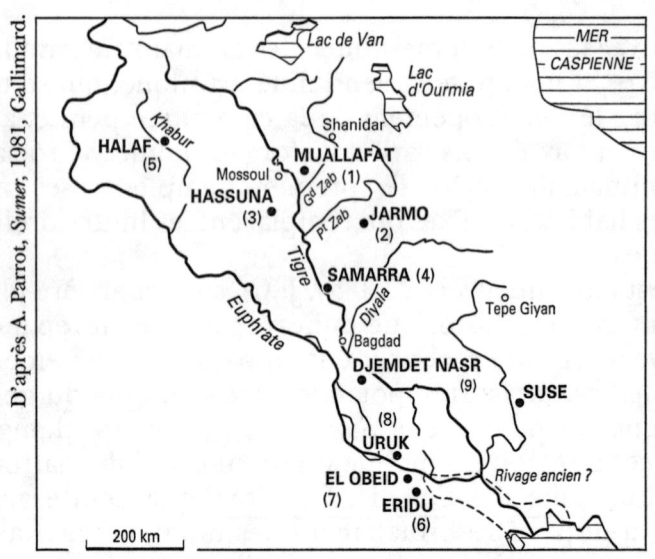

On a indiqué, pour chaque site, la caractéristique principale de son industrie. 1. MUALLAFAT (plus de 5000 av. J.-C.) : le plus ancien village de l'histoire. 2. JARMO : habitat à ciel ouvert (4857 av. J.-C. ± 320 ans), apparition timide de la céramique décorée, non figurative ; outillage agricole de pierre et d'os. 3. HASSUNA (v. 5000 av. J.-C.) : céramique mate, peinte et/ou incisée de couleur brun-rouge ou noire, décoration non figurative ; outillage agricole et d'élevage de pierre et d'os. 4. SAMARRA (v. 5000 av. J.-C.) : céramique monochrome (du rouge au violacé), décoration figurative ou abstraite. 5. TELL-HALAF (V^e millénaire) : habitations circulaires, céramique richement décorée (décoration figurative ou abstraite) et thème de la déesse-mère ; outillage agricole de pierre et d'os, apparition de la glyptique et de procédés pour fondre le plomb et le cuivre. 6. ERIDU = ABU SHARAYN et 7. EL-OBEID, petit tell proche d'ERIDU (fin du Ve/IVe millénaire) : céramique à peinture monochrome et brillante (rouge, verte, violette et brune), décoration abstraite et géométrique et, dans seize des dix-huit niveaux découverts, présence d'un sanctuaire dont le plus ancien temple connu). 8. URUK (=WARKA), capitale sumérienne et ville de Gilgamesh (IVe millénaire pour la couche XVIII, la plus ancienne) : naissance et propagation de la révolution urbaine, céramique rouge ou grise, non décorée, qui supplante celle d'el-Obeïd ; apparition de l'écriture, invention du cylindre-sceau, du tour du potier, développement des techniques métallurgiques. 9. DJEMDET NASR (fin du IVe millénaire, début du IIIe) ; UR (= Muqqayr, « Ur en Chaldée » dans la Bible, début du IIIe millénaire) : développement des cités-États sumériennes : LAGASH (= TELLO), KISH, UMMA.

L'écriture n'est pas née dans la vallée du Nil

rôles et des activités de chacun, autant qu'on puisse le déduire des documents mis au jour par les fouilles. Les deux pôles de la cité étaient le quartier du temple, demeure du dieu qui en était le véritable roi (LUGAL en sumérien), et le palais, demeure de son représentant sur terre (ENSI en sumérien)[1].

Les temples étaient construits sur des buttes plus ou moins élevées (quand il y en avait plusieurs dans une cité, ils étaient souvent regroupés dans un même quartier). Les uns étaient constitués d'un édifice principal, comprenant une grande salle, munie d'un autel et d'une table pour les offrandes, de salles secondaires – des chapelles – plus petites, et de nombreuses entrées pour faciliter les déambulations, et il leur était adjoint des bâtiments secondaires en rapport avec leur activité économique ; les autres se présentaient comme des tours à étages (ziggurats) dont les différents degrés correspondaient à des fonctions différentes de l'édifice. À l'instar des abbayes qui se créeront, plus tard, en Occident, les temples disposaient d'abondantes ressources, qu'ils tiraient de l'exploitation de leurs domaines agricoles *extra muros*[2] (on y cultivait le blé, l'orge, la vigne) et des dattiers de leurs palmeraies, de leurs fermes, de leurs manufactures et de leur activité commerciale (fluviale ou terrestre), et ils disposaient d'une main-d'œuvre abondante et généralement salariée (boulangers, bouchers, menuisiers, forgerons, tisserands, etc.). L'autre centre actif de la cité sumérienne était le palais de l'ENSI, qui remplissait tout à la fois les fonctions de

---

1. Toutefois, certains ENSI se pareront du titre de LUGAL, qui implique un pouvoir de domination et d'arbitrage (voir aussi note 2, p. 173).
2. Pour fixer les idées : le temple de Lagash (sur le site moderne de Tello) possédait un domaine de 4 500 hectares environ à l'extérieur de la ville.

grand-prêtre du dieu de la cité et de juge suprême de ses habitants. Il veillait à l'entretien des sanctuaires, des routes et chemins, des canaux et, en cas de guerre avec une ville ennemie, il prenait la tête de son armée[1] dont l'effectif dépassait rarement mille hommes de guerre.

Les hommes qui n'étaient employés ni par le palais ni par le ou les temples avaient des occupations diverses, ce qui est caractéristique de la vie urbaine. Outre les soldats, les prêtres et les officiants, il y avait dans les villes sumériennes, comme dans toutes les villes modernes, des artisans (potiers, céramistes, tisserands, cuisiniers, etc.), des maçons, des architectes, des bûcherons, des forgerons, des fabricants d'armes, des fonctionnaires attachés au palais, des apothicaires, des médecins, des astrologues, des comptables, des scribes, des maîtres d'école, des mariniers (les deux grandes voies de communication de la Mésopotamie étaient, ne l'oublions pas, le Tigre et l'Euphrate), mais aussi des artistes (sculpteurs, peintres, poètes) et des savants (historiens, mathématiciens, astronomes), sans compter les prostituées et les mauvais garçons.

Cette diversité de la population, qui est le propre des sociétés urbaines, n'existait pas dans l'Égypte pharaonique, essentiellement rurale et villageoise. Elle a eu pour effet le développement chez les Sumériens de ce que nous appelons aujourd'hui les facultés de « communication » (d'où la réflexion issue de la comparaison des opinions), l'invention et le développement d'un système d'écriture beaucoup plus simple et beaucoup plus performant que les hiéroglyphes égyptiens, dont les Sémites qui succéderont aux Sumériens en Mésopotamie profiteront amplement. Il résulte de cela que, pendant près de trois mille ans, les Mésopotamiens ont gravé sur des

---

1. La fameuse *Stèle des vautours*, qui est au Louvre, en est un exemple.

L'écriture n'est pas née dans la vallée du Nil

centaines de milliers de tablettes d'argile séchée pratiquement indestructibles un lot considérable d'informations historiques, scientifiques, religieuses, etc., accessibles à tous, et non pas seulement aux scribes et aux prêtres, et qu'il s'est produit de ce fait ce qu'on pourrait appeler une sorte de démocratisation du savoir qui n'a jamais existé dans l'Égypte pharaonique.

Ainsi donc, si l'on peut à bon droit saluer l'apparition de l'écriture hiéroglyphique dans la vallée du Nil, au cours du IIIe millénaire avant notre ère, comme un progrès culturel certain dans l'histoire des populations nilotiques, nous devons modérer notre enthousiasme quant à l'utilisation de cette invention par les Égyptiens et nous méfier du mirage des hiéroglyphes, pour les trois raisons suivantes : 1° les hiéroglyphes n'ont constitué un véritable moyen d'expression écrite achevé chez les Égyptiens qu'à la fin du IIIe millénaire : si l'on excepte quelques inscriptions isolées, les textes les plus anciens (*Textes des pyramides, Textes des sarcophages, Livre des morts* et *Annales*) remontent à l'Ancien Empire (2700-2200 av. J.-C.) ou à la Ire Période Intermédiaire (2200-2065 av. J.-C.) ; 2° ces textes sont très peu nombreux et particulièrement frustes, tant par leur contenu que par leur importance en comparaison de la littérature sumérienne qui leur est antérieure de plusieurs siècles ; 3° à part ces documents, la majeure partie des inscriptions qui ont été relevées sur les stèles et les monuments de l'Ancien, du Moyen et du Nouvel Empire ne sont guère que des listes de rois, de prisonniers ou de batailles.

Pour tout résumer, l'écriture hiéroglyphique a été essentiellement l'outil de la dictature pharaonique et n'a même été que cela, tout comme la radio et les techniques de propagande et de communication ont été ceux des dictateurs de notre siècle ; ce ne fut pas le cas en Mésopotamie où l'écriture cunéiforme fut un puissant instrument de civilisation, en tant que produit

L'égyptomanie, une imposture

d'une révolution qu'ignora l'Égypte des pharaons, la révolution urbaine.

*

La condition nécessaire et presque suffisante pour que puisse naître une civilisation urbaine, c'est qu'il existe des villes. Or les peuples qui vivaient en Égypte, au Prédynastique ancien comme au Prédynastique récent, n'y ont fondé aucune cité ; nous avons vu que c'étaient des villageois qui bénéficiaient des richesses de la vallée du Nil qu'ils se partageaient sans conflits, et il en fut de même au début de l'ère dynastique. Le territoire sur lequel vivaient les populations nilotiques était vaste, eu égard à la faible densité de cette population, tout aussi riche dans la haute vallée du fleuve que dans le Delta, et bien protégé des invasions éventuelles par les déserts qui l'entouraient : il n'y avait alors aucune raison pour que des cités y fussent fondées et cet état de choses se perpétua au temps des pharaons. Jusqu'à la conquête perse, l'ancienne Égypte fut une immense vallée fertile, parsemée de villages ou, si l'on préfère, de cantons ruraux qui deviendront, au temps des premiers pharaons, ces unités administratives que les Grecs appelleront des *nomes*. Les capitales pharaoniques elles-mêmes (This, Memphis, Thèbes), à la haute-époque, ne ressemblèrent jamais à de véritables villes, avec des quartiers et une population diversifiée : elles ne furent, tout compte fait, que le prolongement des immenses palais des pharaons, et des mystérieux temples des prêtres.

De sorte que, alors qu'en Mésopotamie les villages disparaissaient pour laisser la place aux cités-États dans lesquelles allait naître et se développer la civilisation, celle-ci allait stagner durant plus de deux mille ans dans les nomes de la vallée du Nil. Et, lorsqu'on parle, de nos jours, de l'« architecture » ou de l'« habitat » de l'Égypte

L'écriture n'est pas née dans la vallée du Nil

ancienne, on ne pense pas aux « maisons » ou aux « cabanes » des gens du peuple ni aux « palais » des puissants : on ne songe qu'aux demeures des pharaons, aux superstructures colossales des tombes royales (telles les pyramides) et aux temples gigantesques. Ce n'est qu'à partir du Moyen Empire (2065-1785 av. J.-C.) qu'on voit apparaître, discrètes, petites et peu nombreuses, quelques agglomérations qui méritent le nom de « villes », et qui disparaissent quelques années après avoir été fondées, à la suite d'un caprice pharaonique, comme Kahoun (fondée par Sésostris II[1], une ville presque carrée dont le périmètre était d'environ 1 500 mètres), ou encore la ville dont les ruines ont été retrouvées à el-Amarna, construite par Aménophis IV (= Akhénaton, XVIIIe dynastie, 1359-1348 av. J.-C.).

On pourrait imaginer que chez les Égyptiens, qui étaient alors le seul au monde, avec les différents peuples de la Mésopotamie, à disposer de l'écriture, les activités que nous qualifions, de nos jours, d'« intellectuelles » devaient tenir une place importante non seulement dans la vie des prêtres, des pharaons et des ministres, mais aussi dans celle des sujets obscurs. En fait, il n'en était rien : les bourgs et les rares villes de l'ancienne Égypte devaient leur vitalité au fait qu'elles étaient avant tout des hauts lieux religieux ou pharaoniques. Tel fut le cas de : Memphis (à la pointe du Delta), capitale de l'Égypte durant tout l'Ancien Empire (2700-2200 av. J.-C.) ; Héracléopolis, capitale des pharaons des IXe et X^e dynasties (v. 2160-2137 av. J.-C.) ; Assiout (en Haute-Égypte, au Sud du Caire), qui joua un rôle important à l'époque de ces dynasties *héracléopolitaines* ; Héliopolis (à l'entrée du Delta), où le clergé d'Amon avait créé une importante école théologique sous l'Ancien Empire ; Abydos (en Haute-Égypte, à la

---

1. XIIe dynastie, 1881-1873 av. J.-C.

lisière du désert nubien), où l'on célébrait les mystères d'Osiris depuis la XIIe dynastie (1994-1797 av. J.-C.) ; Thèbes, ville d'Amon, entre Louxor et Karnak, capitale de l'Égypte au Nouvel Empire (1580-1090 av. J.-C.) .

Dans ces villes, et principalement dans celles où se tenait la Cour, il y avait des *maisons d'instruction* où les fils de notables apprenaient à lire et à écrire afin de devenir des *scribes*, profession qui conduisait à toutes les fonctions de l'État, et des *maisons de vie*, plus spécialisées, où l'on formait les jeunes scribes à leurs futures fonctions et où l'on copiait les textes religieux, médicaux, funéraires et, à la basse-époque, astronomiques ou même arithmétiques. Les maîtres de ces établissements étaient des fonctionnaires royaux supérieurs ou des prêtres ; le matériel d'écriture consistait en tablettes de bois, recouvertes d'une mince couche de plâtre polie, sur laquelle l'apprenti scribe apprenait à écrire au moyen de joncs finement taillés, de papyrus et d'encre (noire et rouge). À partir du Moyen Empire, les écoliers disposaient d'une palette creusée de deux cavités (l'une pour l'encre noire et l'autre pour l'encre rouge), d'un étui long et étroit, pour ranger leurs tiges de jonc et d'un petit pot d'eau, pour délayer leur encre.

D'après les documents qui nous sont parvenus, la pédagogie des maîtres égyptiens était plutôt rudimentaire. Son but était double : d'abord enseigner aux élèves à tracer les hiéroglyphes, ensuite les entraîner à s'exprimer par écrit. Au bout de deux ou trois années d'école, les apprentis-scribes, après s'être familiarisés avec l'équivalent hiéroglyphique de ce que nous appelons l'orthographe, ainsi qu'à la calligraphie, apprenaient à réfléchir en copiant des maximes morales ou des règles de bienséance ; puis, après encore une ou deux années d'exercices de ce genre, ils recevaient, du moins à l'époque du Nouvel Empire, un enseignement pratique épistolaire, consistant en un échange fictif de correspondance avec

L'écriture n'est pas née dans la vallée du Nil

leurs maîtres. On a retrouvé un grand nombre de ces « cahiers d'écriture et de narration » dans les tombes d'écoliers défunts, sous la forme de papyrus ou de tablettes.

Cette méthode de l'apprentissage de l'écriture – et, par la même occasion, de la lecture – n'était pas, on le constate, très différente de la nôtre, et l'on peut en dire autant de la pédagogie qu'appliquaient les maîtres sumériens, mille ou quinze cents ans avant leurs collègues égyptiens, dans les écoles de Shuruppak, de Nippur ou d'Uruk, qu'on appelait « les maisons des tablettes », eu égard au support de l'écriture chez les Mésopotamiens, des tablettes d'argile sur lesquelles les scribes traçaient les caractères (cunéiformes) dont ils se servaient pour transcrire des mots ou des sons syllabiques. Toutefois, comme l'a relevé S. N. Kramer[1], à la différence des écoles égyptiennes, qui n'ont cessé d'être des dépendances des temples et du palais pharaonique, les écoles sumériennes s'en étaient progressivement dégagées pour devenir par la suite des écoles « laïques » et indépendantes ; en outre, et là aussi Sumer est prodigieusement « en avance » sur l'Égypte pharaonique, on y enseignait non seulement la lecture et l'écriture, mais aussi les mathématiques[2], la zoologie, la botanique et la minéralogie.

---

1. *L'Histoire commence à Sumer*, trad. fr., Paris, Arthaud, 1957.
2. Voir ci-après p. 179 *sqq.*

VII.

Le « don du Nil » : un cadeau empoisonné

Que de fois l'aura-t-on chanté, depuis Hérodote, ce présent divin offert par le Nil au sol égyptien qui doit sa prospérité aux crues annuelles du fleuve, dont le régime s'est stabilisé au IVe millénaire av. J.-C. mais qui, depuis plusieurs millénaires déjà, attirait dans sa vallée les pasteurs et les chasseurs-nomades préhistoriques venus d'ailleurs qui furent la souche – aux origines inconnues – du peuple égyptien. Ces premiers « Égyptiens » ont d'abord campé temporairement sur des sites en rapport avec ces deux activités fondamentales qu'étaient pour eux les semailles et la moisson et y ont installé les premiers *silos* communautaires. Ainsi se sont constituées peu à peu, sur ces terres régulièrement irriguées par les inondations, des petites sociétés d'agriculteurs-éleveurs dont les territoires, naturellement délimités comme on l'a expliqué plus haut[1], furent à l'origine des quarante subdivisions territoriales ultérieures du pays qu'on a appelées des *nomes*. À l'époque prédynastique, la population moyenne d'un futur nome représentait environ 13 000 habitants[2], qui vivaient dans des villages tribaux plus ou moins perchés sur les terrasses encadrant la val-

---

1. Ci-dessus, p. 146 *sqq.*
2. Selon Butzer, voir ci-dessus p. 29.

lée du Nil afin de se protéger des crues du fleuve, et connaissaient les mêmes conditions de vie collective que les tribus de l'Afrique noire à l'ère pré-industrielle, avec, comme chefs, des *rain-makers*, des sorciers ou des *medicine-men* ; certains de ces villages sont peut-être devenus, au cours du temps, des lieux de marchés, puis des *bourgs*, mais il n'y avait pas encore de *villes* au sens plein du terme, c'est-à-dire d'agglomérations relativement denses, divisées en *quartiers* – celui du palais et des membres du gouvernement, celui du temple et des prêtres, ceux des militaires, des artisans, des écoles, etc. – et dotées d'une population hautement différenciée, au sein de laquelle on peut distinguer des classes sociales (les riches et les pauvres, les puissants et le peuple, les artisans et les fonctionnaires, etc.) et voir naître le cosmopolitisme des marchands.

Puis, comme on l'a dit plus haut[1], sous l'influence de mille causes diverses, inconnues mais vraisemblablement liées au système de relations qui s'instaura au cours du temps entre les bourgs d'un même bassin naturel du fleuve, naquirent progressivement les nomes, d'abord indépendants les uns des autres, puis finalement rassemblés en un État unique par le premier pharaon de l'histoire égyptienne, Narmer, et les principaux bourgs du pays devinrent, si l'on peut dire, les « chefs-lieux » de ces nomes, autrement dit des « villes » au sens administratif du terme. Mais ce ne furent jamais, sinon les capitales dans lesquelles s'installèrent par la suite les pharaons (This, Thèbes, Memphis), des *villes* au sens historique et sociologique du terme, car l'Égypte pharaonique n'a été, tout compte fait, qu'une vaste propriété agricole privée qui appartenait au roi et à quelques grands – tels des ministres, des gouverneurs de nomes ou des prêtres – auxquels il en avait cédé quelques frag-

---

1. Ci-dessus, p. 147.

Le « don du Nil » : un cadeau empoisonné

ments en récompenses de leurs bons et loyaux services. C'est en ce sens que le « don du Nil » que célébrait Hérodote fut un cadeau empoisonné : à l'exception du pharaon, de son entourage et de la classe sacerdotale, le peuple égyptien dans sa quasi-totalité est resté un peuple d'agriculteurs et d'éleveurs, de villageois, et l'Égypte n'a pas connu les bienfaits de la vie des *cités*, au sens hellénique du terme, parce qu'il n'existait pas de « citadins » pour la promouvoir, comme ce fut le cas en Mésopotamie au IVe millénaire av. J.-C. À cette époque, en effet, dans cette région du monde drainée par les vallées du Tigre et de l'Euphrate, dont le territoire correspond grossièrement à celui de l'Iraq actuel, et plus spécialement dans la basse vallée de ces deux fleuves, étaient arrivés, venant d'on ne sait où, les *Sumériens*, ainsi désignés d'après le nom qu'ils donnaient à leur pays, *Sumer*. Ce peuple fut le premier à accomplir la *révolution urbaine* qui a permis aux communautés villageoises encore protohistoriques[1], issues de la révolution néolithique et pour lesquelles la terre était l'unique source de richesse, d'entrer véritablement dans l'histoire des hommes, auxquels il a légué les principaux éléments de la civilisation, à savoir l'écriture, le droit écrit (constitutionnel et civil), les mathématiques, l'astronomie scientifique, et la science historique, indispensable à la prise de conscience des peuples, conçue sous la forme de l'épopée, puisque aussi bien Homère et Virgile ont précédé respectivement Hérodote et Tite-Live.

Les fouilles entreprises en Iraq à partir du début du XXe siècle par diverses équipes d'assyriologues ont

---

1. La protohistoire est la phase de la civilisation qui commence à la fin de la préhistoire (vers 5000 av. J.-C. en Mésopotamie) et se termine avec l'apparition de l'écriture, événement qui caractérise l'entrée dans l'histoire ; ses étapes sont désignées par le nom des sites où elles ont été étudiées pour la première fois.

montré qu'avant l'apparition des Sumériens dans les terres qui bordent le golfe Persique (où, de nos jours, l'industrie pétrolière bat son plein), la Mésopotamie avait connu deux phases protohistoriques principales bien distinctes : 1° celle dite de *tell-Halaf* [1] (V[e] millénaire av. J.-C.), où l'homme, capable de créer des outils de plus en plus perfectionnés, commence à cultiver le sol, à domestiquer les animaux, découvre l'art de travailler le cuivre et celui de la céramique peinte et construit ses premiers temples ; 2° la civilisation dite d'*el-Obeïd* [2] (fin du Ve-début du IVe millénaire av. J.-C.), où cette culture avait atteint son apogée entre le Tigre et l'Euphrate, et d'où elle s'était répandue à travers tout le Proche-Orient, de la Turquie jusqu'au plateau iranien et jusqu'à la vallée de l'Indus.

Puis, vers 3600 av. J.-C., ou, peut-être, un ou deux siècles auparavant, alors qu'en Égypte se termine à peine l'âge néolithique, voici qu'apparaissent sur les rives du golfe Persique, venus d'on ne sait où, les *Sumériens*, qui vont se répandre dans le Sud de la Mésopotamie, déjà riche en villages protohistoriques (comme Muallafat, Jarmo, tell-Halaf, el-Obeïd, Eridu) et y fonder les premières *villes* de l'histoire, dont la plus ancienne et la mieux connue est celle d'Uruk, sur le site qui se nomme aujourd'hui Warka. Ils y ont développé très rapidement une forme de civilisation alors inconnue dans le monde

---

1. Nom arabe d'une colline artificielle située au nord-ouest de Mossoul, à proximité des sources d'un affluent de l'Euphrate, fouillé à partir de 1911 par l'orientaliste allemand Oppenheim et qui révéla une phase importante de la protohistoire mésopotamienne.

2. Nom arabe d'un autre site mésopotamien, dans la basse vallée de l'Euphrate (à proximité du golfe Persique), fouillé depuis 1919, et qui a révélé une phase tout aussi importante de la protohistoire mésopotamienne antérieure de quelque 500 ans à celle de tell-Halaf.

Le « don du Nil » : un cadeau empoisonné

en général et en Égypte en particulier : la *civilisation urbaine*, qu'adopteront les Sémites (Akkadiens, Babyloniens, Assyriens pour l'essentiel) qui envahiront la Mésopotamie au millénaire suivant. Ces nouveaux arrivants mettent en exploitation les terres du Delta que forment le Tigre et l'Euphrate, implantent sur leurs rives, au pied de tours à étages pyramidales – les ziggurats[1] –, des agglomérations que l'on peut appeler des *villes*, entourées de remparts fortifiés et dominées par les silhouettes massives des palais, demeures du roi, et des grands temples, demeures du dieu de la cité. Ces cités-États ont toutes les caractéristiques d'une ville moderne, avec une administration civile (celle du chef de la cité, qui ne porte par le titre de « roi », mais celui de « seigneur », EN en sumérien[2]) distincte de son administration religieuse, et ses *quartiers* (contigus et non distants les uns des autres, étant donné la petitesse des villes) : le quartier de l'université et des écoles de scribes, celui de la caserne, ceux des échoppes artisanales, des entrepôts et des greniers, des magasins et des commerçants et les quartiers d'habitation où vivent des citadins qui ont déjà, comme on l'a signalé plus haut, statut de citoyens, etc.

Ces premières remarques nous font apercevoir la différence fondamentale qui existe entre l'Égypte et la Mésopotamie. Le régime politique et la structure sociale de la première est celle d'un grand État unitaire, dont la vallée du Nil est l'épine dorsale, puissamment centralisé, dictatorial même, et le peuple sur lequel règne le pha-

---

1. Le mot *ziggurat* n'est pas sumérien ; ce sont des Sémites, les Akkadiens, qui domineront la Mésopotamie huit siècles plus tard, qui les ont nommées ainsi (la transcription correcte est *ziqqurat*).
2. La tradition, chez les assyriologues, est de transcrire en lettres capitales d'imprimerie les mots sumériens, qui sont des idéogrammes, et en minuscules les mots des langues sémitiques écrites en cunéiformes (akkadien, babylonien, assyrien).

raon par nomarques interposés est un peuple d'agriculteurs et d'éleveurs, isolés dans leurs champs et dans leurs pâturages : leur vie à l'intérieur d'un nome n'est pas comparable à celle des habitants d'une cité-État qui ont mille occasions de communiquer entre eux et qui sont impliqués dans la vie politique et militaire de leur cité. On peut appliquer à ces deux formes de vie sociale la formule de J.-J. Rousseau opposant le citoyen du « grand État » à celui du « petit État » : au premier, rien n'importe, mais, au second, tout importe.

Il résulte de cela que, dans les petites monarchies sumériennes, comme, par la suite (après les invasions des Sémites), dans les cités akkadiennes ou assyro-babyloniennes qui conserveront la structure politique de ces premières cités-États, et, plus tard dans les cités grecques, le problème de la communication entre le seigneur et ses sujets, ainsi qu'entre les sujets eux-mêmes, était fondamental. On s'explique alors que ce soient les Sumériens qui aient inventé l'écriture (hiéroglyphique), plusieurs siècles avant les Égyptiens, auxquels ils l'ont sans doute transmise, et que leurs idéogrammes (cunéiformes) aient servi aussi bien dans la vie quotidienne des citoyens d'Uruk, de Kish ou d'Umma que dans la vie administrative et juridique des autres cités sumériennes.

Comparés aux hiéroglyphes égyptiens, les idéogrammes sumériens étaient d'ailleurs remarquablement simples et à la portée de tout citoyen (à condition qu'il soit animé d'une certaine curiosité intellectuelle) pour deux raisons : d'une part, ils ne faisaient appel qu'à deux signes graphiques, le *clou* (𒐕) et le *coin* (𒐏), et, d'autre part, la pierre étant rare en Mésopotamie, les Sumériens les gravaient sur des tablettes d'argile molle qu'ils faisaient ensuite sécher au soleil. C'est dans les ruines de l'ancienne cité sumérienne d'Uruk, dont la couche stratigraphique la plus ancienne remonte à la première moitié du IVe millénaire av. J.-C., qu'ont été retrouvés « les

Le « don du Nil » : un cadeau empoisonné

documents écrits les plus anciens du monde : en tout, plus de mille tablettes [...] », rappelle le sumérologue S.N. Kramer dans un livre fameux[1].

Ainsi donc, pendant que les Égyptiens sortaient doucement du Néolithique pour entrer dans la période prédynastique, au Ve millénaire av. J.-C., les Sumériens, implantés en Mésopotamie du Sud, vivaient les derniers moments de leur protohistoire et accomplissaient la révolution urbaine dont il a été question plus haut, marquée par un déferlement de nouveautés culturelles qui se répandent d'autant plus rapidement que les cités-États se développent et se multiplient. L'invention majeure des Sumériens fut celle de l'écriture idéographique cunéiforme qui consiste à graver sur une petite tablette d'argile molle des dessins simplifiés qu'on appelle des *idéogrammes* ou des *pictogrammes*. Ainsi les mots « étoile », « montagnes » et « oiseau » s'écrivirent-ils d'abord :

étoile   montagnes   oiseau

Puis, sans doute pour tracer plus facilement et plus rapidement les idéogrammes, les scribes firent tourner les tablettes de 90° et gravèrent ces trois mots (et tous les autres) de la sorte :

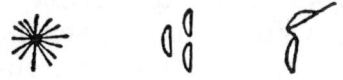

Ces croquis variaient, certes, d'un scribe à un autre, en fonction de leur talent, de leur personnalité, et l'on eut alors l'idée de graver tous ces dessins – autrement

---

1. *L'histoire commence à Sumer*, Paris, Arthaud, 1957.

L'égyptomanie, une imposture

dit, d'écrire les mots « étoile », « montagnes » et « oiseau » – à l'aide de deux signes seulement : le clou (𒁹) et le coin (𒀸). D'où la graphie suivante, pour les trois mots considérés :

Par la suite on schématisa davantage encore les idéogrammes *cunéiformes* (« mots dessinés avec des signes en forme de clous ou de coins ») et l'on parvint aux graphies :

Au cours du temps, les nombreux scribes qui exerçaient leur art dans les différentes cités-États sumériennes perfectionnèrent ce système d'écriture, inventèrent des combinaisons cunéiformes diverses pour désigner à l'aide de ce système non seulement des objets ou des actions, mais aussi des idées abstraites, des relations entre ces idées, ainsi que les nuances de la pensée. Cela demanda plusieurs dizaines d'années, voire un ou deux siècles, mais le travail des scribes, comme celui des autres « intellectuels » sumériens (astronomes, mathématiciens, médecins), bénéficia des avantages de la civilisation urbaine : les scribes d'une ville, vivant dans un même quartier, voire dans un même bâtiment, se communiquaient sans doute leurs trouvailles et leurs inventions, comme le font de nos jours les scientifiques du monde entier et autres chercheurs à l'aide d'Internet. En revanche, rien de tout cela ne se produisit en Égypte où, tout au long de la vallée du Nil, isolés dans leurs villages, les paysans égyptiens ignorèrent, durant toute leur histoire, les avantages et les richesses cultu-

Le « don du Nil » : un cadeau empoisonné

relles engendrées par la vie dans les sociétés urbaines. L'histoire du monde nous a montré par la suite que les grandes composantes de la civilisation – l'écriture, les sciences, les religions, la philosophie, les arts – sont nées dans les villes grouillantes, sales et surpeuplées du Moyen-Orient ancien – Uruk, Ur, Akkad, Assur, Babylone, Suse, Jérusalem – et, plus tard, dans les cités du monde grec, puis romain, comme de nos jours à Paris, Londres, Berlin ou New York, et non pas dans la Beauce, la Brie ou le Middle West : qu'on le veuille ou non, la civilisation est coprophyte !

Le peuple de l'Égypte pharaonique a ignoré, durant les deux mille ans qu'a duré son histoire, les deux maux fondamentaux qui ont eu raison de tant d'autres nations : protégée par les grands déserts qui l'isolaient du monde, la terre des pharaons n'a connu qu'une seule invasion étrangère (celle des Hyksos) au cours de ces deux mille ans, et bénéficiant des largesses du Nil, le peuple égyptien a ignoré les affres des famines ; mais ce « don du Nil » dont bénéficia le peuple égyptien fut un cadeau empoisonné, car il aggrava les conséquences culturelles de son isolement : il lui ôta le désir et les occasions de communication avec autrui, et par là même ses bienfaits civilisateurs dont ont profité les sociétés urbanisées et qui ont fait la grandeur d'Uruk, de Ninive, de Babylone, d'Akkad, de Suse, de Mycènes, de Tyr et de Sidon, des cités de l'Ionie, d'Athènes et de toutes les cités grecques, de Rome enfin, d'Alexandrie et de Constantinople. Il lui ôta aussi le sens de la liberté, et les quelque deux cents promoteurs immobiliers que furent, pour la plupart, les pharaons surent le maintenir dans cet état jusqu'à ce que les Achéménides d'abord, les Séleucides ensuite et Rome enfin fassent d'Alexandrie une des perles de la Méditerranée et de l'Égypte une terre de légendes. Et c'est parce que cette terre a ignoré la révolution urbaine que les anciens Égyptiens ont été incapables de créer une *civilisation*, avec tous les éléments culturels que cette création comporte : ils en ont été détournés, pendant toute la durée de leur histoire, par le régime ubuesque des pharaons.

Lorsque, au VIᵉ av. J.-C., les Grecs découvrirent cette Égypte monumentale et ignorante, impressionnés par ses temples et par ses pyramides, ainsi que par les mystérieuses inscriptions hiéroglyphiques qui les recouvraient, ils ne purent imaginer un seul instant qu'elle vivait dans l'ignorance depuis deux millénaires et c'est ainsi que naquit la légende du savoir caché des prêtres égyptiens, croyance qui a subsisté jusqu'à nos jours.

VIII.

La mathématique égyptienne : une fable et une imposture

Tous les peuples de l'histoire qui ont vécu en société et qui ont connu l'écriture ont été amenés à compter (les bêtes d'un troupeau, des prisonniers, des sacs de grains, etc.), à écrire les nombres entiers, à mesurer des grandeurs simples (la longueur d'une route, la surface d'un champ), à construire – pour des besoins pratiques ou religieux – des figures géométriques élémentaires, tels des carrés, des rectangles, des triangles rectangles, des triangles quelconques ou des cercles. Un tel savoir n'a rien de « mathématique », c'est un banal savoir *pragmatique*, qui n'implique aucune réflexion conceptuelle préalable, pas plus que le savoir du maçon qui utilise un fil à plomb pour vérifier la verticalité d'un mur n'implique qu'il possède la connaissance des lois de la physique newtonienne dont le fil à plomb est, on le sait, la simple application.

Malheureusement pour l'histoire des mathématiques, dont les origines sont à rechercher en Grèce et en Grèce seulement pour la géométrie élémentaire, en Mésopotamie et en Mésopotamie seulement pour la théorie des nombres et pour la théorie des équations du premier et du second degré, les voyageurs grecs (Ioniens pour la plupart) de l'Antiquité, impressionnés par l'architecture colossale des anciens Égyptiens et par leurs pratiques religieuses, ont colporté à travers le monde méditerranéen la légende – sans aucun fondement – de l'existence d'un savoir prodigieux et presque magique dont ils auraient été les détenteurs, légende que les égyptologues du XIXᵉ siècle ont reprise allégrement sans chercher à la vérifier (comment, d'ailleurs, l'auraient-ils pu ?) et à laquelle les historiens des sciences modernes sérieux (Becker, Cantor, K. Vogel, Abel Rey et bien d'autres) ont fait le sort qu'elle méritait. Mais les légendes ont la vie dure, surtout depuis que l'histoire et la civilisation de l'Égypte ancienne sont devenues un des secteurs les plus florissants de notre société de consommation, et l'on peut lire sous la plume des égyptologues contemporains les plus éminents et les plus sérieux des affirmations aussi dénuées de fondement que la suivante, extraite d'une publication récente[1] :

> « Plus on avance dans la connaissance de la civilisation égyptienne, plus on s'aperçoit que ce peuple était aussi doué d'un esprit scientifique, aussi bien théorique que pratique. Ses connaissances en mathématiques en donnent une belle preuve.
> Les Grecs avaient une très haute opinion des mathématiques égyptiennes, et les plus célèbres des mathématiciens grecs ont souvent acquis leur savoir en Égypte, en faisant de longs voyages d'études sur place, ou même en y passant leur vie comme l'a fait Euclide.
> Et, si Démocrite peut se vanter en disant : *"En ce qui concerne la construction des lignes avec des preuves, personne ne*

---

1. S. Couchoud, *Mathématiques égyptiennes*, Éditions Le Léopard d'or, Paris, 1993, p. 1 ; le travail de traduction est très précis, mais l'auteur n'est visiblement pas accoutumée à la *res mathematica* ni à la terminologie mathématique : elle parle, par exemple, d'un « nombre infini (*sic*) de décimales », de la multiplication qui se fait « curieusement » par additions successives, ce qui n'a rien de « curieux », puisque c'est le propre de la multiplication.

La mathématique égyptienne : une fable et une imposture

me surpasse, même pas les célèbres tireurs de cordes égyptiens", cette référence fondamentale [*sic*!] est la preuve d'une compétence exemplaire des arpenteurs égyptiens.

Il y a pourtant une différence importante entre les mathématiques grecques et celles de l'Égypte pharaonique. Les Grecs s'intéressaient aux formules et aux théories et ils apportaient à leurs démonstrations des preuves. Les Égyptiens, pour leur part, s'intéressaient avant tout aux résultats de leur calcul, et, s'ils recherchaient également des preuves pour ces derniers, ce n'était que dans le but de démontrer leur exactitude numérique.

L'élément probant qui tend à montrer que nous sommes en présence d'une vraie science est le fait que les mathématiques de l'Égypte ancienne aient créé un vocabulaire spécifique pour désigner les éléments mathématiques, ainsi, par exemple, *íhí* = "tas" [*en langue courante*] pour un élément inconnu, et *spd* = "pointe" [*en langue courante*] pour un triangle, etc. »

L'auteur de ces lignes est une remarquable spécialiste de l'écriture et de la philologie égyptiennes, mais son admiration – légitime – pour l'Égypte ancienne l'égare quelque peu lorsqu'elle parle de celle que pouvaient éprouver les savants grecs. Lorsqu'elle affirme que « *les plus célèbres mathématiciens grecs ont souvent acquis leur savoir en Égypte* », elle rapporte simplement une légende relative à Thalès, le créateur de l'école philosophico-scientifique de Milet, au VIe siècle av. J.-C., qui est née et qui s'est répandue à Athènes, dans les milieux platoniciens et aristotéliciens, vers 350 av. J.-C., quelque cent cinquante ans après la mort de ce personnage dont aucun document, aucune source ne nous prouve qu'il ait visité l'Égypte : pas un seul philosophe ou géomètre grec ultérieur ne le confirme. Quant à la petite phrase de Démocrite, le créateur (vers 450 av. J.-C.), avec Leucippe, de l'atomisme, elle énonce exactement le contraire de ce qu'affirme un peu trop rapidement

L'égyptomanie, une imposture

Mme Couchoud, qui ne semble pas avoir compris le sens de sa propre citation : quand le philosophe prétend qu'en ce qui concerne « la construction des lignes *avec des preuves...* » personne, parmi les « tireurs de cordes égyptiens », ne le surpasse, il oppose simplement la construction géométrique intuitive des arpenteurs à la démarche rationnelle du géomètre qui démontre *logiquement* la vérité d'une proposition en en faisant la conséquence logique de certaines prémisses. Ce que veut dire Démocrite, c'est que la *démonstration* d'une relation géométrique – démarche mathématique par excellence – est infiniment supérieure à la simple constatation expérimentale de cette relation, et que c'est en cela qu'il se distingue des Égyptiens. D'ailleurs, notre auteur le précise elle-même dans la phrase qui clôt cette citation : les Égyptiens s'intéressaient avant tout, écrit-elle, aux résultats de leurs calculs et de leurs mesures, et non pas à leur cohérence logique qui est l'essence du raisonnement géométrique. Et la « preuve » qu'elle donne du fait que, selon elle, les Égyptiens étaient de véritables géomètres, c'est qu'ils avaient créé un vocabulaire géométrique spécialisé !

Les « tireurs de corde » de l'ancienne Égypte n'étaient que de simples arpenteurs, ce n'étaient pas des géomètres, et ils n'étaient pas davantage de véritables arithméticiens ou de véritables algébristes : ils n'étaient que de vulgaires comptables. Le fait qu'il existe dans la langue égyptienne près de deux cents mots que le savant auteur, dont nous critiquons ici non pas le travail, mais la thèse, énumère, avec leur description hiéroglyphique, à la fin de son livre, ne prouve qu'une chose : que la langue égyptienne des scribes-comptables égyptiens possédait, en matière d'arithmétique et de géométrie, un vocabulaire riche et différencié. Elle contient en effet des mots ou des expressions comme : longueur, surface, volume, nombre, carré, racine carrée, élever un nombre

La mathématique égyptienne : une fable et une imposture

au carré, proportion, multiplier un nombre X par un nombre Y, soustraire, diviser X par Y, hauteur (d'une pyramide), panier (mot employé pour désigner une demi-sphère), base d'un triangle, calculer, rectangle, trapèze, un tiers, un quart, etc., mais cela ne signifie pas qu'ils savaient *raisonner* sur ces concepts, les combiner, en découvrir les propriétés, etc. N'importe quel brave Français moyen les connaît aussi, mais cela ne prouve pas qu'il soit un mathématicien : encore faut-il qu'il nous montre comment il sait les utiliser.

Quels sont donc les documents sur lesquels se fondent les égyptologues, pour affirmer – non parfois sans emphase – l'existence d'une mathématique égyptienne et pour la décrire ? En tout et pour, ils consistent en quatre papyrus, pas davantage, qui sont tous du Moyen Empire, donc postérieurs à 2000 av. J.-C. : ce sont là de bien pauvres sources en comparaison des dizaines de milliers de tablettes mathématiques cunéiformes, en sumérien, en akkadien, en babylonien et en assyro-babylonien, dont les plus anciennes remontent à la fin du IVe millénaire av. J.-C. et les plus récentes à l'époque perse, et c'est là une sorte d'imposture que de parler d'une « mathématique égyptienne » avec si peu de documents, et, nous le verrons plus loin, des documents très décevants.

Le premier de ces documents est un papyrus acheté en 1858 à Louxor par un collectionneur écossais, et qu'on nomme pour cette raison le *Papyrus de Rhind*. Il se compose de deux fragments de 33 centimètres de large, l'un de 205 centimètres de longueur et l'autre de 319 centimètres ; l'ensemble formait donc, initialement, un rouleau d'environ 5,24 mètres de longueur une fois déroulé : il est actuellement conservé au British Museum de Londres. Ce papyrus porte la mention ambitieuse suivante, écrite de la main du scribe – un certain Ahmose – qui l'a copié (en écriture hiératique) avec une encre noire très foncée et une encre rouge vif : « *Règles pour scruter la nature et pour connaître tout ce qui existe, chaque mystère, chaque secret. Considère que ce rouleau fut écrit en l'an 33, quatrième mois de la saison des inondations, sous le règne de Sa Majesté Apophis Aaouserré* [cinquième pharaon de la XVe dynastie, dite "des grands Hyksos", environ 1634-1526 av. J.-C.], *doué de vie, à l'image d'un écrit antique fait, au temps de Némarè* [ou Nimaatré = Amenemhat III, cinquième pharaon de la XIIe dynastie, 1853-1809 av. J.-C.], *roi de la Haute et de la Basse-Égypte.* » C'est un document contenant quatre-vingt-sept exercices de calcul et de géométrie élémentaires que nous analysons plus loin (par exemple : évaluation de la surface d'un carré, d'un rectangle, d'un triangle, d'un trapèze, comparaison de la surface d'un carré avec celle d'un cercle, etc., ou comment multiplier un nombre par un autre, comment diviser un nombre par un autre, comment calculer l'inverse d'un nombre, etc.). Un fac-similé en a été publié en 1898 par le British Museum ; il a été étudié partiellement par le Français Lenormant en 1867 et par le Britannique E. Peet en 1923, et sa première publication complète date de 1877 (par Eisenlohr, à Leipzig).

Le deuxième papyrus mathématique est conservé au Musée Pouchkine, à Moscou (il avait été acheté en 1893, à Thèbes, par un amateur russe ; sa publication complète, par W. W. Struve, date de 1930). Il contient vingt-cinq exemples simples de calculs numériques sur des grandeurs concrètes ou géométriques (par exemple le calcul du volume d'un tronc de pyramide ou la surface d'une demi-sphère).

Les deux autres documents sont d'un moindre intérêt : l'un, découvert en 1889 par Flinders Petrie à Kahun (ou Kahoun, ville construite en Basse-Égypte, à proximité du Fayoum, par Sésostris II), contient huit exercices élémentaires de calcul ; l'autre, d'origine inconnue, publié en 1900 par l'égyptologue allemand

La mathématique égyptienne : une fable et une imposture

Shack-Shackenburg, est conservé au musée de Berlin : il contient quatre petits textes dont deux sont trop détériorés pour qu'on puisse en tirer aucune information sérieuse, dont le troisième est l'énoncé d'un problème (non résolu) conduisant à une équation du second degré et dont le dernier concerne l'extraction de la racine carrée du nombre fractionnaire 6 1/4 et donne le résultat (exact) : 2 1/2.

À partir de ces textes, publiés et traduits dans le dernier tiers du XIXe siècle, les égyptomaniaques se mirent à rêver de la « science mystérieuse des pharaons », comme la qualifiait l'inénarrable abbé Moreux (1867-1954, astronome à ses heures), et les égyptologues y virent la confirmation de la tradition, instaurée par Hérodote, que les Égyptiens étaient les inventeurs de la géométrie et qu'ils avaient transmis leur savoir aux Grecs, en particulier à Thalès et à Pythagore : le maigre savoir contenu dans ces quatre fameux papyrus n'a rien, en effet, de scientifique, ne serait-ce qu'en raison de son caractère éminemment pragmatique.

La différence entre « pensée théorique » et « pensée pragmatique » (ou « utilitaire ») est fondamentale du point de vue de l'épistémologie et de l'histoire des sciences, car ces deux attitudes cognitives n'ont ni le même but ni les mêmes méthodes, et elles font appel, chez l'homme, à des facultés différentes. Le fait qu'elles aboutissent, toutes deux, à des *connaissances* ne permet pas de les confondre : le comptable le plus éblouissant, l'arpenteur le plus minutieux et le plus précis, qu'ils aient vécu sous les pharaons ou qu'ils exercent leur métier en ce XXIe siècle dans lequel nous vivons, ne doivent pas, ne peuvent pas être comparés ni à un arithméticien ni à un géomètre : leurs propos, leur but sont différents, même si le contenu de leur savoir semble identique quant à ses résultats. Une telle comparaison est une contre-vérité grossière, et se fonder sur elle pour prétendre que les anciens Égyptiens sont à l'origine de l'arithmétique et de la géométrie est une imposture... que les égyptologues, qui sont des historiens et/ou des épigraphistes, ont parfois tendance à commettre, à commencer par le premier d'entre eux, le vénérable Hérodote (v. 484-v. 420 av. J.-C.), que l'on peut considérer comme l'initiateur (brillant) de l'égyptomanie journalistique et qui n'avait sans doute pas la moindre notion de ce que devait être la géométrie telle que la concevait déjà son quasi-contemporain Platon (v. 427-347 av. J.-C.) et le raisonnement géométrique élémentaire (syllogistique) tel que devait le définir rigoureusement Aristote (384-322 av. J.-C.).

Se rapportant aux dires des prêtres qu'il donne comme la source de ses informations sur l'Égypte des pharaons, Hérodote écrit en effet (*Histoires*, II, 109) :

> « Ce roi [*Sésostris III, dont les prêtres ont longuement parlé à Hérodote*], disaient les prêtres, partagea le sol entre tous les Égyptiens, attribuant à chacun un lot carré égal aux autres ; et c'est d'après cette répartition qu'il établit ses revenus, prescrivant qu'on lui payât un impôt mensuel. S'il arrivait que le fleuve enlevât à quelqu'un une partie de son lot, son propriétaire venait le trouver et l'informait de ce qui s'était passé ; le roi envoyait des gens pour examiner et mesurer de combien le terrain était amoindri, afin qu'il fût accordé, à l'avenir, une réduction proportionnelle de cet impôt. **C'est ce qui donna lieu, à mon avis, à l'invention de la géométrie, que les Grecs rapportèrent dans leur pays.** »

Bien des égyptologues ont accueilli cet « avis » d'Hérodote comme argent comptant et passent sous silence la restriction sceptique de Diodore de Sicile qui, dans sa *Bibliothèque historique* (I, 69), laisse entendre qu'il s'agit d'une « vantardise » des Égyptiens :

> « Les Égyptiens [*il s'agit sans doute des prêtres égyptiens, dépositaires du savoir de leur peuple*] **se vantent** d'être les premiers

La mathématique égyptienne : une fable et une imposture

inventeurs des lettres et les premiers observateurs des astres. **Ils assurent aussi** que la science de la géométrie ainsi qu'un grand nombre d'autres ont pris naissance sur leur sol. »

Il est important de noter que Diodore écrit au Ier siècle av. J.-C., c'est-à-dire à l'époque hellénistique, et que, depuis deux siècles, l'Égypte est devenue un royaume grec et Alexandrie la capitale intellectuelle – philosophique et scientifique – du monde méditerranéen, où ont fleuri, deux siècles plus tôt, les deux plus grands géomètres grecs de l'Antiquité : Euclide, qui a codifié définitivement la géométrie plane et la géométrie dans l'espace, et Apollonios de Perga, qui créa la théorie des coniques (l'ellipse, l'hyperbole et la parabole). Comparées à ces deux œuvres géniales sur lesquelles repose encore notre savoir géométrique, les prétentions des prêtres égyptiens ne sont que des rodomontades... qui alimentent le délire égyptomaniaque moderne ; il n'est que de lire notre auteur pour constater qu'il existe un abîme entre les connaissances « géométriques », pragmatiques et rudimentaire, des anciens Égyptiens et celles des géomètres grecs de l'époque... qui étaient encore au programme du concours d'entrée à l'École polytechnique il y a une cinquantaine d'années. Diodore écrit en effet, dans sa *Bibliothèque historique* (I, 81) :

> « Les prêtres s'appliquent beaucoup à la géométrie et à l'arithmétique parce que le fleuve [*le Nil*] change pour ainsi dire chaque année la figure du pays. Ce changement engendre entre les propriétaires terriens de nombreux procès concernant les limites de leurs domaines, qui seraient malaisés à juger équitablement sans l'aide des géomètres qui ont les connaissances et l'habileté nécessaires pour les remettre sur la voie de la vérité. Quant à l'arithmétique, elle leur sert dans l'économie de la vie privée et dans les spéculations de la géométrie. »

L'égyptomanie, une imposture

L'examen des quatre-vingt-sept exercices proposés dans le Papyrus de Rhind, le seul document qui soit suffisamment long pour que nous puissions nous faire une idée de l'attitude intellectuelle des « mathématiciens » égyptiens, nous montre que leur savoir se limite à des pratiques de calcul et de mesures des surfaces usuelles (du carré, des triangles, etc.) ; ni dans ce document ni dans aucun des quatre autres papyrus qui nous soient parvenus, on ne trouve l'énoncé d'une quelconque propriété soit de certains nombres, soit des figures usuelles ; ils ne contiennent même pas un embryon de table numérique comparable aux tables d'addition et de multiplication qu'on enseigne aux enfants dans les écoles primaires ou à la table de Pythagore, qui témoignerait de la prise de conscience par les calculateurs égyptiens de règles générales de calcul, en bref aucune des sources dont nous disposons ne nous apporte le témoignage de l'existence, chez ces comptables, d'une pensée abstraite, conceptuelle et généralisante, capable de dépasser le simple calcul utilitaire. Le premier diagnostic que nous pouvons donc poser, face à ces cinq malheureux papyrus, quant à l'existence d'une pensée mathématique chez les anciens Égyptiens, est négatif : ces documents ne manifestent aucune tendance ni à la généralisation des opérations décrites, ni à l'étude des propriétés des nombres, qui pourrait évoquer l'existence chez eux d'une pensée « arithmétique », comme elle s'était manifestée chez les Mésopotamiens (Sumériens, Akkadiens et Assyro-Babyloniens) mille cinq cents ans avant l'époque où fut rédigé le Papyrus de Rhind.

Pour le bonheur des historiens, ces derniers peuples ont utilisé, comme support de leur écriture, des tablettes d'argile séchée au soleil, pratiquement indestructibles (on en a retrouvé des milliers, enfouies dans les sables de l'Iraq moderne), conservées, la plupart du temps, dans les « bibliothèques » de l'époque et, parmi elles, un

La mathématique égyptienne : une fable et une imposture

très grand nombre de tables de calcul, analogues à nos modernes tables de logarithmes ou tables trigonométriques. Ces tables, qui ont joué un rôle fondamental dans le développement des mathématiques de l'ancien âge babylonien, ont été découvertes sur les sites de la plupart des cités-États de l'ancienne Mésopotamie, sumériennes (Kish, Uruk, Ur, Umma, Lagash, Shurupack), akkadiennes (Akkad), babyloniennes (Babylone) ou assyro-babyloniennes (Assur, Nimrud, Ninive, Khorsabad), ce qui prouve leur caractère en quelque sorte institutionnel. Le nombre important de ces tablettes, leur dispersion à travers les principaux sites de la Mésopotamie, le caractère formel et homogène de leur présentation sont la preuve du haut degré de généralisation et de conceptualisation qu'avaient atteint les scribes spécialisés dans les arts non seulement du calcul, mais aussi de la combinatoire numérique, ce qui permet de les considérer comme des « mathématiciens » au sens plein, qualificatif qu'il est illégitime d'appliquer au calculateur inconnu dont le scribe Ahmose a copié fidèlement les calculs, comme nous le montrons ci-après [1].

Alors qu'il n'existe pas un seul document égyptien – stèle, inscription sur les murs des temples ou des tombeaux – autre que le Papyrus de Rhind et ceux de Moscou, de Kahun et de Berlin qui fasse allusion, soit par une mention hiéroglyphique, soit par une représentation figurée, à l'existence de scribes-calculateurs dans la société pharaonique, les documents de ce genre ne manquent pas en Mésopotamie. Leur abondance, leur

---

[1]. Notre démonstration se fonde sur les quatre-vingt-sept calculs proposés dans le Papyrus de Rhind ; les vingt-cinq exercices du papyrus de Moscou sont du même type et du même niveau arithmétique, mais les nombres y sont notés en toutes lettres (si l'on peut dire !), et non pas avec les hiéroglyphes connotant les unités, les dizaines, les centaines, etc., comme dans le Papyrus de Rhind.

variété sont significatives et témoignent du rôle que jouait la science des nombres dans la société sumérienne, dès le début du IIIe millénaire av. J.-C., c'est-à-dire mille cinq cents ans avant le règne de Ramsès II : « *C'est surtout dans la seconde moitié du IIIe millénaire que le système scolaire sumérien s'épanouit et prospéra,* écrivait le sumérologue S.N. Kramer en 1957. *On a déjà mis au jour des dizaines de milliers de tablettes d'argile datant de cette période, et il est à peu près certain qu'il en reste des centaines de mille encore enterrées qui attendent les fouilles à venir [...]. Nous apprenons par elles que le nombre de scribes qui pratiquaient leur profession au cours de cette même période atteignait plusieurs dizaines de milliers [...]. Les professeurs sumériens élaboraient également diverses tables mathématiques et de nombreux problème détaillés accompagnés de leur solution [...]* [1]. » Ce rôle s'accroîtra et s'élargira dans les cités-États que créeront les envahisseurs sémites au cours du dernier tiers du IIIe millénaire comme Akkad (à partir de 2370 av. J.-C., à l'époque où se termine, en Égypte, l'Ancien Empire), Assur (v. 2100 av. J.-C.) et Babylone (v. 1900 av. J.-C.), et l'on peut affirmer sans hésiter que les milliers de tablettes mathématiques cunéiformes qui nous sont parvenues prouvent l'existence d'une pensée mathématique théorique en Babylonie à ces époques. La création et l'usage systématique par les scribes des tables numériques témoignent de leur *aptitude à penser des concepts généraux et abstraits* (les concepts de nombre, de somme, de produit, etc.) indépendants des réalités concrètes qu'ils recouvrent ; le contenu des problèmes combinatoires qu'ils posent et qu'ils résolvent sans faire appel à une quelconque expérience, par le jeu de ces tables et des formules de calcul, témoigne de la nature *théorique* de leur démarche. Rien de tout cela n'apparaît

---

1. *L'histoire commence à Sumer, op. cit.*, p. 41 *sqq.*

La mathématique égyptienne : une fable et une imposture

dans les balbutiements du Papyrus de Rhind, dont nous allons maintenant décrire les insuffisances.

*

Ce papyrus comporte, avons-nous dit, quatre-vingt-sept exercices de calcul numérique ; il a été publié en entier pour la première fois en 1877 sous le titre, un tantinet abusif, de *Manuel mathématique des anciens Égyptiens*, par l'égyptologue allemand Eisenlohr, qui a numéroté ces exercices de 1 à 87, et une seconde fois, avec sa traduction et un commentaire, par E. Peet en 1923[1]. Le texte que contient ce document décrit les procédés de calcul qui doivent être employés pour les résoudre : il s'agit donc bien d'un « manuel » et non pas d'un « traité ». Les trente-huit premiers numéros concernent les quatre opérations fondamentales de l'arithmétique ; le n° 39 expose une méthode pour calculer une progression arithmétique ; les n°s 40 à 60 ont trait à des calculs de volumes et de surfaces ; les n°s 61 à 79 examinent des problèmes arithmétiques variés (partages proportionnels, divisions d'un nombre en parties inégales, progressions arithmétiques et géométriques simples) ; les n°s 80 à 84 sont des applications de ces procédés à des situations concrètes (états de nourriture d'une basse-cour, d'une étable, etc.). Les trois derniers numéros connotent un groupe de hiéroglyphes incompréhensible (n° 85), des fragments de comptes (n° 86) et des indications chronologiques (n° 87). Ces procédés sont appliqués en quelque sorte « mécaniquement », sans aucune justification, et le scribe-calculateur anonyme encourage régulièrement son lecteur par des formules

---

[1]. A. Eisenlohr, *Ein mathematisches Handbuch der alten Ægypter*, Leipzig, 1877 et Eric Peet, *The Rhind Mathematical Papyrus*, Liverpool, 1923.

L'égyptomanie, une imposture

pédagogiques telles que : « Voilà ce qu'il faut faire » ou « Tu as trouvé juste », qui ne sont pas sans évoquer le « CQFD » des géomètres grecs.

À l'instar de la plupart des peuples de la terre, à l'exception des Sumériens et des Assyro-Babyloniens, les Égyptiens comptaient sur leurs dix doigts, et possédaient de ce fait un système *décimal* de numération, ce qui n'a absolument rien d'extraordinaire. Ils représentaient l'unité par un bâton, la dizaine d'unités par un autre signe, et ainsi de suite pour la centaine, le millier, la dizaine de milliers, etc., d'unités, comme l'indique le tableau ci-dessous ; ces sept signes étaient l'équivalent de nos « chiffres romains » : I, X, L, C, D, M. Un nombre comme 3 584 216 s'écrivait donc en répétant trois fois le signe 𓁨, 5 fois le signe 𓆑, et ainsi de suite :

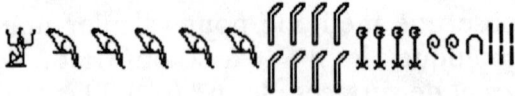

Tableau 4.
Les hiéroglyphes numériques égyptiens

unité	I	dizaine de milliers d'unités	𓆑
dizaine d'unités	∩	centaine de milliers d'unités	𓆣
centaine d'unités	ℓ	million d'unités	𓁨
millier d'unités	𓆼		

La mathématique égyptienne : une fable et une imposture

Il faut souligner ici que l'appellation « chiffres romains », « chiffres égyptiens », est un abus de langage fréquent, mais ce n'en est pas moins une appellation totalement erronée. Un *chiffre*, au sens arithmétique rigoureux du terme, c'est un symbole dont la valeur numérique dépend de sa position (de son rang) à l'intérieur d'un nombre. Par exemple, dans notre système décimal, le nombre 1 111 111 s'écrit avec sept symboles « 1 » qui signifient, de gauche à droite : 1 million, 1 centaine de mille, 1 dizaine de mille, 1 millier, 1 centaine, 1 dizaine, 1 unité ; le signe « 1 » est donc bien un « chiffre ». En revanche, le nombre qui s'écrit avec les sept hiéroglyphes « I », IIIIIII, signifie tout simplement « sept unités » : le signe « I » n'est donc pas un « chiffre ». Le système de numération égyptien était d'ailleurs un procédé de notation des nombres par *juxtaposition additive* de signes. Ce fut aussi celui des Grecs et des Romains, et il a été utilisé par tous les peuples de la terre jusqu'à la fin du Moyen Âge occidental, à l'exception des peuples de la Mésopotamie. C'est un procédé pragmatique, comparable au calcul par *jetons* utilisé en Occident jusqu'au XVIIe siècle (que l'on se souvienne de la première scène du *Malade imaginaire*, dans laquelle Argan vérifie les comptes de son apothicaire, et que l'on songe à la manière dont les joueurs de belote marquent encore leurs points de nos jours).

Toutefois, ce procédé est trop lourd pour être utilisé par les arithméticiens, qui utilisent (depuis une douzaine de siècles) un système de numération fondé sur la *position* des signes numériques à l'intérieur d'un nombre, et qu'on enseigne de nos jours aux enfants dans toutes les écoles du monde. Il a été mis au point au VIIIe siècle de notre ère par les mathématiciens musulmans – arabes ou perses – de Bagdad, mais il était déjà utilisé par les mathématiciens sumériens (sans les « chiffres »), trois mille ans avant notre ère ; il leur a permis de construire les tables numériques auxquelles nous avons déjà fait allusion et de développer une algèbre des équations (du premier et du second degré) tout à fait remarquable. Il disparaîtra avec la conquête perse de la Mésopotamie au VIe siècle av. J.-C. (Cyrus II le Grand, roi des Perses, s'emparera de Babylone en 539 av. J.-C.).

Les insuffisances du système de numération égyptien et l'absence de tables numériques qui en fut la conséquence expliquent que l'arithmétique, conçue comme l'art de calculer sur des nombres connus, et, à plus forte raison, l'algèbre des équations ne se soient pas développées dans l'ancienne Égypte où, de surcroît, la classe des scribes-calculateurs était inexistante, en comparaison de celles des prêtres et des fonctionnaires, alors qu'elle occupait une place importante dans les cités-États mésopotamiennes. Ce manque de tables gênait sans doute considérablement les Égyptiens quand il s'agissait de faire des multiplications ou des divisions, à en juger par les méthodes employées dans le Papyrus de Rhind, ce qui explique l'inexistence, absolue, chez eux de leur savoir algébrique.

1. Addition et soustraction

Pour additionner deux nombres a et b, il suffit de réunir leurs hiéroglyphes, ce qui donne immédiatement le nombre $c = a + b$ en hiéroglyphes :

℮∩|||	113
∩∩||	+ 24
∩|||	+ 16
----	----
℮∩∩∩|||	153

La mathématique égyptienne : une fable et une imposture

La soustraction $a - b$ se fait de la même façon : par élimination des hiéroglyphes numériques communs aux deux nombres on obtient l'expression hiéroglyphique de leur différence.

2. *Multiplication*

Pour multiplier un nombre a par 2, il suffit d'écrire deux fois, à la suite les hiéroglyphes qui transcrivent a ; par exemple, si $a = 23 = \cap$III, on obtient immédiatement :

$$a \times 2 = \cap\cap\atop\cap\cap \text{IIIIII} = 46$$

Soit maintenant à multiplier $a = 23$ (multiplicande) par $b = 11$ (multiplicateur). Le scribe va d'abord effectuer plusieurs multiplications par 2 successives et obtenir la série de produits partiels suivante, en doublant successivement chaque produit partiel :

1 fois 23	=	23
2 fois 23	=	46
4 fois 23	=	92
8 fois 23	=	184

Il écrit ce calcul intermédiaire sous la forme de deux colonnes de nombres :

1	23
2	46
4	92
8	184

Il coche ensuite, dans la colonne de gauche, les nombres dont la somme est $b = 11$ (soit 1, 2 et 8) et additionne les produits partiels correspondants (soit 23, 46 et 184) dans la colonne de droite, dont la somme est le résultat cherché de la multiplication $a \times b$:

$$23 + 46 + 184 = 253$$

Son calcul ne comporte que des duplications et des additions et peut se décomposer ainsi :

$$23 \times 11 = 23 \times (1 + 2 + 8) = 23 + 46 + 184 = 253$$

Le procédé de calcul est long, surtout si les nombres à multiplier sont grands, et c'est là sans doute la raison pour laquelle les Égyptiens n'ont pu élaborer une combinatoire numérique étendue, comme ont pu le faire les Mésopotamiens, qui se servaient de tables de multiplication dans lesquelles ils n'avaient qu'à lire le résultat cherché. Le calculateur égyptien était dans la situation d'un comptable moderne qui devrait faire à la main de longues additions, le calculateur babylonien dans celle d'un comptable qui les ferait à l'aide d'une calculatrice (rudimentaire).

3. Division

La division d'un nombre a (dividende) par un nombre b (diviseur) est une opération qui consiste à chercher un troisième nombre q tel que $a = bq$; elle est équivalente à une multiplication dont le multiplicateur, q, serait inconnu. Pour trouver q, les Égyptiens procédaient par une série de décompositions partielles, comme pour la multiplication.

La mathématique égyptienne : une fable et une imposture

Soit à calculer, par exemple, le quotient de 104 par 8. Le scribe écrit (en hiéroglyphes), comme précédemment :

$$\begin{aligned} 1 \text{ fois } 8 &= 8 \\ 2 \text{ fois } 8 &= 16 \\ 4 \text{ fois } 8 &= 32 \\ 8 \text{ fois } 8 &= 64 \\ 9 \text{ fois } 8 &= 72 \end{aligned}$$

et il constate que :

$$(4 + 9) \times 8 = 32 + 72 = 104$$

d'où il tire :

$$q = 4 + 9 = 13$$

Ici aussi, lorsqu'il s'agit de grands nombres, le procédé de calcul est très long. Les Mésopotamiens ramenaient la division de a par b à une multiplication de a par l'inverse $1/b$ de b et avaient construit, à cet effet, des *tables d'inverses* ; mais, dans ce domaine aussi, il n'y a aucune mesure entre les bribes de savoir arithmétique que contient le Papyrus de Rhind et les impressionnantes collections de tablettes cunéiformes produites pendant des siècles par les mathématiciens mésopotamiens.

4. Fractions

Si le système de numération des anciens Égyptiens et les méthodes de calcul élémentaires (et les règles concernant les quatre opérations), telles qu'elles sont exposées dans le Papyrus de Rhind, ne semblent pas être des prouesses culturelles, le calcul des fractions, auquel sont consacrés, totalement ou partiellement, les deux tiers de ce document (les trente-neuf premiers numéros du papyrus et les numéros 61 à 84), est particulièrement intéressant, car on y perçoit comme l'écho des préoccupations arithmétiques quotidiennes de ce peuple, en rapport avec le système économique et social institué par le régime pharaonique et qui n'a pratiquement pas varié depuis les premiers souverains (thinites) jusqu'à la conquête perse. Dans ce pays où toutes les terres appartenaient soit au pharaon (qui fut amené à les partager avec les nomarques et quelques hauts fonctionnaires à partir du Moyen Empire), soit aux temples, où la monnaie n'existait pas [1], le besoin se fit sentir très précocement non seulement de répartir les biens de consommation courante (nourriture, habitation, vêtements) entre les membres des communautés rurales ou artisanales, mais encore de gérer les richesses de l'État et des temples (fourniture des semences, des outils et des matières premières, comptabilisation de la production, gestion des greniers nationaux et régionaux, etc.). D'où le rôle important de cet outil arithmétique que sont les fractions, indispensables pour résoudre les problèmes de partages proportionnels qui se posaient en permanence à tous les niveaux : nationaux, régionaux et communautaires [2].

L'unique signe fractionnaire de l'écriture hiéroglyphique est le signe ⬄ surmontant un nombre n : il signifie la $n^{\text{ième}}$ partie de l'unité, c'est-à-dire la fraction $1/n$, par exemple :

---

1. Elle n'apparaîtra que vers la fin du Nouvel Empire.
2. Ces problèmes ne se posaient pas avec autant d'acuité dans les cités-États sumériennes et assyro-babyloniennes et les mathématiciens pouvaient d'ailleurs les résoudre avec leurs tables d'inverses.

La mathématique égyptienne : une fable et une imposture

$\overset{\frown}{\mathrm{III}} = 1/3 \qquad \cap \overset{\frown}{\mathrm{IIII}} = 1/15 \qquad \cap\cap\overset{\frown}{\mathrm{IIIII}} = 1/65 \qquad \overset{\frown}{n} = \dfrac{1}{n}$

Toute fraction égyptienne se présente donc comme un *quantième* de l'unité (son numérateur est toujours égal à 1) ; seule la fraction 2/3, qui s'écrit : ⟔, fait exception : le calculateur du Papyrus de Rhind s'en sert pour calculer le tiers d'une quantité (d'un « tas », selon la terminologie de ce papyrus) : il en prend les deux tiers et divise le résultat par 2. À lire les différents exercices de ce document qui aboutissent à un calcul sur les fractions, il apparaît que ce concept était relativement clair dans l'esprit de son auteur, car, chaque fois qu'il s'en présente un le résultat est toujours correct. Cela montre que le scribe a eu l'intuition du caractère général du procédé de calcul utilisé : de ce point de vue, on peut le dire « mathématicien ». Mais aucun autre document ne nous suggère que ce mode de calcul fût répandu, ni qu'à l'époque où fut écrite la version originale du Papyrus de Rhind (sans doute à la fin du Moyen Empire) il aurait déjà existé, dans l'ancienne Égypte, une classe de scribes-calculateurs comme cela avait été le cas, deux mille ans plus tôt, dans les cités mésopotamiennes. Tout ce que nous pouvons affirmer, c'est que l'auteur inconnu de ce texte possédait un certain savoir arithmétique général, qui était encore apprécié deux siècles après sa mort, puisqu'un scribe avait pris la peine de faire une copie de son manuscrit, sans doute d'après une précédente copie de l'original ; mais ce savoir était limité et n'avait pas varié depuis la mort de son détenteur, deux siècles auparavant. Est-ce à dire que l'arithmétique n'était pas cultivée en Égypte et que l'on s'y contentait de procédés empiriques ? La rareté des documents nous conduit à le penser.

5. Géométrie

Il ne faut pas confondre la géométrie, entendue comme la science dont l'objet est l'étude rationnelle des propriétés et des dimensions des figures planes ou dans l'espace, avec l'arpentage, qui est l'art de mesurer expérimentalement des longueurs, des surfaces, des volumes et des capacités. La première procède par le raisonnement pur, partant de définitions et d'axiomes pour aboutir à des conséquences dont les énoncés constituent autant de *théorèmes* : l'histoire de la géométrie commence non pas avec la découverte – intuitive ou expérimentale – de telle ou telle propriété des figures, mais avec leur démonstration rigoureuse, comme l'ont exigé Platon et Aristote et comme l'a réalisé Euclide. De ce point de vue, les anciens Égyptiens n'ont jamais été des géomètres : ils n'ont été que de simples arpenteurs, mesurant les longueurs en *coudées* (1 coudée ≈ 52,5 cm) et en *palmes* (1 *coudée* = 7 *palmes*), les surfaces en *aroures* et les volumes ou capacités en *boisseaux*. Et lorsque Mme Couchoud, dont les compétences égyptologiques sont par ailleurs indiscutables, se laisse aller à écrire : « *Désormais le théorème de Pythagore n'appartient plus à Pythagore, et Euclide et Archimède se font prendre en flagrant délit d'inspiration puisée à des connaissances qui viennent d'ailleurs et qui sont connues et couramment pratiquées depuis plus de mille ans avant eux* », son enthousiasme pour l'Égypte ancienne dépasse les limites du raisonnable, d'autant que son argumentation, faite de pétitions de principes, est déconcertante :

> « L'élément probant qui tend à montrer que nous sommes en présence d'une vraie science est le fait que les mathématiciens [*sic*!] de l'Égypte ancienne ont créé un vocabulaire technique spécifique pour désigner les éléments mathématiques [*qu'est-ce donc qu'un « élément » mathé-*

La mathématique égyptienne : une fable et une imposture

matique ?], ainsi, par exemple, *ḥ*, "tas" pour un élément inconnu, *spd*, "pointe" pour un triangle, etc. Des termes qui existaient dans la vie courante sont en fait devenus des termes proprement mathématiques au sens moderne du terme, en même temps que spécifiques [*obscurum per obscurius* ! !] » (*op. cit.*, p. 2).

Un mathématicien ne crée pas un « vocabulaire spécifique », il définit des concepts, auxquels il donne un nom emprunté au vocabulaire de la langue qu'il emploie (par exemple, les algébristes modernes ont créé les concepts d'*ensemble*, de *groupe*, d'*anneau*, de *corps* en donnant à ces mots un sens nouveau) ; le fait d'employer des termes ou des expressions comme « surface », « soustraire » ou « élever au carré » n'implique pas obligatoirement que celui qui l'emploie ait d'abord posé une définition *mathématique* (ou *logique*) du concept auquel ces termes font référence. Qu'un scribe égyptien désigne par le mot *spd* une figure triangulaire n'implique en rien qu'il possède la notion générale de « triangle », c'est-à-dire qu'il l'ait définie comme « une figure plane à trois côtés rectilignes » par exemple, ou, plus abstraitement, comme « un polygone plan à trois côtés ». De plus, s'il s'en tient à cette définition, notre scribe n'est pas encore un géomètre : il ne le deviendra que lorsqu'il démontrera, en partant de cette définition, les propriétés de cette figure, comme le soulignait en 1934 O. Neugebauer[1].

« Le critère d'une connaissance mathématique doit être l'existence, à la base de cette connaissance, de la notion de preuve [...]. Les mathématiques égyptiennes n'ont jamais atteint un niveau d'explication des procédés mis en œuvre, tel qu'on puisse le considérer comme une preuve. »

---

1. O. Neugebauer, *Vorgriechische Mathematik*, Berlin, 1934.

L'égyptomanie, une imposture

En résumé, et pour conclure, le savoir que l'on prétend « mathématique » des anciens Égyptiens n'est qu'un savoir-faire simpliste relatif au calcul élémentaire et à l'arpentage. Comparée à la prodigieuse science des nombres et à celle de la combinatoire algébrique qu'ont possédées et exploitées les Sumériens et les Sémites auxquels ils ont transmis leur science, qui était théorique, abstraite et générale et non point pragmatique et particulière, la mathématique égyptienne a été inexistante.

IX.

L'astronomie égyptienne : un leurre

La vie et les prouesses de ces promoteurs immobiliers qu'étaient les pharaons nous sont contées par des centaines, voire des milliers de bas-reliefs et de peintures muettes, par les inscriptions qu'ils ont ordonné de graver sur les murs des centaines de temples et de bâtiments funéraires (pyramides, mastabas, complexes funéraires) qu'ils ont fait construire par leur peuple, sur les innombrables stèles dont ils ont parsemé les lieux de leurs exploits : ce sont là des sources tangibles, à défaut d'être véridiques, qui permettent aux égyptologues d'énumérer la succession des règnes et les rares événements qui les ont marqués au cours des quelque deux mille années qui séparent la naissance de l'Ancien Empire (vers 2700 av. J.-C.) de la conquête de l'Égypte par les Perses (525 av. J.-C.). En revanche, pour ce qui concerne les événements culturels, et en particulier l'histoire des sciences, on vient de le voir, nous ne possédons qu'une source utilisable et une seule, le Papyrus de Rhind, qui a trait aux mathématiques (*sic*) des anciens Égyptiens, et, pour l'astronomie, la situation est pire encore : il ne nous est parvenu rigoureusement aucun document, aucune inscription en rapport avec cette discipline, ni même avec l'astrologie qui en est la caricature superstitieuse. Nous ignorons donc totalement en quoi consis-

L'égyptomanie, une imposture

taient les connaissances astronomiques des Égyptiens au temps des pharaons : nous ne pouvons que les déduire de quelques représentations figurées, parfois accompagnées de brèves légendes, ornant des monuments funéraires récents (toutes remontant au Nouvel Empire).

En dépit de cette absence totale de sources, les égyptomaniaques ont inventé de toutes pièces une « astronomie égyptienne » en *interprétant*, sans aucune justification, des représentations célestes (bas-reliefs, peintures) figurant sur les monuments funéraires ou dans les décorations qui ornent certains sarcophages du Moyen Empire (encore ces ornements sont-ils stéréotypés, ce qui laisse planer un large doute sur leur intérêt). Signalons au passage que les « zodiaques » peints qui ornent les plafonds de certains temples n'ont rien d'égyptien : il a été largement montré, depuis plus d'un siècle, qu'il s'agissait d'une ornementation tardive en rapport avec les concepts créés par l'astronome-géographe-mathématicien grec Claude Ptolémée (v. 90-v. 168 apr. J.-C., de l'École d'Alexandrie), auteur, par ailleurs, d'un traité d'astrologie (le premier du genre), connu sous le titre de *Tetrabiblion*, qui est aux origines de ce faux savoir, en rapport jadis avec les superstitions et, de nos jours, avec l'art d'escroquer ses semblables.

En définitive, les seules indications que nous possédions sur les connaissances astronomiques des Égyptiens au temps des pharaons sont de type pratique : elles nous sont fournies par l'orientation de certains monuments et par leur calendrier luni-solaire. Toutefois, nous disposons de deux papyrus écrits en démotique et datant de l'époque où l'Égypte était une province romaine (au IIe siècle de notre ère), les Papyrus Carlsberg I et IX[1],

---

1. Il semble cependant que les Papyrus Carlsberg dérivent de sources antérieures à la conquête d'Alexandre (sans doute de sources mésopotamiennes).

L'astronomie égyptienne : un leurre

selon la nomenclature des égyptologues, dont le contenu ne semble pas avoir été influencé par l'astronomie hellénistique (le second de ces deux documents décrit une méthode pour prévoir les phases de la lune). Certes, les égyptomaniaques ont évoqué – et parfois évoquent encore – l'existence d'une science secrète et perdue dont les prêtres de l'ancienne Égypte auraient été les dépositaires (le plus ridicule, en la matière, fut l'abbé Moreux, auteur, en 1923, d'un ouvrage intitulé *La Science mystérieuse des Pharaons* qui eut son heure de succès dans les milieux mondains des années 1930), mais on peut leur rétorquer ce jugement sans appel d'O. Neugebauer, déjà évoqué dans ce livre[1] :

> « L'astronomie égyptienne se contentait d'une description qualitative très sommaire des phénomènes [...] et nous n'y trouvons aucune trace de méthode scientifique [...]. C'est une *erreur grave* que d'accorder aux documents égyptiens, qu'ils soient mathématiques ou astronomiques, la qualification glorieuse d'œuvres scientifiques, ou que d'admettre l'existence d'une science encore inconnue, secrète ou perdue, que l'on est bien incapable de déceler dans les textes qui nous sont parvenus. »

Parmi ces « erreurs graves » – on peut même écrire « parmi ces sottises » – figurent des affirmations du genre des suivantes :
– le périmètre de la base de la pyramide de Chéops, exprimé en pouces et divisé par 100, est égal au nombre de jours solaires moyen d'une année ;
– la hauteur h de la pyramide est égale au rayon R d'un cercle dont la circonférence serait égale au périmètre p de sa base ;

---

1. Cf. ci-dessus, p. 201.

– donc [! !], puisque $p = 2\pi R$, la valeur de π est : $\pi = p/2R$;
– le poids de la Terre est égal à un milliard de millions de fois celui de la pyramide ;
– la coudée égyptienne n'est autre que la coudée sacrée des Hébreux, telle que l'a déterminée Newton ;
– etc.

Oublions donc ces considérations, qui traînent encore dans certaines revues de vulgarisation historico-scientifiques plus préoccupées de l'importance de leur tirage que de vérité, et tentons de reconstituer ce qu'a pu être le savoir astronomique des anciens Égyptiens. Pour l'apprécier à sa juste valeur, il nous faut répondre aux deux questions préliminaires suivantes : 1°. existait-il des astronomes dans l'Égypte pharaonique ? 2°. de quels instruments d'observation faisaient-ils usage ?

À la première question on ne peut répondre que par la négative. Les nuits de l'Orient méditerranéen sont belles, rarement fraîches et, notamment quand elles sont sans lune, de nombreuse étoiles sont remarquablement visibles à l'œil nu et repérables dans le ciel[1]. Il est donc plus que vraisemblable que les habitants de la vallée du Nil aient pris l'habitude de les contempler, de les voir se lever, c'est-à-dire apparaître au-dessus de l'horizon, dans la direction de l'orient, puis décrire une trajectoire en arc de cercle dans le ciel et se coucher vers l'occident, pour réapparaître à la nuit prochaine, mais aucune source, hiéroglyphique ou imagée (sinon tardive et plus ou moins légendaire), ne fait allusion à l'existence, dans l'ancienne Égypte, d'observateurs « professionnels » qui noteraient régulièrement, chaque soir ou chaque nuit,

---

1. L'astronome grec Hipparque de Nicée, qui fit la plupart de ses observations astronomiques (à l'œil nu) à Rhodes et à Alexandrie entre 161 et 127 av. J.-C., a dressé un *Catalogue* d'environ 800 étoiles.

L'astronomie égyptienne : un leurre

en quel point de l'horizon tel astre, telle constellation fait son apparition à l'horizon, ou qui proposeraient une tentative d'explication de ce phénomène. Il n'y avait pas d'astronomes, au sens strict, dans l'Égypte pharaonique, où la surveillance – et non la science – des astres était réservée à des prêtres qui, tous les soirs, observaient la configuration du ciel pour des motifs purement liturgiques et non pas en vertu d'une quelconque curiosité scientifique : dans le but de déterminer à quelles époques de l'année, à quels moments de la nuit ils devaient célébrer telle ou telle cérémonie, accomplir tel ou tel rite, réciter telle ou telle prière, procéder à telle ou telle invocation rituelle, etc. Dans chaque temple égyptien, parmi les nombreux prêtres qui le desservaient et dont les fonctions étaient diverses et bien définies, il y avait des *hommes de veille* chargés de déterminer les moments exacts de la nuit où devaient être pratiqués ces actes religieux, en fonction de la situation dans le ciel de certaines étoiles ou de certaines constellations.

Le seul et unique instrument dont se servaient ces prêtres pour observer la position des astres qui les intéressaient consistait en une nervure de palme dans laquelle était pratiquée une fente que l'observateur plaçait à proximité de son œil et à travers laquelle il visait dans la direction d'un fil à plomb suspendu à une petite règle de bois maintenue fixe et horizontale par un assistant placé en face de lui : cet instrument rudimentaire était appelé *merkhet*. La technique d'observation était plus que fruste : le prêtre-observateur visait le fil à plomb à travers la fente du *merkhet*, pour la placer dans un plan vertical, et notait l'heure de la nuit à laquelle l'étoile qu'il avait l'intention d'observer, et qu'il avait préalablement repérée, brillait au firmament et se trouvait sur une ligne verticale imaginaire passant par les épaules, les yeux ou le cœur de l'assistant. Il énonçait alors, par exemple : « *3ᵉ heure : l'étoile X est au-dessus de l'œil gauche* »,

« *4ᵉ heure : l'étoile Y est au-dessus du cœur* », et ainsi de suite. L'heure de l'observation étant fournie par une clepsydre (une cuve en forme de tronc de cône remplie d'eau et munie, à sa base, d'une petite ouverture par laquelle cette eau s'écoulait peu à peu ; l'heure était indiquée par le niveau de l'eau, après étalonnage de l'horloge[1]).

Il n'est point besoin de souligner à quel point de telles méthodes d'observation astronomique étaient imprécises et insuffisantes : les résultats obtenus dépendaient notamment de la taille relative de l'observateur et de son assistant, de la distance qui les séparait, et de la régularité de l'horloge à eau. Cette imprécision est vraisemblablement la principale raison pour laquelle l'astronomie de position égyptienne n'a jamais progressé, mais ce n'est pas la seule ; même avec des moyens plus perfectionnés, les prêtres de Memphis et de Thèbes n'auraient pu faire mieux, car il leur manquait deux instruments indispensables à l'astronomie de position pour qu'on puisse qualifier leurs observations de « scientifiques » : l'un, matériel, pour déterminer les distances angulaires entre les astres[2], qui sont les seules grandeurs spatiales mesurables en astronomie, et l'autre, immatériel, pour les représenter à l'aide d'un système de numération adéquat et permettant de calculer aisément sur elles, à savoir une arithmétique évoluée.

Presque totalement dépourvus d'instruments d'observation et de mesure, et n'ayant à leur disposition qu'un système de numération particulièrement fruste qui se

---

1. En fait, les douze heures de la nuit étaient de longueurs inégales selon les saisons ; les clepsydres égyptiennes comportaient donc, sur leur face interne, un tableau gravé qui permettait les corrections adéquates. L'origine des heures – « 0 heure » – correspondait au coucher du soleil.

2. Cet instrument, l'*alidade*, est resté ignoré des astronomes jusqu'aux Grecs.

L'astronomie égyptienne : un leurre

résumait, on l'a vu, à représenter un nombre par la juxtaposition indéfiniment répétée des signes I et ∩, ignorant les tables de multiplication et les tables d'inverses, les prêtres égyptiens qui observaient le ciel, nuit après nuit, comme on observerait une horloge, dans le seul et unique but d'accomplir, au cours de chaque nuit, des actes liturgiques déterminés, ont été incapables d'élaborer aucun savoir astronomique que ce soit. Ils ont simplement attribué un nom à quelques étoiles et aux constellations les plus apparentes. Et lorsque les égyptomaniaques évoquent « l'astronomie mystérieuse des prêtres égyptiens », ou bien ils délirent et prennent leurs rêves pour des réalités, ou bien ils mentent, à la manière des camelots qui cherchent à attirer le chaland.

Toutefois, à défaut d'observations quantitatives, ces prêtres avaient pu constater, comme le constaterait de nos jours n'importe quel observateur ignorant les lois de l'astronomie, que certaines étoiles étaient plus brillantes que d'autres, et ils leur avaient attribué des noms : la plus belle d'entre elles, que les astronomes grecs appelaient *Sothis*[1] et que les astronomes modernes appellent *Sirius*, fut nommée *Sepedet* (« l'Excellente ») par les prêtres égyptiens qui désignèrent de même, par des expressions figurées, les constellations qu'ils pouvaient contempler toutes les nuits dans le ciel, comme la Grande Ourse, par exemple, qu'ils avaient nommée « la Jambe de bœuf » ; les planètes étaient pour eux « les étoiles qui ne se reposent jamais », les étoiles circumpolaires – visibles tous les soirs de l'année – étaient dites « les impérissables », Vénus était « l'étoile du matin », Mars, « l'Horus rouge », et Jupiter « l'étoile resplendissante ».

Précisons ici que les douze constellations que l'on a pris l'habitude d'appeler les « signes du zodiaque » et

---

1. Prénom féminin en grec.

dont l'exploitation fait la fortune des diseurs de bonne aventure, des astrologues et autres escrocs patentés, sont restées ignorées des anciens Égyptiens jusqu'à l'époque grecque, après la conquête du Delta par Alexandre le Grand. En revanche, leurs prêtres avaient repéré dans le ciel trente-six étoiles (de première grandeur) ou constellations, situées dans une large bande équatoriale sur la sphère céleste, qui apparaissaient à peu près à la même heure au-dessus de l'horizon pendant une dizaine de jours (une *décade*) et qu'on nomme pour cette raison des *décans*. Le premier décan n'était autre que celui de l'étoile *Sepedet* (Sirius/Sothis), qui se lève un peu avant le Soleil le premier jour de l'année égyptienne, les trente-cinq autres décans portaient le nom de l'étoile ou de la constellation correspondante.

C'est à cette description simpliste du ciel, qui n'a rien de très « mystérieux » ni rien de très savant, que se limitait le savoir astronomique des anciens Égyptiens, qui ne possédaient même pas de mythes cosmologiques pour expliquer, par exemple, le mouvement apparent du Soleil dans le ciel, comme l'avaient imaginé les Hellènes dès l'époque homérique. La seule attitude scientifique – ou, plus exactement, préscientifique – dont on puisse les créditer est liée à la vie liturgique des temples, rythmée, dès que la nuit était tombée, par la position dans le ciel de certaines étoiles remarquables : les prêtres, qui avaient confusément l'intuition de la régularité de leur mouvement apparent – circulaire et collectif –, avaient établi à cet effet, par avance, des diagrammes représentant la configuration stellaire du ciel au cours des douze heures de la nuit pour toute la durée de l'année, de quinze jours en quinze jours.

Les connaissances astronomiques des anciens Égyptiens étaient donc quasi inexistantes à l'époque pharaonique, quoi qu'en aient dit les abbés Moreux et autres égyptomaniaques de cet acabit, ou même certains égyp-

L'astronomie égyptienne : un leurre

tologues réputés sérieux qui s'appuient uniquement – et hypocritement – sur des textes tardifs, remontant à l'époque romaine et écrits non pas en hiéroglyphes, mais en démotique[1]. Le contenu astronomique de ces textes, qui se répandirent en Égypte après la conquête perse (par Cambyse, en 525 av. J.-C.) et après la conquête gréco-macédonienne (par Alexandre le Grand en 382 av. J.-C.), ne doit absolument rien à l'astronomie de l'époque pharaonique et relève uniquement de l'histoire sublime de la science grecque.

Le seul apport original, la seule « invention » qu'on puisse attribuer aux prêtres-astronomes égyptiens (plus prêtres qu'astronomes, d'ailleurs) est l'établissement d'un calendrier luni-solaire fondé à la fois sur la périodicité des phases de la Lune, le phénomène astronomique le plus facile à observer, et sur le retour régulier, chaque année, de la précieuse inondation de la terre égyptienne due à la crue du Nil ; ce qui impliquait les trois unités de temps astronomiques suivantes :

– le *jour solaire*, correspondant au temps qui s'écoule entre deux levers successifs du Soleil ;

– le *mois lunaire*, correspondant au temps qui s'écoule entre deux Nouvelles Lunes consécutives, c'est-à-dire à une *lunaison*, dont la durée, en raison des irrégularités du mouvement de la Lune – qu'ignoraient les Égyptiens –, varie entre 29 et 30 jours (sa durée moyenne est de 29 jours 12 heures 44 minutes et 2,9 secondes) ;

– l'*année solaire*, correspondant au temps qui sépare deux équinoxes de printemps consécutifs (le jour de l'équinoxe de printemps, le Soleil passe par un point du ciel appelé *point équinoxial* ou *point gamma*) ; cette durée, variable, est d'environ 365,25 jours (365 jours un quart).

Bien entendu, les Égyptiens ignoraient ces précisions. Les phénomènes qui leur apparaissaient comme les plus

---

1. Voir l'annexe n° 1, sur l'écriture des anciens Égyptiens.

L'égyptomanie, une imposture

importants pour leur vie quotidienne d'agriculteurs-éleveurs, au cours d'une année solaire, et qui correspondaient aux trois « saisons » de cette année étaient : l'inondation annuelle des terres provoquée par la montée des eaux du Nil (en égyptien : *akhet*), le retrait de ces eaux (en égyptien : *peret*) qui marquait le début des travaux agricoles (labourer, semer puis moissonner), et le dessèchement progressif des terres (en égyptien : *shemou*, qu'on traduit parfois par « été ») après l'achèvement des récoltes. En outre, leurs prêtres avaient sans doute pu observer que les eaux du Nil commençaient à monter à peu près au moment où *Sepedet* (« l'Excellente », que les astronomes appellent de nos jours *Sirius* ou *Sothis*), la plus belle étoile du ciel, après être restée longtemps invisible sous l'horizon, y faisait son apparition, peu de temps avant le lever du Soleil : cette « sortie de *Sepedet* » – ou, comme disent les astronomes modernes, le *lever héliaque* de Sothis – fut alors considérée comme le « premier jour du premier mois de l'inondation », inaugurant une nouvelle année solaire.

En combinant toutes ces données, les prêtres-astronomes égyptiens finirent par définir de la sorte l'*année civile* qui caractérise leur calendrier : 1º elle débute le jour du lever héliaque de Sothis, qui est donc le « premier de l'an » égyptien ; 2º elle compte 12 mois lunaires de 30 jours, répartis en trois saisons de 4 mois (l'Inondation, le Retrait et l'Été) et 5 jours supplémentaires (que les Grecs nommeront « jours épagomènes »), afin de faire coïncider l'année civile avec l'année solaire dont la durée, nous l'avons dit, est un peu supérieure à 365 jours[1]. Cette année égyptienne de 365 jours – la meilleure approximation de toutes celles qui furent

---

1. Dans notre calendrier moderne, l'année compte 365 jours, auxquels, tous les quatre ans, nous ajoutons un jour épagomène (l'année est alors dite *bissextile*).

L'astronomie égyptienne : un leurre

adoptées dans l'Antiquité – est considérée par les égyptomaniaques comme la preuve de la supériorité des prêtres-astronomes égyptiens, détenteurs exceptionnels d'un savoir aux origines mystérieuses. Une telle affirmation est une imposture de plus : ce n'est pas en vertu d'un tel savoir que les Égyptiens ont utilisé une année de 365 jours, mais tout simplement, comme nous venons de le voir, en se fondant très prosaïquement sur le retour périodique des crues du Nil.

*

En fait, les seuls peuples qui aient édifié une science astronomique positive avant les Grecs furent les anciens peuples de la Mésopotamie, et en particulier les Babyloniens[1] dont les astronomes grecs ont découvert le savoir à l'occasion de la conquête de l'empire perse par Alexandre : on rapporte que l'un des compagnons du Conquérant, Callisthène d'Olynthe[2], le neveu d'Aristote, aurait envoyé à son oncle un relevé d'observations des éclipses que les Babyloniens auraient conservé sur des tablettes cunéiformes depuis la fin du IIIe millénaire av. J.-C. ! L'exemple de l'éphéméride luni-solaire que nous proposons plus loin montre l'abîme qui existait entre les balbutiements maladroits des prêtres-astronomes égyptiens et les observations de caractère scientifiquement moderne des Mésopotamiens en général et des Babyloniens en particulier, dont les instruments

---

1. La Mésopotamie ancienne ne constituait pas un empire unitaire, comme l'Égypte pharaonique ; on y comptait une bonne douzaine de cités-États dont chacune avait ses lois et donc son calendrier ; mais il semble que ce soit le calendrier babylonien, que nous décrivons ici, qui ait finalement prévalu.
2. Callisthène d'Olynthe, neveu d'Aristote, qui accompagna Alexandre le Grand en Asie, où il mourut, condamné à mort par ce dernier, en 328 av. J.-C.

d'observation étaient considérablement plus évolués que ceux des prêtres égyptiens.

De jour, pour mesurer le temps, les Babyloniens utilisaient un cadran solaire rudimentaire, que les Grecs appelleront *gnômon*, constitué d'une tige plantée verticalement dans le sol et dont l'ombre se projette sur une surface plane ; la longueur de cette ombre varie au cours d'une journée (elle est minimale à midi, lorsque le Soleil passe au méridien du lieu) et au cours de l'année (l'ombre la plus courte de l'année correspond au solstice d'été et la plus longue au solstice d'hiver) ; le *gnômon* était pour eux l'équivalent d'une horloge astronomique. La nuit, ou par mauvais temps lors des observations diurnes, ils se servaient de *clepsydres* analogues à celles des Égyptiens.

Pour étudier le mouvement apparent du Soleil, les astronomes babyloniens avaient inventé le *polos*, à savoir une demi-sphère creuse de grand diamètre dont la concavité était orientée une fois pour toutes dans la direction de la Polaire, qui est une étoile apparemment fixe. Une bille, maintenue en son centre, intercepte, de jour, la lumière solaire, et son ombre se projette sur la surface interne de la demi-sphère sur laquelle se dessine ainsi avec précision la trajectoire annuelle apparente du Soleil (écliptique) dont on peut constater l'inclinaison sur l'équateur (le *polos* était particulièrement commode pour l'observation des éclipses). Pendant des siècles, à l'aide de ces instruments, les Babyloniens ont établi des *éphémérides* fort précises, compte tenu du caractère rudimentaire de leurs moyens d'observations, concernant les positions relatives de la Lune et du Soleil.

Le calendrier babylonien était fondé sur l'observation des phases de la Lune ; sa division de base était donc la *lunaison*, c'est-à-dire le temps qui sépare deux Nouvelles Lunes consécutives. Pour tenir compte du fait que la

L'astronomie égyptienne : un leurre

durée d'une lunaison est variable (entre 29 et 30 jours), ils avaient d'abord adopté un calendrier comprenant 6 mois de 29 jours et 6 mois de 30 jours ; mais ces 12 mois lunaires ne représentaient que (30 × 6) + (29 × 6) = 354 jours solaires, alors que l'année solaire – qui est celle des saisons – compte 365,25 jours : au bout de trois ans, le décalage de l'année civile sur l'année agricole était d'environ un mois, et, au bout de neuf ans, il était d'une saison entière (trois mois). Pour remédier à cela, les rois de la douzaine de cités-États qui composaient la Mésopotamie augmentaient l'année d'un mois lorsque l'écart était trop grand, et certains souverains en profitaient pour réclamer le paiement d'un mois d'impôt supplémentaire à leurs sujets.

Au fil des années, les choses se compliquèrent, en Mésopotamie. L'irrégularité des lunaisons et l'adjonction d'un mois supplémentaire n'avaient pas lieu en même temps dans tous les États du pays, ce qui provoquait des désagréments divers (par exemple pour définir la date d'un traité). Les rois firent donc appel aux astronomes, réputés pour leur science et leur rigueur, et ceux-ci établirent des tableaux aussi précis que possible – on les nomme des « éphémérides » – fondés sur l'observation des mouvement relatifs de la Lune et du Soleil. Ce sont des tablettes cunéiformes de ce type qui ont sans doute fait l'admiration de Callisthène vers 330 av. J.-C., mais la qualité des observations témoigne du fait qu'il s'agit d'un savoir traditionnel, aux origines bien plus anciennes. Depuis des millénaires, en effet, les astronomes babyloniens, qui disposaient d'instruments d'observation perfectionnés, qu'utiliseront plus tard les astronomes-mathématiciens grecs comme Ptolémée et que n'ont jamais connus les Égyptiens (sinon après la conquête perse), observaient méthodiquement le ciel. En voici un exemple. Il s'agit d'une éphéméride publiée

L'égyptomanie, une imposture

par F.X. Kugler au début de ce siècle[1], qui donne la position du Soleil dans le ciel (sur l'écliptique), par rapport à un méridien origine, mesurée au début de chaque mois lunaire (en degrés, minutes, secondes et tierces) lors de la conjonction Terre-Lune-Soleil, et qui précise le chemin (apparent) parcouru par le Soleil durant ce mois dans le signe du Zodiaque correspondant. À partir de tableaux de ce type, généralement plus complexes (il est des éphémérides babyloniennes qui possèdent jusqu'à dix-huit colonnes), les astronomes de Babylone et de Mésopotamie en général étaient capables de prévoir la date des éclipses de Lune, leur visibilité et leur importance.

Il est bon de souligner ici, outre la différence de niveau considérable qui existait entre l'astronomie des prêtres égyptiens et celle des astronomes professionnels mésopotamiens, leur différence de point de vue. La méthodologie des Babyloniens est analogue à celle de nos savants modernes : ils mesurent avec autant de précision qu'ils le peuvent des phénomènes astronomiques remarquables (le lever du Soleil, son coucher, les phases de la Lune, les éclipses, les positions relatives de la Lune et du Soleil), recherchent et découvrent l'existence de rapports arithmétiques constants entre eux, et ne les relient à aucune préoccupation magique ou religieuse : ce sont de véritables savants, tant par leur méthode que par leurs résultats et par leur attitude. Les Égyptiens, bien au contraire, ne mesurent rien, n'établissent aucun rapport numérique constant entre les phénomènes, qu'ils contemplent plus qu'ils ne les observent, et les interprètent à l'aide de mythes magiques ou religieux : ce ne sont pas des hommes de science, ce sont des ignorants superstitieux.

---

1. *Sternkunde und Sterndienst in Babel*, 2 vol., Berlin, 1909-1910.

Tableau 5.
Exemple d'éphéméride luni-solaire babylonienne (partielle)

Mois lunaire	Signe zodiacal dans lequel se trouve le Soleil pendant le mois	Position du Soleil dans le Zodiaque au début du mois, lors de la conjonction Terre-Lune-Soleil (Nouvelle Lune)				Déplacement du Soleil pendant le mois lunaire correspondant			
		°	′	″	‴	°	′	″	‴
1. *Elûl* I	Balance	23	6	44	22	29	18	40	2
2. *Teshrît*	Scorpion	22	43	24	24	29	36	40	2
3. *Arahsamna*	Sagittaire	22	38	4	26	29	54	40	2
4. *Kisilimmu*	Capricorne	22	29	22	24	29	51	17	58
5. *Tebet*	Verseau	22	2	40	22	29	33	17	58
6. *Shebat*	Poissons	21	17	58	20	29	15	17	58
7. *Adar*	Bélier	20	15	16	18	28	57	17	58
8. *Nisan*	Taureau	18	54	34	16	28	39	17	56
9. *Aiar*	Gémeaux	17	15	52	14	28	21	17	56
10. *Siwân*	Cancer	15	33	53	36	28	18	1	22
11. *Tammus*	Lion	14	9	54	58	28	36	1	22
12. *Ab*	Vierge	13	3	56	20	28	54	1	22

Il ne faut pas s'étonner du très haut degré de précision des données numériques qui figurent dans les deux dernières colonnes de ce tableau et qui sont à la tierce de degré près. En fait, les Babyloniens n'étaient pas capables d'atteindre une telle précision, compte tenu du caractère rudimentaire de leurs méthodes d'observation, comparables à celles des Égyptiens ; mais l'extrême raffinement de leurs moyens arithmétiques leur permettait de transformer les données expérimentales, grossières, en données d'une très haute – et illusoire – précision.

X.

La médecine et la stagnation de la culture égyptienne

Si les « mystères » des pyramides, les « expéditions » soi-disant glorieuses des pharaons en Nubie et dans le Sinaï, la « grande guerre » égypto-hittite et la bataille de Qadesh, la science mystérieuse des Égyptiens, le « monothéisme » de pacotille d'Aménophis IV-Akhénaton, les « révélations » cachées que contiendraient les textes des pyramides, ceux des sarcophages et le *Livre des morts* des anciens Égyptiens ne sont, en réalité, que des déductions proposées par les égyptologues à partir des bas-reliefs ou des inscriptions commandés aux artistes et aux scribes-graveurs de l'ancienne Égypte par les pharaons ou leurs ministres dans le seul but de satisfaire leur incommensurable vanité, et si, en conséquence, l'histoire « merveilleuse » devant laquelle se pâment les égyptomaniaques n'est qu'une gigantesque imposture, entretenue soigneusement par tous les acteurs de l'égypto-économie, des agences de voyage aux chercheurs de budgets et aux antiquaires, il est un domaine que cette imposture n'a pas atteint, c'est celui de la médecine et des médecins de l'Égypte pharaonique.

En effet, alors que nous n'avons pratiquement aucun document objectif sur l'histoire des pharaons, sinon la *Pierre de Palerme* et le *Papyrus de Turin* (les innombrables inscriptions que ces rois ont laissées doivent

L'égyptomanie, une imposture

être considérées comme des textes de propagande, voire comme des affiches publicitaires à la manière de nos modernes affiches électorales), alors que la seule source un peu consistante relative aux mathématiques égyptiennes est l'unique *Papyrus de Rhind* et que celles relatives à l'astronomie se réduisent aux deux papyrus (tardifs, écrits en démotique, et plus hellénistiques et romains qu'égyptiens) de Carlsberg, il n'en est pas de même pour la médecine. Dès lors, l'imagination des égyptomaniaques a été bridée, et les sages analyses des égyptologues et des historiens des sciences ont pu s'imposer, sans être déformées par les délires journalistiques des faux savants.

Jusqu'à la fin du XIXe siècle, on ne connaissait la médecine égyptienne que par les écrits des médecins grecs. Dioscoride (Ier siècle apr. J.-C.), Galien (v. 131-v. 201) citent fréquemment des recettes qu'ils avaient apprises dans la bibliothèque d'un temple de Memphis consacré à Imhotep, vizir du pharaon Djeser (2680-2660 av J.-C.), devenu, à la basse-époque, un dieu guérisseur que les Grecs identifieront ultérieurement à Asklépios ; une tradition prétendait aussi qu'Hippocrate de Cos (v. 460-v. 377), le père de la médecine grecque, s'y était lui-même instruit, sept siècles avant Galien. Puis, en 1875, l'égyptologue allemand Georg Moritz Ebers (1837-1898) – qui fut aussi romancier à ses heures – découvrit un rouleau de papyrus datant de la XVIIIe dynastie (1543-1292 av. J.-C.) contenant un lot de recettes médicales, accompagnées d'incantations destinées à guérir magiquement certaines affections, et d'autres trouvailles suivirent qui ont permis aux égyptologues et aux historiens des sciences de prendre connaissance de ce que pouvait être la médecine grecque : le *Papyrus de Kahoun*, qui date de la XIIe dynastie (1994-1797 av. J.-C., découvert en 1898) ; le *Papyrus de Berlin*, qui date de la XIXe dynastie (1292-1186 av. J.-C., découvert en 1909) ; le *Papyrus Smith*, qui

La médecine et la stagnation de la culture égyptienne

date de la XVIIIe dynastie (1543-1292 av. J.-C.). Ces quatre papyrus sont des copies de documents plus anciens, dont certains remontent à l'Ancien Empire égyptien (2500-1800 av. J.-C.) ; à partir de ces textes, nous pouvons nous faire une idée de ce qu'était *réellement* la médecine égyptienne, et non pas de l'*imaginer* comme les égyptologues en sont réduits à le faire pour l'histoire et la civilisation pharaoniques, ce qui explique que l'égyptomanie n'ait pas sévi dans ce domaine et qu'il ne s'est trouvé aucun « abbé Moreux » ou aucune conférencière mondaine pour affirmer avec autorité l'existence d'un savoir médical mystérieux et secret qu'auraient possédé les *medicine-men* égyptiens. Bien plus : la lecture des papyrus médicaux nous présente le véritable visage de la culture égyptienne, qui se révèle infiniment plus proche des cultures que Frazer, Durkheim, Lévy-Bruhl et les autres qualifiaient de « primitives » avant l'avènement du structuralisme, il y a un demi-siècle, et qu'on nomme pudiquement, de nos jours, « préindustrielles ».

La croyance « primitive » fondamentale est celle qui attribue à certaines actions, à certaines paroles ou formules, à certains gestes, à certaines situations le pouvoir *magique* d'exercer une influence incoercible sur toutes les forces de la nature ou sur les êtres vivants, depuis la fourmi la plus minuscule jusqu'au pharaon et jusqu'aux dieux. Chez les anciens Égyptiens, comme l'ont souligné de tout temps les égyptologues, cette croyance régissait d'une manière absolue tous les moments de leur vie, toutes leurs activités, depuis les conditions de leur naissance jusqu'aux rites funéraires accompagnant l'inhumation ; pour eux, ni les hommes ni les dieux eux-mêmes ne pouvaient se tirer d'affaire sans la magie : « *Eux aussi suspendent à leur cou des amulettes, afin de se protéger, et ils se servent de formules magiques pour exercer une contrainte l'un sur l'autre. Plus que toutes les autres divinités,*

Isis est célèbre comme magicienne, comme puissante en incantations[1]. »

Pour guérir un malade d'une maladie, que les anciens Égyptiens considéraient comme l'œuvre d'agents surnaturels – une divinité, une personne morte, un ennemi disposant d'une puissance magique – qui prenaient *possession* du corps du malade, le « médecin » devait non seulement faire usage d'un remède déterminé, mais aussi réciter une incantation qu'un dieu du panthéon mythologique avait prononcée dans des conditions (mythiques) analogues pour que ce remède puisse être efficace. Voici un exemple, tiré du Papyrus Ebers : le médecin-magicien qui soigne une brûlure doit imprégner celle-ci du lait d'une femme qui vient de mettre au monde un garçon après avoir récité sur ce remède l'incantation magique suivante : « *Ton fils Horus brûle sur la terre asséchée. Y a-t-il de l'eau sur cette terre ? Il n'y a pas d'eau. De l'eau est dans ma bouche et un Nil est entre mes jambes. Je viens pour éteindre le feu !* » Cette formule évoquait un épisode de la vie mythique de la déesse Isis (sœur et épouse d'Osiris) qui avait caché son petit enfant, Horus, dans une cabane pour le soustraire aux poursuites de Seth, le dieu des ténèbres et l'ennemi d'Osiris ; sa servante lui ayant crié que la cabane avait pris feu et qu'elle n'avait pas d'eau pour l'éteindre, Isis lui aurait répondu qu'elle avait de l'eau dans sa bouche et un Nil entre les jambes, ce qui devait lui permettre d'éteindre l'incendie. Le médecin-magicien, se souvenant de ce mythe, répète les paroles de la déesse pour soigner la brûlure de son malade. De même, la personne – homme ou femme – qui voulait enlever sans douleur un pansement qu'elle portait devait prononcer l'incantation suivante que donne le Papyrus Ebers : « *Isis, grande*

---

[1]. A. Erman, et H. Ranke, *La Civilisation égyptienne*, trad. fr. Paris, Payot, 1963, p. 454.

La médecine et la stagnation de la culture égyptienne

magicienne, délivre-moi de toute chose mauvaise, nuisible, du mal causé par un dieu, du mal causé par une déesse, délivre-moi d'un mort, d'une morte, d'un ennemi, d'une ennemie qui veulent me faire obstacle, comme tu as été délivrée par la naissance de ton fils Horus. [...] J'ai dit la formule et me voici à nouveau jeune et frais. » À la différence de la précédente, une telle incantation agissait par elle-même, sans l'aide d'aucun remède.

Toutefois, l'exercice de la « médecine », qui était pratiqué de père en fils, comme c'était le cas pour tous les métiers dans l'Égypte ancienne, ne se limitait pas à connaître et à prononcer quelques formules magiques, dont les médecins égyptiens avaient certainement pu constater, à l'usage, l'inefficacité. Il comportait une approche objective – sinon scientifique – de la maladie, qui était sans doute enseignée dans des écoles ou des ateliers spécialisés ; le scribe qui a rédigé le fameux Papyrus Ebers écrit en effet, au début de celui-ci :

« Je suis sorti d'Héliopolis en compagnie des princes de la Grande Maison[1], des maîtres de la protection, des souverains de l'éternité, [...] je suis sorti de Saïs en compagnie des mères des dieux qui m'ont accordé leur protection, [...] afin de chasser tous les maux, toutes les maladies. »

Ce texte implique donc qu'il y avait des lieux où le futur médecin pouvait compléter le savoir que lui avait transmis son père ; dans ces ateliers, il y avait vraisemblablement des scribes qui avaient pour tâche de copier et de recopier des écrits comme les quatre papyrus qui nous sont parvenus, dans lesquels étaient transcrites les connaissances anatomiques du temps. À lire la traduction qui a été donnée de ces sources, elles n'étaient pas très étendues, ce qui est surprenant quand on songe que

---

1. Le palais royal.

les médecins égyptiens pratiquaient presque quotidiennement l'ouverture des cadavres, dans le but de les momifier. On y trouve mention, évidemment, du squelette et des gros viscères (cœur, rate, estomac, poumons, etc.), et surtout des vaisseaux qui les intéressent particulièrement et qu'ils décrivent ainsi dans une partie du Papyrus Ebers intitulée : « Secret du médecin » :

> « Commencement du Secret du médecin : fonctionnement et description du cœur. Il y a en lui des vaisseaux qui vont à tous les membres. Que tout médecin, ou tout prêtre de Sekhmet[1], ou tout magicien place des doigts sur la tête, sur la nuque, sur les mains, ou sur le cœur même, sur les bras ou sur les jambes, partout il rencontre le cœur, parce que les vaisseaux du cœur vont à chacun de ses membres et c'est ainsi que le cœur parle dans les vaisseaux de chaque membre[2]. »

Sur la nature de ces vaisseaux, le scribe du Papyrus Ebers ne se prononce pas ; il nous précise simplement leur nombre (46) et nous dit qu'ils se dirigent « *deux par deux* » (il s'agit sans doute du couple artère-veine) vers la poitrine, le front, les bras, les jambes et les parties externes du corps et, selon les cas, ils conduisent aux

---

[1]. Déesse à tête de lionne qui appartient au panthéon de Memphis ; puissance destructrice qui avait commencé par détruire les hommes révoltés contre Rê avec tant de violence que les autres dieux, ne pouvant l'arrêter, répandirent sur les cadavres du sang mêlé de bière : Sekhmet en but et s'enivra, ce qui fit cesser la tuerie. Sekhmet envoie aux hommes la peste et les autres maladies, mais, quand elle est apaisée, elle peut leur procurer des remèdes et des philtres magiques. De nombreux prêtres de Sekhmet étaient des médecins.

[2]. Le Papyrus Ebers date, on l'a dit, des environs de l'an 1500 av. J.-C., mais ce n'est qu'au IIIe siècle av. J.-C. que le médecin grec Hérophile d'Alexandrie pensera à prendre le pouls de ses malades !

La médecine et la stagnation de la culture égyptienne

organes qu'ils irriguent du sang, de l'eau, de l'urine, du sperme, des larmes ou de l'air.

Si donc, d'une manière générale, les papyrus médicaux sont particulièrement pauvres sur le plan de l'anatomie descriptive et de la physiologie du corps humain – deux disciplines qui ne conquerront leurs lettres de noblesse qu'au Moyen Âge, avec les Persans et les Arabes –, ils sont en revanche fort explicites en matière de médecine clinique et thérapeutique. On trouve en effet, notamment :

– dans le Papyrus Ebers : une liste de 21 médicaments pour la toux (crème, miel, cumin notamment), un petit traité sur les maux d'estomac et les embarras gastriques, une douzaine de prescriptions sur la pathologie intestinale (constipation, vers intestinaux), sur les inflammations de l'anus, la rétention urinaire et les hématuries (notamment sur la bilharziose, qui est actuellement encore la maladie la plus répandue dans la vallée du Nil), les affections du cuir chevelu (pelade, par exemple), le coryza et les rhumes, certaines affections inflammatoires de l'oreille, un *Traité des yeux* concernant principalement les ophtalmies, la cataracte, les pratiques anticonceptionnelles, la prédiction du sexe d'un enfant à naître, les précautions à prendre lors de l'accouchement ;

– dans le Papyrus de Berlin : une liste de 18 médicaments pour la toux (miel, myrrhe, pulpes de dattes), des indications sur le traitement des affections de l'anus, sur le traitement des hématuries dues à la bilharziose, sur les otites, sur la contraception (le papyrus prescrit des fumigations), une liste de procédés pour pronostiquer le sexe d'un enfant à venir ;

– dans le Papyrus Smith, consacré principalement à la pratique chirurgicale : un traité intitulé *Instructions* contenant 48 exemples de traitement des blessures, dont 10 concernent les blessures du crâne, et 12 le traitement des blessures du nez, ainsi que des recommandations

pour pratiquer la phytothérapie (médecine par les plantes) ;
– dans le Papyrus de Kahoun (le plus bref de tous les papyrus médicaux qui nous soient parvenus) : une médication (d'ailleurs sans effet) concernant le cancer de l'utérus.

Ces documents décrivent les symptômes cliniques que les médecins égyptiens rencontraient le plus fréquemment, à savoir : coliques, constipation, démangeaisons, douleurs articulaires, maux de gorge, toux, fièvre, transpiration excessive, enflures, etc., et qu'ils constataient simplement en regardant le malade, comme le faisaient encore les médecins au temps de Molière. Voici, par exemple, toujours d'après le Papyrus Ebers, comment ils devaient se comporter en présence d'un malade souffrant de l'abdomen :

> « Si tu examines une personne souffrant de constipation, présentant un visage pâle et des battements de cœur et si tu constates, par cet examen, qu'elle a la poitrine brûlante et le ventre ballonné, c'est qu'elle souffre d'un "abcès" [...] et qu'elle a sans doute mangé des aliments échauffants et qu'elle souffre de cette inflammation. Prépare alors un remède, afin d'éliminer par le lavage [*un lavement?*] les matières échauffantes et de vider ses intestins au moyen d'une potion. Pour cela, fais macérer, pendant la nuit, de la farine sèche dans de la bière douce et qu'elle prenne cette potion pendant quatre jours. Lève-toi chaque jour de bonne heure et inspecte ce qui sort de son anus. Si les selles du malade ont l'apparence de noyaux noirs, dis : "Cette inflammation est évacuée" ; puis, s'il sort de son anus une matière semblable à des fèves humides de rosée, c'est là le signe que l'inflammation est évacuée [1]... »

Après le diagnostic se pose alors le problème du traitement. Dans ce domaine, le médecin égyptien avait à choi-

---

1. Traduction d'après Erman et Ranke, *op. cit.*, p. 463.

La médecine et la stagnation de la culture égyptienne

sir parmi un grand nombre de remèdes, aux vertus variables, provenant de traditions magiques plus que de l'expérience des praticiens. La plus grande partie d'entre eux étaient d'origine végétale et le nombre d'herbes médicinales et de fruits qu'employaient les médecins était énorme ; les ingrédients pharmaceutiques d'origine animale étaient aussi très répandus : le sang de lézard, les matières fécales des animaux les plus variés, depuis les déjections des ânes et des antilopes jusqu'aux chiures de mouches, le cérumen extrait des oreilles de cochon étaient réputés pour avoir des vertus curatives souvent spécifiques (cette pharmacopée excrémentielle se perpétuera, par l'intermédiaire des médecins grecs, romains et arabes, jusqu'aux temps modernes).

Ce bref résumé des connaissances médicales (très rudimentaires) des anciens Égyptiens nous suggère deux remarques, en rapport avec l'égyptomanie que nous dénonçons dans ce livre. La première concerne les papyrus médicaux : ces documents se suffisent à eux-mêmes, ils n'exigent aucun commentaire et il n'est point besoin d'« imaginer », à partir d'eux, ce qu'étaient la science et la pratique médicales des médecins égyptiens : nous n'avons qu'à les traduire pour apprécier l'étendue – relative – de leur savoir et le juger à sa juste mesure. La seconde, c'est que le délire égyptomaniaque, qui pouvait se développer à propos des connaissances *hypothétiquement attribuées* aux prêtres égyptiens en matière d'architecture ou d'astronomie, en l'absence de sources et sur la foi d'anciennes légendes, est impossible dès qu'il s'agit de la science médicale : les sources hiéroglyphiques sont là pour nous montrer d'une part ses insuffisances – historiquement normales – et, d'autre part, qu'elle n'a pas varié d'un pouce en deux mille ans de pratique.

L'égyptomanie, une imposture

Ce caractère statique – pour ne pas dire « stagnant » – des connaissances que possédaient les anciens Égyptiens en matière de médecine, nous le relevons aussi non seulement, comme on l'a montré précédemment, dans les autres domaines scientifiques (la mathématique rudimentaire et l'astronomie égyptiennes), mais aussi dans leur système politique, dans leurs croyances religieuses, dans leur architecture et dans l'art de leurs peintres et de leurs sculpteurs. Ainsi, à l'exception de l'initiative unificatrice de Djeser (IIIe dynastie, v. 2680 av. J.-C.) qui a complété celle de Narmer (v. 3185), le premier pharaon de la Ire dynastie, la structure administrative et politique de l'Égypte pharaonique n'a pratiquement pas changé jusqu'à la conquête perse, c'est-à-dire pendant deux mille cinq cents ans, et ce en dépit, même, de l'invasion des Hyksos qui occupèrent le pays durant deux siècles et en conservèrent les institutions (seuls les lieux d'inhumation des pharaons et de leurs vizirs ont varié !). Une telle stabilité « constitutionnelle » est unique dans l'histoire et, curieusement, aucun historien ne s'est demandé quelles pouvaient en être les raisons. Il en a été presque de même pour ce qui est de la religion égyptienne (voir à ce sujet l'annexe n° 3), qui a évolué très lentement, en fonction des changements de capitales pharaoniques.

À l'origine, il n'existait pas, en Égypte, une religion commune à tout le pays : le paysan, le citadin, le guerrier ou l'administrateur qui ressentait le besoin de chercher un réconfort ou un modèle surnaturel s'adressait au dieu de sa ville, voire de son village, dans ce pays où toute localité, fût-elle un simple hameau, avait sa divinité particulière : on révérait Ptah dans le village qui devait devenir plus tard Memphis, Thot à Edfou, Horus à Thèbes, Osiris à Busiris-Abydos, Atoum à Schmoun, Sobk à Ombos, Neith à Saïs, et ainsi de suite. Puis, peu à peu, certains divinités locales s'effacèrent derrière cer-

La médecine et la stagnation de la culture égyptienne

taines autres au gré des destins de ces cités, et se confondirent progressivement et insensiblement les unes avec les autres : ainsi les déesses Mout (de Thèbes), Sakhmet et Bastet furent peu à peu adorées comme des manifestations particulières d'Hathor, qui finit elle-même par être subordonnée à Isis ; de même des dieux importants comme Amon (de Thèbes) ou Atoum (d'Éléphantine) finirent par être progressivement assimilés à Rê, le dieu du Soleil, lorsque Aménophis IV (Amenhotep IV, XVIIIe dynastie, vers 1348-1331 av. J.-C.) tenta d'instaurer en Égypte le culte d'un dieu unique – le disque solaire, dénommé « le grand Aton vivant » – auquel il dédia sa capitale, qu'il fit construire au flanc d'un cirque rocheux sur le site d'al-Amarna (sur la rive droite du Nil), après avoir lui-même changé son nom (Amenhotep, « serviteur d'Amon ») en Akhénaton (« Lumière d'Aton ») ; cette tentative de révolution religieuse a été considérée comme une avancée vers le monothéisme, ce qui n'est pas exact et même anachronique, comme nous l'avons montré (voir p. 84).

Toutefois, c'est dans le domaine des arts plastiques (dessin, sculpture, bas-reliefs, peinture) et de l'architecture que l'immobilisme culturel de l'ancienne Égypte est le plus apparent. Il a pour origine non pas le manque d'imagination des artistes, mais l'obligation qui s'imposait à eux de respecter des règles inexorables de représentation. Ainsi, sous l'Ancien Empire, par exemple (de 2700 à 2350 av. J.-C.), le roi, ses fonctionnaires et les nobles doivent être dessinés les épaules et le visage vus de face, quelle que soit la position du corps, tandis que les gens du commun doivent toujours être représentés de profil ; le répertoire des divers types de scènes appelées à décorer les parois des tombeaux et des temples est limité (la victoire d'un roi sur des ennemis, une chasse dans le désert, le piétinement des semences, le défilé d'un troupeau, etc.), et l'attitude des personnages qui la composent doit correspondre à un mode typique que tous les artistes doivent suivre. Pour figurer, par exemple, la victoire d'un roi sur un adversaire, on doit représenter le pharaon brandissant sa massue pour tuer un ennemi à genoux devant lui, dans une attitude stéréotypée : l'ennemi doit tourner sa tête et son bras droit vers le roi, s'appuyer du coude gauche sur son genou gauche, avec sa jambe droite allongée sur le sol, pour montrer qu'il est en train de s'écrouler. Le dessin libre n'est autorisé que pour les personnages secondaires et de bas rang et les règles précédentes, ainsi que de nombreuses autres, seront encore appliquées à l'époque du Nouvel Empire.

Au Moyen Empire, après la Première Période Intermédiaire, ces règles tendent à ne plus être respectées et un certain réalisme s'installe sous la XIIe dynastie (1994-1797 av. J.-C.), mais l'invasion et l'occupation de l'Égypte par les Hyksos va interrompre l'évolution de l'art égyptien, qui ne renaîtra vraiment qu'au Nouvel Empire, sous la XVIIIe dynastie (1543-1292 av. J.-C.), à la faveur, semble-t-il, de la brève révolution amarnienne (celle d'Amenhotep IV-Akhénaton) citée plus haut, qui fut accompagnée d'une réelle révolution esthétique : il semble que le roi ait voulu libérer non seulement les croyances religieuses, mais aussi les habitudes esthétiques. Les anciennes règles sont abandonnées : dorénavant le roi et tous les grands personnages sont traités sur le mode réaliste et même intimiste par les artistes amarniens. Akhénaton, par exemple, n'est pas représenté comme un roi divin, mais comme un simple mortel, disgracieux, même, avec son épouse (Néfertiti) et ses enfants. Mais cet entracte anticonventionnel dans l'histoire des arts graphiques, de la peinture et de la statuaire des artistes égyptiens se termina avec la vie du roi (Akhénaton est mort entre 1331 et 1342 av. J.-C.), et les artistes retournèrent aux règles de composition antérieures pour les figures dessinées ; chargés un demi-siècle plus

La médecine et la stagnation de la culture égyptienne

tard de magnifier la pitoyable expédition de Ramsès II contre les Hittites et de transformer une brève bataille – celle de Qadesh – en épopée, ils retrouveront leurs usages anciens, et l'Égypte oubliera les sept années de « l'épisode amarnien » sous le règne du jeune successeur d'Akhénaton, à savoir Toutankhamon, dont on ignore de qui il était le fils.

En effet, après la mort d'Akhénaton (*alias* Amenhotep IV), le jeune prince qui lui succède est désigné comme « *Toutankhaton, fils du roi et de son corps* » sur un bloc de pierre provenant du grand temple d'Aton à al-Amarna ; cette inscription en fait donc un fils du dieu Aton (le disque solaire adoré par Akhénaton) et, théoriquement, le fils d'Akhénaton et de Néfertiti (« théoriquement », car il semble assuré que le roi Akhénaton n'a jamais eu de Néfertiti que des enfants du sexe féminin). Ce prince, dont on ignore donc le nom de la mère, aurait régné neuf ans et l'examen de sa momie permet d'évaluer à vingt ans l'âge de sa mort. Par ailleurs, on a retrouvé, sur un instrument servant à observer les astres, une inscription dans laquelle Toutankhamon appelle Touthmosis IV son « arrière-grand-père », ce qui correspondrait bien à la filiation dynastique suivante :

Thoutmosis IV
↓
Amenhotep III
↓
Amenhotep IV = Akhénaton, époux de Néfertiti
↓
Toutankhaton
nom du prince à sa naissance, qui, lorsqu'il régnera,
remplacera *-aton* par *-amon*, après avoir aboli le culte d'Aton et
rétabli celui du dieu Amon et sera appelé
Toutankhamon

L'égyptomanie, une imposture

Le premier document daté où figure le nom de Toutankhamon est appelé la *Stèle de restauration* ; c'est un décret concernant les travaux de restauration des anciens cultes, et notamment celui d'Amon, et la destruction de tout ce qui pourrait rappeler le règne d'Akhénaton et de Néfertiti : à Karnak, par exemple, les sphinx qui encadraient la plus célèbre des allées de ce complexe religieux et qui représentaient, alternativement, Akhénaton et Néfertiti, furent décapités et leurs têtes furent remplacées par les têtes de bélier du dieu Amon, dont le menton incliné protégeait des effigies de Toutankhamon.

La réaction religieuse inaugurée par le règne de ce jeune pharaon s'est étendue à toutes les formes de l'art et les artistes égyptiens ont renoué avec les traditions esthétiques orthodoxes de l'Ancien et du Moyen Empire ; mais ce néoclassicisme a été balayé par l'avènement des souverains bâtisseurs de la XIXe dynastie, en particulier Séthy Ier (v. 1290-1279), à qui l'on doit d'avoir fait édifier le grand temple d'Abydos, sa tombe royale dans la Vallée des Rois (tombe n° 17) et la grande salle hypostyle du temple de Karnak, et Ramsès II (1279-1212 av. J.-C.) qui bâtit lui aussi à Abydos, fit couvrir d'inscriptions et de bas-reliefs les murs du temple de Karnak, et auquel on doit aussi le temple d'Abou Simbel et d'autres temples nubiens. Cependant, quelque grandioses que soient les décorations et les bas-reliefs de ces édifices, qui nous content en images l'histoire « glorieuse » de ces pharaons, l'art de la XIXe dynastie, elles n'en sont pas moins traditionnelles et ne marquent aucun progrès, aucun changement par rapport à l'esthétique des dynasties antérieures à la révolution amarnienne ; la composition des scènes de batailles – sujet favori des artistes et surtout des pharaons dont il s'agit de chanter la puissance et la gloire – est toujours la même : le roi est représenté debout sur son char, dominant de sa taille le

La médecine et la stagnation de la culture égyptienne

champ des combats, ses chevaux se cabrent et ses adversaires s'enfuient en désordre au milieu des chars fracassés. Quel que soit le temple, quel que soit le siècle, les sculpteurs et les peintres égyptiens travaillent de la même façon, donnent à leurs personnages des attitudes, des allures et même très souvent des visages identiques : leur art est aussi immobile, aussi stagnant que leurs institutions et leurs croyances religieuses. La seule révolution qu'il ait connue fut la révolution amarnienne : elle n'a duré que le temps que durent les roses, l'espace d'un instant, celui du court règne sans lendemain d'Akhénaton. Puis l'Égypte s'est endormie à nouveau : les pharaons et leurs ministres ont recommencé à faire édifier des temples, des mastabas et des monuments funéraires identiques, aux dimensions près, à ceux du passé, à faire chanter leur fausse grandeur sur les murs de ces édifices qui se ressemblent tous, comme se ressemblent, à Paris, les immeubles du baron Haussmann, jusqu'à ce que cet « Empire » – qui, à part quatre ou cinq capitales ou anciennes capitales royales, n'était guère qu'un ensemble d'une centaine de gros bourgs éparpillés le long du Nil de la Nubie au Delta – devienne une province, parmi une cinquantaine d'autres, de l'empire des Perses achéménides.

Conclusion

Lorsqu'on prononce le mot « Égypte », on songe irrésistiblement aux hiéroglyphes, aux munificents et tout-puissants pharaons, aux pyramides colossales, aux secrets que, croit-on, elles recèlent, et aux mystères religieux ; mais jamais on ne s'étonne que ce peuple, qui a connu deux mille ans d'histoire, de Djeser, dont l'avènement se situe aux environs de 2600 av. J.-C., à l'arrivée des Perses en 525 av. J.-C., n'ait jamais rien produit d'autre que des temples, des monuments funéraires, des bas-reliefs et des statues. Pendant ces deux mille ans, il ne s'est rien passé d'important, politiquement, socialement et militairement en Égypte.

L'isolement géographique d'une part, l'inconséquence et l'aveuglement vaniteux des pharaons d'autre part expliquent en partie cette stagnation culturelle, comparable à celle de ces peuples isolés au cœur de l'Afrique, des déserts australiens ou des glaces boréales que les anthropologues appelaient jadis « primitifs », et dont l'histoire est restée immobile. Ces conditions géographiques ont été aggravées du fait de l'imperfection majeure des institutions : les anciens Égyptiens, qui, au milieu du IIIe millénaire avant notre ère, étaient – avec les Sumériens et les Akkadiens de Mésopotamie – les seuls peuples du monde à connaître l'écriture, n'ont

L'égyptomanie, une imposture

jamais eu aucune loi écrite, ni *a fortiori* aucune constitution qui puisse limiter ou freiner le bon plaisir délirant des pharaons, alors qu'Ur-Nammu (2111-2094), le roi sumérien de la vieille cité chaldéenne d'Ur, a promulgué le premier code écrit de l'histoire deux cent cinquante ans avant le fameux code d'Hammourabi.

Les pharaons étaient des monarques qui n'avaient de comptes à rendre à personne, et le caractère simpliste de leurs institutions ne prévoyait aucune voie de recours en cas de crise. À ce sujet, il nous semble bon de citer ici l'exemple des anciennes cités sumériennes, qui, trois mille ans avant notre ère, à l'époque où, en Égypte, les premiers signes hiéroglyphiques faisaient timidement leur apparition sur quelques objets rituels, possédaient déjà, comme l'ont montré les sumérologues et en particulier S.N. Kramer, des institutions parlementaires évoluées.

Nous faisons allusion à un poème écrit en babylonien, connu sous le nom d'*Épopée de Gilgamesh*, contant, à la manière d'une épopée, le déroulement d'un conflit qui serait né aux alentours de l'an 3000 av. J.-C. entre deux cités-États du pays de Sumer, Uruk et Kish, qui se disputaient l'hégémonie comme le feront, plus tard, Athènes et Sparte à propos du Péloponnèse. Le roi de Kish, qui, dans le poème, est nommé Agga, soucieux de maintenir la prédominance de sa cité sur les autres États du pays de Sumer, envoie aux habitants d'Uruk des messagers, porteurs d'un ultimatum les menaçant de porter la guerre chez eux s'ils ne se soumettent pas à son autorité. Avant de leur répondre, le roi d'Uruk, Gilgamesh, consulte l'« Assemblée des Anciens » de la cité, autrement dit son Sénat, et l'exhorte à ignorer l'ultimatum de Kish et à prendre les armes pour défendre leur patrie ; mais les Anciens repoussent la proposition du roi : ils préfèrent se soumettre pour éviter la guerre. Déçu, mais respectueux des lois de son royaume, Gilgamesh se rend alors devant l'« Assemblée des combattants

Conclusion

de la ville », lui expose sa thèse, et cette Assemblée, moins timorée que le Sénat, se déclare contre la soumission et pour la guerre contre Kish.

Voici le passage du poème qui relate la première « bataille parlementaire » de l'histoire, comme il n'en exista jamais en Égypte. Même si le poème babylonien est une fable, il n'en reste pas moins que le décor politique de cette fable n'a pas été inventé pour la circonstance et nous présente les institutions sumériennes comme une monarchie parlementaire : le destin de l'État n'y dépend pas des caprices ou des ukases d'un quelconque pharaon.

> « Les envoyés d'Agga, fils d'Enmebaraggesi,
> Quittèrent Kish pour se rendre auprès de Gilgamesh,
>   à Uruk.
> Le seigneur Gilgamesh devant les Anciens de sa ville
> Porta l'affaire, et demanda conseil :
> "Ne nous soumettons pas à la maison de Kish, leur dit-il,
> Frappons-la de nos armes !"
>
> L'Assemblée réunie des Anciens de sa ville
> Répondit à Gilgamesh :
> "Soumettons-nous à la maison de Kish,
> Ne la frappons pas de nos armes !"
>
> Une seconde fois Gilgamesh, le seigneur de Kullah
>   [*nom d'un quartier d'Uruk*],
> Devant les combattants de sa ville
> Porta l'affaire et demanda conseil :
> "Ne vous soumettez pas à la maison de Kish, leur dit-il,
> Frappons-la de nos armes."
>
> L'Assemblée réunie des combattants de la ville
> Répondit à Gilgamesh :
> "Ne vous soumettez pas à la maison de Kish !
> Frappons-la de nos armes !"
>
> Lors Gilgamesh, le seigneur de Kullah,
> À cet avis des combattants de la ville,
> Son cœur se réjouit et son âme s'éclaire. »
>   (Trad. selon S.N. Kramer.)

L'égyptomanie, une imposture

Il est clair que ce passage du poème, aussi concis soit-il, nous décrit l'État d'Uruk comme doté de deux « chambres » parlementaires, dont la composition est différente : un Sénat sans doute conservateur, partisan de la paix, et une Chambre des combattants plus ardente. Certes, nous aimerions avoir plus de détails sur ce régime bicamériste : comment étaient choisis les membres des deux chambres ? Les avis énoncés étaient-ils le résultat d'un vote ? Dans quelle mesure le « seigneur de la ville » devait-il s'y conformer ? Cela, nous ne le saurons jamais. De même nous ignorons – et nous ignorerons toujours – si ce régime parlementaire décrit par un poète babylonien à l'époque babylonienne (c'est l'époque à laquelle remontent les plus anciens fragments de l'*Épopée de Gilgamesh*) était bien celui d'Uruk, ou si les institutions de cette ville étaient une exception, mais il est une chose certaine : il n'a jamais existé d'État sumérien unifié, chaque cité-État avait ses propres institutions, ses propres dieux et ses propres héros et Sumer a ignoré les méfaits – économiques et politiques – du pharaonisme totalitaire et ubuesque qui a sévi chez les Égyptiens sous l'Ancien Empire. Les premiers dans l'histoire des hommes, les Sumériens ont connu les bienfaits du pluralisme idéologique qui s'est développé dans leurs cités, qu'elles se nomment Lagash, Umma, Kish, Ur ou Uruk, en même temps qu'une civilisation urbaine féconde qui a favorisé les progrès de l'individualisme et, partant, ceux de toutes les formes de création culturelle : l'art, les sciences, le droit – inexistant en Égypte – et la véritable culture écrite, polymorphe, celle des innombrables tablettes cunéiformes consacrées aux sujets les plus divers, à la différence des monotones inscriptions hiéroglyphiques vantant uniformément les richesses des pharaons, des vizirs et des hauts fonctionnaires qui, pendant deux millénaires, semblent n'avoir eu rien d'autre à faire que de construire et de décorer des monuments toujours identiques à eux-mêmes.

Conclusion

C'est pourquoi nous affirmons que c'est une imposture que de célébrer comme des produits de haute civilisation les centaines de pyramides, de mastabas, d'obélisques et de temples – tout ce qui nous reste de l'Ancien Empire – qui ne sont, en dernière analyse, que les symptômes toujours identiques et jamais renouvelés de la mégalomanie stérile des pharaons et des grands qui les imitaient : au cours des vingt siècles pendant lesquels ces souverains ont disposé de tous les pouvoirs, ils n'ont entrepris aucune réforme, n'ont élaboré aucun système institutionnel ou législatif, n'ont suscité aucun mouvement culturel, et ils ont maintenu un petit peuple d'un million et demi d'Égyptiens dans l'ignorance et dans un semi-esclavage non pas institutionnel mais de fait. Et, comme l'Égypte était isolée par les déserts et par la mer Méditerranée du reste du monde, ces pharaons n'ont même pas connu d'épopée guerrière (leur grande aventure a été le conflit avec les Hittites et nous avons montré plus haut qu'il s'est limité à bien peu de chose) ! En bref : hormis l'édification et l'ornement d'un nombre impressionnant de temples et de complexes funéraires plus ou moins stéréotypés, mais abondamment décorés, il ne s'est à peu près rien passé d'important en Égypte, au cours de vingt siècles de pharaonisme.

ANNEXES

1.

Les hiéroglyphes

On ignore l'origine de la langue que parlaient les Égyptiens au temps des pharaons. Installé dans la vallée du Nil et dans son Delta, le peuple égyptien, environné par des peuples parlant des langues africaines à l'Ouest (langues que nous ignorons et qui sont à l'origine des langues africaines modernes) et des langues sémitiques (l'akkadien, puis l'assyro-babylonien et le phénicien) en Syrie et dans les hautes et moyennes vallées du Tigre et de l'Euphrate à l'Est, on peut supposer (avec prudence), comme le font certains égyptologues classiques tels Drioton et Vandier (*L'Égypte*, Paris, PUF, 1938 et 1952), que l'égyptien pourrait être une langue africaine modifiée par des apports sémitiques qui seraient devenus prépondérants par la suite.

L'examen des documents (poteries, armes, etc.) remontant à la période prédynastique, c'est-à-dire antérieurs à 3000 av. J.-C., nous montre qu'à cette époque l'écriture n'avait pas encore fait son apparition en Égypte, et cela est vrai aussi pour les documents contemporains de la Ire dynastie de pharaons (entre 3100 et 2965 av. J.-C. ± 120 ans) ; toutefois, dès cette dynastie apparaissent sur certains objets des signes imagés, tels le signe de la couronne pharaonique ou une représentation stylisée d'un faucon (symbolisant le dieu Horus), et, dès la IIe dynastie ces signes pictographiques se multiplient. On peut donc dater de cette période la naissance de l'écriture que les Grecs qualifieront plus tard de « hiéroglyphique » (écriture sacrée). Pour fixer les idées : les documents du début de la Ire dynastie attestent l'existence de trente pictogrammes seulement.

Cette écriture hiéroglyphique naissante s'est développée sous la double influence des prêtres et des premiers pharaons, le système monarchique qui s'installait ayant de toute évidence besoin d'une écriture, même rudimentaire, pour gouverner. Il n'est pas impossible – il est même probable – que l'utilisation des pictogrammes comme moyen de gouvernement, puis d'expression, ait été inspirée aux prêtres et aux gouvernants égyptiens par l'exemple de la Mésopotamie (plus précisément des cités sumériennes), où l'écriture existait depuis le début du IVe millénaire av. J.-C.

L'écriture hiéroglyphique a d'abord été purement pictographique (un signe = un mot) : par exemple, pour écrire « canard », le scribe dessinait un canard stylisé ; pour écrire le verbe « pêcher », il représentait un homme en train de pêcher ; et ainsi de suite. Dans les inscriptions les plus anciennes, le dessin est réaliste et détaillé ; par la suite, les tracés seront simplifiés jusqu'à devenir linéaires. Puis il devint évident que ce stade pictographique de l'écriture était tout à fait insuffisant ; en particulier, il était impossible de rendre par écrit des termes abstraits comme « préférer », « paix », « courage » ou « brillant ». Pour écrire de tels mots, les scribes égyptiens eurent recours à deux procédés combinés :

– le premier consistait à employer un mot-signe (donc concret) homonyme du mot abstrait qu'ils voulaient représenter ; par exemple « brillant » se disait *hedj* en égyptien parlé, mot qui signifiait aussi « massue à tête piriforme » et dont le hiéroglyphe (le signe-mot) était une massue stylisée ;

– le second était d'accompagner ce pictogramme d'un autre signe, déterminatif (un *idéogramme*, qu'on ne lisait pas), permettant de préciser lequel des deux sens était le bon, en l'occurrence l'idéogramme représentant l'idée d'arme.

De même, le nom du premier pharaon de la Ire dynastie, Narmer, s'écrit avec les deux pictogrammes *nar* = « poisson » et *mer* = « instrument » et ces deux signes-mots sont accompagnés d'un signe déterminatif signifiant qu'il s'agit d'un pharaon.

Les hiéroglyphes

Parallèlement à l'écriture hiéroglyphique, généralement réservée aux inscriptions sur les monuments et qui était une écriture « appliquée », s'est développée, dès son apparition, une graphie cursive que les Grecs ont dénommée *hiératique*, employée presque exclusivement par les prêtres, dont les signes étaient les signes hiéroglyphiques simplifiés. À la basse-époque, elle fut remplacée par une écriture plus simplifiée encore, dite *démotique* (« populaire ») par les Grecs. Enfin, au IIIe siècle ap. J.-C., les prêtres et les scribes se servent de l'alphabet grec, augmenté de quelques signes nécessaires à la transcription de certains sons purement égyptiens : l'écriture *copte*, utilisée par les chrétiens d'Égypte.

2.

Les pharaons

Les noms des pharaons varient selon les sources (monuments, listes royales, Pierre de Palerme, Papyrus de Turin ou liste de Manéthon) ; nous avons retenu ceux qui sont les plus fréquents. Quant aux dates, elles ont été patiemment reconstituées par les égyptologues avec une marge d'erreur d'autant plus grande que le personnage est plus ancien ; nous avons aligné nos dates sur celles de J. Vercouter et Claude Vandersleyen (collection « Nouvelle Clio », PUF, Paris).

I. LES ROIS THINITES
(Ire ET IIe DYNASTIE) (v. 3185-2700 ?)

Nom (selon les monuments)	Noms (selon la liste de Manéthon) et durée de règne	Dates de règne reconstituées ou arrondies à la dizaine (av. J.-C.)

Ire dynastie (dates ± 120 ans)

1. Narmer	Ménès ou Meni (60 ans)	v. 3185-3125
2. Aha	Ahotis ou Atoti (27 ans)	v. 3125-3095
3. Djer	Kenkénès (29 ans)	v. 3095-3040
4. Ouadji-Djet	Ouénéphès (42 ans)	v. 3040-3030

Les pharaons

5. Oudimou = Den	Osaphaïis (20 ans)	v. 3030-2985
6. Adjib	Miébis (26 ans)	v. 2985-2975
7. Semerkhet	Semenpsès (18 ans)	v. 2975-2965
8. Kâ	Oubianthès (26 ans)	v. 2965-2930

IIe dynastie (dates très incertaines)

1. Hotepsekhemouy	Boethos (38 ans)	v. 2930-?
2. Nebrê	Kaïechos (39 ans)	?-v. 2890
3. Nineter	Binothris (47 ans)	v. 2890-v. 2845
4. Ouneg (?)	Tlas (17 ans)	v. 2845-?
5. Senedj	Sethenes (41 ans)	?-?
6. Horus Sekhemib	Chairos (17 ans)	?
7. Seth Péribsen	Neferkarès (25 ans)	?
8. Horus Khasekhem	Sesochris (48 ans)	?
9. Horus-Seth Khasekhemouy	Cheneres (30 ans)	?

II. L'ANCIEN EMPIRE MEMPHITE : (IIIe, IVe ET Ve DYNASTIE) (2700-2350)

IIIe dynastie (2700-2630)

1. Nebka	Necherophès (28 ans)	2700-2680
2. Djeser	Tosorthros (29 ans)	2680-2660
3. Djeserteti	Tyreis (7 ans)	2660-2655
4. ?	Mesôchris (17 ans)	2655-2650
5. Houni	Sôphis (entre 16 et 24 ans) + 3 pharaons non cités ailleurs	2650-2630

IVe dynastie (2630-2510)

1. Snefrou	Sôris (29 ans)	2630-2609
2. Khoufou (= Chéops)	Souphis I (63 ans)	2605-2580
3. Djedefré		2580-2570

L'égyptomanie, une imposture

4. Khâefré (= Chéphren)	Souphis II (66 ans)	2570-?
5. Menkaouré (= Mykérinos)	Mencherès (63 ans)	?
6. Shepseskaf	Seberchérès (7 ans)	?

V^e dynastie (2510-2350)

1. Ouserkaf	Ousercherès (28 ans)	2510-2500
2. Sahouré	Sephrès (13 ans)	2500-2490
3. Néferikarê-Kakaï	Nephercherès (20 ans)	2490-2480
4. Shepseskarê	Sisirès (7 ans)	2480-2470
5. Neferefrê	Chérès (20 ans)	2470-2460
6. Niouserrê-Ini	Rathourès	2460-2430
7. Menkaouhor	Menchérès	2430-2420
8. Djedkarê-Isesi	Tanchérès	2420-2380
9. Ounas	Onnos	2380-2350

III. LA PREMIÈRE PÉRIODE INTERMÉDIAIRE
(VIe À Xe DYNASTIE) (2350-2137)

Pour cette période, et dans l'état actuel de nos connaissances, on ne peut citer que les pharaons de la VIe dynastie et quelques pharaons des IXe et X^e dynasties.

VIe dynastie (2350-2195)

1. Téti	Othoès (30 ans)	2350-2330
2. Ousirkarê	?	
3. Pépy I	Phiôs (53 ans)	2330-2800
4. Mérenrê I	Methousouphis (3 ans)	2280-2700
5. Pépy II	Phiôps (100 ans) (!)	2270-2200
6. Mérenrê II	Menthousouphis (1 an)	2200
7. Nitocris	Nitokris (12 ans)	2200-2195

Les pharaons

DÉBUT DE LA *PREMIÈRE PÉRIODE INTERMÉDIAIRE*

VIIe DYNASTIE (fictive pour certains ; composée de six pharaons selon le Papyrus de Turin) et VIIIe DYNASTIE (toujours memphite, selon Manéthon ; trois à cinq pharaons selon les sources).

IXe et X^e dynasties (hérakléopolitaines) : 2160-2137

Ces deux dynasties, dont les souverains ont régné à Hérakléopolis (dans le 20e nome, à 80 kilomètres au Sud de Memphis), auraient compté au total 18 pharaons, selon le Papyrus de Turin, qui n'en cite que sept, dont :
– IXe dynastie : Khéty I et Khéty II (nom de couronnement : Mérybré)
– X^e dynastie : deux autres rois (du nom de Khéty ?)

Ces pharaons ont eu, comme préoccupations dominantes, d'une part de protéger le Delta contre les envahisseurs (nomades) venus d'Asie, et, d'autre part, d'imposer leur autorité aux nomarques du Sud, en particulier aux princes thébains qui sont les maîtres du 4e nome, celui de Thèbes.

IV. LE MOYEN EMPIRE (THÉBAIN : XIe ET XIIe DYNASTIE) (2137-1797)

Nom de naissance	Nom de règne	Dates approximatives

XIe dynastie (2137-1994)

1. Mentouhotep Ier	?	?
2. Antef Ier	Séhertaouy (16 ans)	2137-2121
3. Antef II	Ouanankh (49 ans)	2121-2072
4. Antef III	Nektnepnéfer (8 ans)	2072-2064
5. Mentouhotep II	Nebhépétré (51 ans)	2064-2013
6. Mentoutep III	Séankharé (12 ans)	2013-2001
7. Mentouhotep IV	Nebtaouyré (7 ans)	2001-1994

L'égyptomanie, une imposture

XIIe dynastie (1994-1797)

1. Amenemhat Ier	Séhétepibré	(29 ans)	1994-1964
2. Sésostris Ier	Khéperkaré	(45 ans)	1964-1919
3. Amenemhat II	Nebkaouré	(38 ans)	1919-1881
4. Sésostris II	Khakhéperré	(8 ans)	1881-1873
5. Sésostris III	Khahaouré	(19 ans)	1872-1854
6. Amenemhat III	Nimaatré	(45 ans)	1853-1809
7. Amenemhat IV	Maakhéroué	(9 a. 3 m. 27 j.)	1809-1800
8. Néferousebek	Sébekkaré	(3 a. 10 m. 24 j.)	1800-1797

V. LA DEUXIÈME PÉRIODE INTERMÉDIAIRE (XIIIe à XVIIe DYNASTIE) (1797-1543)

Les quelque cent cinquante années qui séparent le Moyen Empire du Nouvel Empire voient l'Égypte sombrer dans tous les désordres. L'ère des pharaons bâtisseurs est terminée depuis longtemps, et le pays, qui semble n'avoir connu, dans toute son histoire passée, qu'un seul et unique souverain unificateur et législateur, à savoir Djeser (2680-2660), au tout début de cette histoire, va payer neuf siècles de « chéopsisme » : il va subir la domination d'un peuple étranger, celui des Hyksos, dont les chefs vont prendre la succession des pharaons thébains et régner sur l'Égypte pendant deux siècles, de 1797 jusqu'en 1634, à partir d'un bourg du Delta (dans la région de Saïs) transformé en capitale : Avaris.

La chronologie de cette Deuxième Période Intermédiaire laisse apparaître deux phases :

– une phase de décomposition politique de l'Égypte entre 1797 (année de la mort du dernier pharaon de la XIIe dynastie) et 1634 (année de l'arrivée des Hyksos dans la région orientale du Delta), au cours de laquelle se sont succédé à Thèbes les 68 pharaons de la XIIIe dynastie et le pharaon unique – Néhésy – de la XIVe dynastie (soit, en moyenne, un pharaon nouveau tous les six mois : en matière d'instabilité politique, l'Égypte a battu le record de notre brave Troisième République... et elle a fini comme elle !) ;

– une deuxième phase d'écroulement de l'État pharaonique (1634-1543) correspondant à l'invasion de l'Égypte par les Hyksos, dont les chefs s'emparent du pays et du pouvoir... mais on ignore ce qu'ils en ont fait !

Les pharaons

Nous ne citerons pas, ici, les 68 souverains de la XIIIe dynastie qu'énumère le Papyrus de Turin ; il est cependant important de souligner que, contrairement aux autres dynasties, elle ne correspond pas à une lignée continue de souverains. Elle est en effet composée de rois appartenant à des familles indépendantes les unes des autres dont on ignore comment ils sont parvenus au pouvoir suprême : par des usurpations ? des coups d'État ? par l'influence des puissants groupes de pression que représentaient les entourages de certains nomarques et qui jouaient un grand rôle lors des crises de succession ? De fait, pendant les trente-six années où ils ont régné sur l'Égypte, les 68 pharaons de la XIIIe dynastie se sont effacés devant les pouvoirs locaux des nomarques et il est évident que ces derniers n'avaient pas les moyens de mener une guerre nationale contre un ennemi puissant et nombreux. Aussi lorsque, venant d'Asie après avoir traversé la Syrie-Palestine, le peuple nomade des Hyksos se présente sur le Delta, il s'en est emparé, semble-t-il, sans avoir à mener une guerre de conquête, et l'on serait même tenté d'écrire que ce fut dans l'indifférence générale : leur chef, un nommé Salitis (selon Manéthon), a tout bonnement pris la place du pharaon thébain (en fuite et de retour en son palais de Thèbes ou vaincu ? on ne sait) et s'est installé à Memphis avant de fonder sa propre capitale à Avaris, d'où il régna sans encombre et sans soulèvement national pendant dix-neuf ans et où régnèrent après lui ses cinq successeurs qui constituent la XVe dynastie, dite aussi « dynastie des Grands Hyksos », dont les noms sont connus par des cylindres-sceaux ou par des scarabées ; Yaqebher, Khyan, Iannas, Apophis et Khamoudy de 1624 à 1526.

En résumé, et pour permettre au lecteur non égyptologue de s'y retrouver dans cet entremêlement des XIIIe à XVIIe dynasties, la Deuxième Période Intermédiaire se divise comme suit :

– 1797-1634 : XIIIe dynastie (68 pharaons, régnant à Memphis jusqu'à l'arrivée des Hyksos) ;

– 1634-? : XIVe dynastie (?) correspondant à une liste de 70 rois qui figure sur le Papyrus de Turin, et dont on peut donner deux interprétations ; 1° soit la considérer comme une dynastie nationale antérieure à la venue des Hyksos, dissidente de la précédente (certains ont suggéré qu'elle aurait eu comme capitale la ville de Xoïs, dans le Delta) ; 2° soit en faire une dynastie locale, contemporaine de celle des Hyksos. Il ne nous reste que deux noms (sur 70 !) de « rois » ayant appartenu à cette dynastie : celui de *Néhésy* (retrouvé sur un obélisque à Tanis et sur divers scarabées) et celui de Merdjéfaré (attesté sur une stèle dédiée au dieu oriental – et non égyp-

L'égyptomanie, une imposture

tien – Sopdou, le « seigneur de l'Orient », ce qui porte certains auteurs à faire de la « XIVe dynastie » une dynastie hyksos dissidente) ;
– 1634-1526 : XVe dynastie dite des « Grands Hyksos » (six rois) ;
– située (mais non datable) entre 1634 et 1526 : XVIe dynastie ; il peut s'agir : 1° soit d'une dynastie hyksos « parasite » (Vandier parle des « Petits Hyksos »), plus ou moins contemporaine de la XVe dynastie ; 2° d'une dynastie locale thébaine, vassale des Hyksos ;
– 1634-1543 : XVIIe dynastie, composée d'autres princes thébains qui n'admettaient pas la présence des Hyksos usurpateurs et qui auraient constitué une dynastie de pharaons nationaux, légitimes, mais sans couronne.

XIIIe dynastie (1797-1634)

68 pharaons, d'Ougaf (nom de règne : Khoutaouyré) à Sébekemsaf Ier.

XIVe dynastie (1634- ?)

1. Néhésy   Aaschré (moins d'1 an)
2. Merdjéfaré

XVe dynastie (1634-1526) : « Grands Hyksos »

Nom de naissance	Nom de règne (selon Papyrus de Turin)
1. Shéshi (Salitis)	Maaïbré (19 ans)
2. Yaqebher (Béon)	Merouserré
3. Khyan (Apachnan)	Séouserenré
4. Iensès (Iannas)	?
5. Apophis	Nebkhépeshré ou Aaouserré (40 ans)
6. Khamoudy	? (11 ans)

XVIe dynastie (?)

XVIIe dynastie (1634-1543)

1. ?   ?
2. ?   Sékhemré (3 ans)

Les pharaons

3. Antef V	Sékhemré-Herouhermaat (16 ans)
4. Néferhotep III	Sékhemré-Séankhtaouy (1 an)
5. Mentouhotépi	Séankhenré (1 an)
6. Nebiryéraou Ier	Séouadjenré (19 ans)
7. Nebiryéraou II	?
8. ?	Sémenré
9. Bébiankh	Séousrenré (12 ans)
10. Sébekemsaf II	Sékhemré-Shedouaset
11. Antef VI	Sékemré-Oupmaat
12. Antef VII	Nebkhperré
13. ?	Senakhtenré
14. Taa	Séqénenré
15. Kamosis	Ouadjkhperré (3 ans)

VI. LE NOUVEL EMPIRE
(XVIIIe, XIXe et XXe DYNASTIE) (1543-1143)

XVIIIe dynastie

Nom de naissance, dates (av. J.-C.) et durée de règne	Événements marquants du règne
1. Amosis 1543-1518 (25 a. 4 m.)	Guerre de libération contre les Hyksos, qui occupent le pays depuis un siècle environ. Amosis s'empare du port d'Avaris (sur le Delta), la capitale des Hyksos. Reconquête des terres nubiennes. Flavius Josèphe place l'exode biblique des Juifs sous le règne d'Amosis, si tant est que le récit biblique soit historique, ce qui n'est pas prouvé.
2. Aménophis Ier 1517-1497 (20 a. 7 m.)	(= Amenhotep Ier.) Aucun événement marquant à signaler
3. Touthmosis Ier 1496-1483 (12 a. 9 m.)	Campagnes en Nubie et au Liban, sur l'Oronte.
4. Touthmosis II	Aucun événement marquant à signaler, sinon son

1483-1480 (3 a. 2 m.)	union avec sa demi-sœur, Hatshepsout, fille comme lui de Touthmosis Ier, mais d'une autre mère, et qu'il eut un fils d'une de ses concubines, Isis, le futur Touthmosis III. Ses activités militaires se sont limitées à une petite expédition de frontière en Nubie. Il est mort précocement, après trois ans de règne.
5. Hatshepsout 1479-1457 (21 a. 9 m.)	D'abord régente du jeune Touthmosis III à la mort du père de celui-ci, Hatshepsout usurpe la titulature royale après environ trois ans de régence. Au cours de vingt et un ans de règne, elle aurait conduit une expédition à Pount, sur la côte des Somalis et, à l'instar des pharaons d'antan, elle a fait édifier pour sa gloire et celle du dieu Amon le fameux ensemble de Deir-el-Bahari. Après un règne sans événements notables, Hatshepsout s'écarte – ou est écartée – du pouvoir, pour une raison inconnue.
6. Touthmosis III 1479-1424	Fils de Touthmosis II. Son règne effectif commence en 1457 av. J.-C. ; il va guerroyer pendant une vingtaine d'années, jusqu'en 1437 av. J.-C., principalement contre l'empire du Mitanni (en Haute-Mésopotamie, entre les monts du Zagros, le fleuve Oronte et la moyenne vallée de l'Euphrate), appelé *Naharina* par les Égyptiens, gouverné par des rois indo-aryens, mais dont le peuple, les Hourrites (*Hurri*), d'origine caucasienne, était gouverné par une aristocratie de guerriers. Durant cette période, Touthmosis III a mené quatorze campagnes militaires (dont les détails sont contés sur deux grandes stèles et sur les murs d'un temple, à Karnak) en Syrie-Palestine (où il se heurta à des peuples araméens ou cananéens), au Liban (en particulier contre Tyr et contre la cité de Qadesh, sur le fleuve Oronte), ainsi qu'en Nubie. Par ailleurs, Touthmosis III renoua avec la tradition des pharaons bâtisseurs, notamment à Éléphantine et à Edfou. Ce conquérant eut une fin de règne paisible, consacrée à la saine et sage admi-

Les pharaons

7. Aménophis II 1424-1397 (Amenhotep II)	nistration de l'Égypte et de l'Empire qu'il avait bâti en Asie entre 1483 et 1476 av. J.-C. Fils du précédent. On lui rapporte deux campagnes en Asie (en Syrie, vers 1450-1440 av. J.- C.), suite à un soulèvement du roi du Mitanni et du prince de Qadesh contre la domination égyptienne qu'avait établie dans ces contrées Touthmosis III. Ajoutons qu'Aménophis a favorisé l'introduction de nouveaux cultes en Égypte, notamment celui d'Astarté.
8. Touthmosis IV 1397-1387	Fils du précédent. À en juger par le peu de documents qui le concernent, ce ne fut ni un guerrier ni un bâtisseur ; en revanche, il semble avoir été un bon négociateur : il envoya successivement sept messagers en Syrie, au roi du Mitanni, dans le but de sceller avec lui une alliance défensive contre la puissance naissante des Hittites, mais il n'obtint de ce souverain... que la main de sa fille.
9. Aménophis III (= Amenhotep III)	Fils du précédent, qui n'aimait pas la guerre et lui préférait la chasse aux fauves (il décrivait ses tableaux de chasse sur des scarabées commémoratifs), les femmes (il épousa d'abord une Asiatique, la princesse Tiy, puis une fille du roi du Mitanni, Giloughépa, et la fille d'un roi babylonien) et l'art de ses architectes : sous son règne, l'Égypte se couvrit de somptueux ensembles monumentaux. D'autre part, les rapports entre le pharaon et les rois des États du Moyen-Orient (rois du Mitanni, de Babylone, d'Assyrie, princes des îles Égée, rois hittites) nous sont connus par la correspondance – en caractères cunéiformes – retrouvée dans les archives d'al-Amarna (site de Moyenne-Égypte, dans la vallée du Nil)... On assiste sous le règne de ce roi à une décadence de l'Empire égyptien d'Asie.
10. Aménophis IV (= Amenhotep III = Akhénaton) 1348-1331 ou 1359-1331	Fils du précédent, il est à l'origine d'une tentative de révolution religieuse (substitution du culte du disque solaire (*Aton*), considéré comme l'aspect visible de Dieu, à celui du panthéon polythéiste égyptien. Il prit deux initiatives importantes (qui

L'égyptomanie, une imposture

furent sans lendemain) : 1° celle de transporter la capitale pharaonique traditionnelle de Thèbes sur un site nouveau, loin de tout lieu habité et quasi désertique, qui se nomme de nos jours Tell el-Amarna et qu'il appela l'*Horizon d'Aton* ; 2° celle de détruire les statues et les noms des dieux traditionnels égyptiens, et en particulier ceux d'Horus et d'Amon (ce qui a dressé contre lui le clergé – thébain – de ce dieu) ; 3° l'instauration du culte (mal connu) d'Aton ; 4° l'adoption du nom d'*Akhénaton* (« Celui qui plaît au disque solaire ») comme nom de règne. La question de savoir si Aménophis IV a été un visionnaire délirant ou un réformateur anticlérical et rationaliste n'a jamais été tranchée.

11. Néfertiti
    1331-1333 ?

Cette reine, dont le nom de règne fut Néfernéferouaton, est qualifiée, dans les listes, de « grande épouse royale » ; son époux, Aménophis IV-Akhénaton, n'ayant pas eu d'héritier mâle, elle lui aurait succédé sur le trône des pharaons et aurait régné pendant deux ans (un seul document le prouve : un graffito découvert dans la tombe d'un prêtre-scribe nommé Paouah, et sa signification est contestée).

12. Toutankhamon
    1339-1329
    ou
    1328-1318

Aucun document ne nous dit ni que Toutankhamon était le fils d'Akhénaton, ni qu'il serait son frère. Par ailleurs, le fait qu'il ait conservé dans son nom celui du dieu Amon (banni du panthéon égyptien au profit du dieu unique Aton par Aménophis IV) tend à montrer que ce pharaon aurait restauré le culte d'Amon, aboli par son prédécesseur ; divers documents le prouvent par ailleurs, en particulier une stèle dite *Stèle de la restauration*. L'essentiel du règne de Toutankhamon a été en effet consacré à réparer les dégâts liés à la destruction des statues et des lieux de culte d'Amon sous Akhénaton.

13. Aÿ
    1329-1325
    ou
    1318-1314 ?

Continuation des restaurations de monuments et de statues, du délire mystique ou rationaliste d'Akhénaton.

Les pharaons

14. Horemheb
?-1292

Chef militaire qui s'est imposé comme nouveau pharaon (on ne sait pas comment) ; mais, comme il n'avait pas de descendance, il transmit le pouvoir pharaonique à un autre général, du nom de Ramsès, qui sera le fondateur de la XIXe dynastie. On possède en tout et pour tout sur ce personnage une grande stèle, retrouvée à Karnak, appelée *Édit d'Horemheb* : elle dépeint la misère du peuple égyptien à la mort de Toutankhamon, conséquence tardive des folles dépenses d'Aménophis III.

XIXe dynastie

1. Ramsès Ier
1292-1291
(1 a. 2 m.)

Ancien vizir sous la XVIIIe dynastie, officier et fils d'officier, il semble que ce fondateur de la dynastie des Ramessides ait été choisi (par qui ? on l'ignore) pour son passé et qu'il ait laissé gouverner son fils, Séthy Ier. Cette dynastie gouvernera de Memphis, ville stratégique pour ces militaires, à la pointe du Delta, à proximité du Sinaï dont il faut surveiller les nomades, et sur la route de la Palestine, pour barrer la route aux éventuels envahisseurs.

2. Séthy Ier
1290-1279
(11 ans)

Les activités de Séthy Ier, sur le plan intérieur, ont été celles d'un constructeur, ou plutôt d'un reconstructeur qui a réparé ou reconstruit les monuments victimes de l'idéologie d'Akhénaton (construction d'un grand temple à Abydos, consacré aux divinités principales de l'ancien panthéon égyptien ; aménagement du temple de Karnak). Sa carrière de guerrier nous est connue par les bas-reliefs du temple de Karnak et par deux stèles dont les inscriptions mentionnent des noms de lieux où auraient eu lieu de brefs combats, en particulier en Palestine, dans la région du lac de Gennésareth (deux jours d'engagements contre les « Apirou », dans lesquels certains ont voulu reconnaître les premières bandes d'Hébreux qui tentaient de

3 Ramsès II 1279-1212 (66 ans)	s'introduire en Égypte), ces stèles ne sont que des listes de toponymes, dont on ne peut, en fait, rien conclure. La date de début de règne est douteuse (on a proposé aussi 1290 et 1304). On lui attribue deux grandes épouses royales (Néfertary et Isis-néfert), d'innombrables concubines, 50 fils et 40 filles. Ses premières activités furent celles d'un pharaon constructeur (conduite classique de bien des pharaons) ; puis, selon les inscriptions, il aurait conduit un nombre très important de campagnes militaires, qui ne furent sans doute, en fait, que des rezzou ou de brèves opérations de maintien de l'ordre soit à la frontière nubienne, soit contre les bédouins de Libye ; mais la grande affaire de son règne – d'après les inscriptions et les bas-reliefs – fut sa victoire sur les Hittites à Qadesh et l'entente égypto-hittite qui en aurait résulté (voir ci-dessus, p. 102).
4. Mérenptah 1212-1202 (9 ans)	Fils du précédent, il avait plus de 60 ans et il n'a eu qu'un peu plus de neuf ans de règne, un règne qui fut d'abord terne, mais qui s'anima dans le courant de ses quatrième et cinquième années. À partir de 1208-1207 av. J.-C., l'Égypte vit affluer vers ses frontières des envahisseurs variés : Libyens, Nubiens, Syriens, peuples venus du Nord qu'on a appelés « Peuples de la mer » (la mer Méditerranée ou peut-être la mer Égée), dont on ignore l'origine (Achéens ? Étrusques ? Sardes ? Sicules ? ou autres insulaires ?), nomades d'Asie que Mérenptah eut à combattre durant les années 4 et 5 de son règne, mais on n'en sait guère plus.
5 Séthy II 1201-1196 (5 ans)	Fils du précédent, désigné par ce dernier comme son successeur dès le début de son règne, s'opposa dès son avènement à un autre fils de Ramsès II, Amenmès, qui usurpa la double couronne pharaonique, mais qui mourut un an avant Séthy II.

Les pharaons

6. Amenmès
   1200-1197
   (3 a. 8 m.)
   Fils de Ramsès, usurpateur qui régna deux ans à peine ; Séthy II reprit sa couronne après sa mort, mais ne lui survécut que d'un an.
7. Ramsès-Mérenptah
   1195-1189
   (5 ans)
   Fils du précédent (?) et donc neveu de Séthy II ; l'histoire de son règne se réduit à des luttes familiales stériles.
8. Taousert-Mérenmout
   1188-1186
   (2 ans)
   Tante du précédent, qui était mort sans héritier mâle.

XXe dynastie

1. Sethnakht
   1188-1185
   (2 ans)
   Fin de l'anarchie familiale.
2. Ramsès III
   1185-1153
   (31 a. 2 m.)
   Dernier grand règne, auquel les sources rapportent trois campagnes : une nubienne (douteuse), une contre les Libyens et une troisième contre les Peuples de la mer qui auraient tenté d'envahir l'Égypte. Le règne se termine par une crise sociale et un complot contre le roi.
3. Ramsès IV
   1153-1146
   (6 a. 8 m.)
   Fils du précédent.
4. Ramsès V
   1146-1143
   (3 a. 2 m.)
   On connaît peu de chose sur les Ramessides à partir du règne de ces rois : l'ère des pharaons se termine discrètement ; d'autres peuples vont dominer le Moyen-Orient et la Méditerranée : les Aryens (les Hellènes en Asie Mineure et dans les Balkans, les Perses en Iran et en Mésopotamie).

Après Ramsès V, le Nouvel Empire mettra un siècle et demi à mourir, et les sources deviennent obscures et même inexistantes, sous les règnes des derniers pharaons de la XXe dynastie : Ramsès VI (1143-1136), Ramsès VII (1135-1128), Ramsès VIII (1127), Ramsès IX (1126-1108), Ramsès X (1108-1106), Ramsès XI (1106-1078) et Hérihor-Siamon (1086-1080 ?), tandis qu'en Ionie débute la guerre de Troie.

3.

La religion égyptienne

À l'ère prédynastique, on peut considérer comme certain que les habitants de la vallée du Nil et du Delta pratiquaient une sorte de fétichisme totémique qui variait d'une tribu à une autre. Puis les totems ont été supplantés, graduellement, par des divinités locales, dont chacune était le souverain surnaturel d'un lieu (une source, une oliveraie, par exemple), d'un village ou d'un bourg. Le paysan égyptien qui ressentait le besoin d'une protection surnaturelle s'adressait à la divinité tutélaire de son village, de sa ville ou de son nome, et chaque localité avait la sienne. Ainsi, dans la région où devait plus tard s'élever la capitale pharaonique de Memphis, on révérait le dieu Ptah, le potier divin qui – disait la tradition – aurait modelé sur son tour l'œuf primordial dont était sorti le monde, et Apis, le taureau sacré que l'on disait né d'une vache vierge fécondée par un rayon de lune ; à Héliopolis le dieu local était Atoum, représentant divin de l'océan primordial dont chaque matin émerge Rê, le démiurge à l'origine de toute vie, de la multiplication des plantes comme des animaux ; à Dendéra on adorait Hathor, la déesse du ciel, représentée avec une tête de vache (réminiscence du totémisme primitif) ; Thèbes était la ville d'Horus ; Abydos devint la ville d'Osiris, et ainsi de suite. Au fur et à mesure que les relations entre les divers nomes se développaient, il se produisit tout à la fois des amalgames entre ces innombrables divinités et une certaine hiérarchisation, les dieux mineurs étant absorbés dans des divinités plus importantes. Finalement, le panthéon

La religion égyptienne

égyptien devint un véritable fourre-tout particulièrement confus, avec un nombre considérable de divinités secondaires s'amalgamant à des divinités supérieures, et des mythes qui se confondaient malgré leurs contradictions. C'est ainsi qu'au Nouvel Empire, le dieu-bélier Amon, de Thèbes, s'identifiera avec Rê, le dieu solaire.

On assistera, très tôt (dès l'Ancien Empire), dans les principales villes, à la constitution de *triades* réunissant trois divinités en une même famille. La triade de Memphis regroupait Ptah, Sekhmet (déesse à tête de lion) et leur fils Imhotep (dieu de la médecine et de la science) ; celle de Thèbes, Amon, Rê, Mout (personnification des eaux du Nil) ; celle d'Abydos, la plus fameuse, associait Osiris, sa sœur-épouse Isis et leur fils Horus, le dieu à tête de faucon ; à Héliopolis, ce n'était pas une triade qui protégeait la ville, mais une ennéade (neuf divinités) composée de la triade solaire Rê-Atoum-Khepra et de trois couples divins, Shou (« Celui qui supporte les cieux ») et son épouse Tefnet, Geb (dieu de la Terre, représenté par un homme barbu ayant une oie sur la tête) et son épouse Nout, la déesse du Ciel, mère d'Osiris et d'Isis ; Seth, frère d'Osiris et dieu des ténèbres, était associé à sa sœur Nephtys. Au totémisme primitif se rattachent les divinités à forme ou à tête d'animal ; Anubis (à tête de chacal), Horus (à tête de faucon), Hathor (à tête de vache), Munt (à tête d'épervier), Mekhet (à tête d'épervier), Seth (à tête de porc), Thot (à tête d'ibis), Sébek (à tête de crocodile), etc.

Parmi ces dieux innombrables, Osiris tient une place prépondérante. Surnommé, dans les inscriptions, le dieu de l'éternité, le seigneur de l'infini, le roi des rois, le gouverneur éternel du monde, etc., il faisait l'objet de nombreux mythes dans lesquels certains comparatistes égyptomaniaques ont voulu voir des thèmes précurseurs de l'idée chrétienne de la résurrection ds morts et du mythe hébreu de Caïn et Abel.

Osiris, dont les prêtres disaient que c'était un roi régnant sur le Delta du Nil à l'aube de l'histoire, aurait enseigné à son peuple les arts bienfaisants de l'agriculture et de la culture de la vigne et institué la véritable religion et les lois égyptiennes. Mais il avait un frère jumeau, Seth, aussi méchant qu'Osiris était bon et qui décida de l'assassiner, de s'emparer de son royaume et d'épouser sa femme, Isis, qui était leur sœur à tous deux (thème mythique à l'origine du mariage consanguin des pharaons égyptiens). Seth réussit à tuer Osiris et jette son cadavre dans le Nil ; Isis, éplorée, retrouve le corps de son frère-époux, l'enterre provisoirement dans la vase et court chercher son fils, Horus, tandis que Seth découvre par hasard le cadavre enterré d'Osiris et le découpe en quatorze morceaux qu'il disperse aux vents. Isis parcourt l'Égypte à la recherche de ces morceaux, en rassemble treize, le quatorzième – qui n'était autre que les organes génitaux d'Osiris – ayant été mangé par les poissons, et les fait enterrer soigneusement par des prêtres amis en autant de lieux différents. Par la suite, experte en magie, elle récupère les treize morceaux, reconstitue le corps de son frère et, avec l'aide d'Horus, parvient à lui redonner vie ; puis Horus défie son oncle en combat singulier, le tue et l'émascule à son tour : Osiris devient alors le souverain unique des deux « Mondes », le Delta fertile et l'Autre Monde dans lequel il siégera et jugera jusqu'à la fin des temps les morts qui seront conduits devant lui après leur décès.

Osiris siège en effet dans une des régions de l'Autre Monde, où se dresse la Salle du Jugement dernier dans laquelle les morts terrestres, immédiatement après leur décès, sont conduits et jugés par Osiris, entouré de quarante-deux assesseurs. Son fils, le dieu Anubis, surnommé « le préposé à la pesée », lui présente une balance avec, dans un plateau, une plume, symbole de la Vérité, et, dans l'autre, un vase contenant la liste de toutes les bonnes actions que le défunt a accomplies durant sa vie. Le défunt confesse alors les fautes qu'il a commises durant sa vie, et, au fur et à mesure de la confession, la balance oscille ; lorsqu'il a terminé, si les bonnes actions se révèlent plus pesantes que les mauvaises, son âme est admise dans une sorte de Paradis, l'*Aahlu*, où elle vivra, bienheureuse, pendant trois mille ans, au terme desquels elle s'incarnera à nouveau dans son ancien corps et commencera une nouvelle existence terrestre ; sinon, si la plume-Vérité fait pencher la balance de son côté, l'âme est renvoyée sur la terre, où elle devra transmigrer dans le corps de plusieurs animaux, purs ou impurs, jusqu'à ce que son

La religion égyptienne

châtiment soit accompli et, si elle demeure perverse après ce long châtiment, elle sera dévorée par le monstre Ammaït, qui a le triple aspect d'un crocodile, d'un lion et d'un hippopotame.

C'est cette croyance en un Jugement Dernier et en la réincarnation des âmes bonnes qui explique l'attention obsessionnelle que les anciens Égyptiens accordaient aux cadavres et aux sépultures, le rôle primordial des prêtres dans la société égyptienne et la prolifération des temples et des sanctuaires.

4

Les Hyksos

Le mot « Hyksos » ne nous est connu que par un texte d'une vingtaine de lignes écrites par l'historien juif de langue grecque Flavius Josèphe (v. 37-v. 109 apr. J.-C.) dans son ouvrage *Contre Appien* (Livre I, paragraphes 14 et 15), que cet écrivain donne comme une citation textuelle de Manéthon, et dont voici la traduction :

> « Sous son règne [*celui d'un pharaon nommé Toutimaios par Manéthon, que les égyptologues n'ont pu retrouver*] la colère divine fit souffler contre nous [*les Égyptiens : c'est Manéthon qui écrit*] un vent contraire, je ne sais pourquoi, et, soudainement et sans qu'on s'y attende, des hommes d'une race inconnue, venus des régions de l'Orient [*donc des Asiatiques : mais d'où venaient-ils ? d'Anatolie ? de Syrie ? de Mésopotamie ?*], osèrent pénétrer dans notre pays et s'en emparèrent par la force, sans difficulté et sans combat. Ils se saisirent de nos chefs, incendièrent sauvagement les villes, rasèrent les temples de nos dieux, et traitèrent notre peuple avec la dernière cruauté, égorgeant les hommes et emmenant [*où ?*] les femmes et les enfants en esclavage. Finalement, ils firent de l'un des leurs un roi : il se nommait Salitis. Celui-ci résidait à Memphis, levait des tributs sur la Haute et sur la Basse-Égypte, installait des garnisons dans les places les plus appropriées. Il fortifia surtout la région de l'Est [*celle par laquelle, selon toute vraisemblance, les Hyksos avaient pénétré en Égypte*], car il prévoyait que les Assyriens, devenus un jour plus puissants, convoiteraient un jour leur

Les Hyksos

royaume et tenteraient de l'envahir. Comme il avait trouvé dans le nome sethroïte une ville d'une position très favorable, située à l'Est de la branche bubastite du Delta [*voir la carte, p. 42*], et nommée, d'après une ancienne tradition religieuse, *Avaris*, il la rebâtit et la fortifia de très solides murailles ; il y établit en outre une multitude de soldats, lourdement armés, 240 000 hommes environ [*nombre certainement exagéré*] pour la défendre. Il y venait l'été [*où ce roi allait-il l'hiver ?*] tant pour mesurer leur blé et payer leur solde que pour leur faire faire des manœuvres, afin d'inspirer de la crainte aux étrangers [...] On nommait tout ce peuple "Hyksos", ce qui signifie "rois pasteurs", car *Hyk*, dans la langue sacrée, signifie "roi" et *sos*, dans la langue courante, signifie "pasteurs". La réunion de ces deux mots donne *Hyksos*. »

Ce texte, bien qu'il ait été écrit tardivement (Manéthon écrit au IIIe siècle av. J.-C., les Hyksos ont envahi l'Égypte en 1634 av. J.-C.), est fiable. Il n'est guère possible de préciser l'origine de ces envahisseurs, que les Égyptiens appelaient eux-mêmes *aamou* ; certains des abréviateurs de Manéthon en font des Phéniciens. On peut penser que les Hyksos, comme tous les petits peuples qui nomadisaient au Proche et au Moyen-Orient avant 1500 av. J.-C., ont subi le contrecoup des invasions indo-européennes dans la région (les Hittites en Anatolie, les Kassites en Mésopotamie). Quoi qu'il en fût, les pharaons du Moyen Empire étaient bien incapables de s'opposer aux envahisseurs.

À part quelques inscriptions sur des scarabées, nous ne connaissons rien des Hyksos, sinon qu'ils savaient s'organiser militairement, à en juger par les difficultés qu'eut le pharaon Amosis (premier pharaon de la XVIIIe dynastie, qui régna de 1543 à 1518) à les déloger et surtout à se saisir de la capitale hyksos que tenait Apophis. Manéthon nous apprend qu'il y eut, à son avènement, une révolte des princes thébains et de tout le reste de l'Égypte contre les « Pasteurs », nom qu'il applique aux Hyksos, dont il fait des pasteurs nomades, et, écrit-il, « *Une guerre éclata entre les Hyksos et les Égyptiens, qui fut violente et longue* ».

On n'en sait pas davantage. Les Hyksos n'ayant élevé aucune stèle, aucun monument, nous n'avons aucun document les concernant, sinon des scarabées qui portent les noms de certains de leurs rois.

Table des illustrations

Figures

1. Fragments de la Pierre de Palerme 38
2. Carte des principaux sites prédynastiques 42
3. La massue du Roi-Scorpion 46
4. La palette de Narmer 48
5. La course de Djeser 60
6. La descendance de Touthmosis Ier 81
7. Les nomes de Basse-Égypte 150
8. Les nomes de Haute-Égypte 151
9. Les cités-États du pays de Sumer 160

Tableaux

1. La préhistoire et la protohistoire en Égypte
   et en Mésopotamie 26
2. Périodisation de l'histoire de l'Égypte
   pharaonique 28
3. Le règne vide de Ramsès II 96
4. Les hiéroglyphes numériques égyptiens 192
5. Exemple d'éphéméride luni-solaire
   babylonienne 217

Table

Avertissement préliminaire 7

    I. Le syndrome égyptomaniaque 9
   II. L'imposture chronologique 23
  III. Roitelets, pharaons ou Pères Ubu ? 33
  IV. L'égyptomanie paroxystique 75
    V. Le non-mystère des pyramides 117
  VI. L'écriture n'est pas née dans la vallée du Nil 141
 VII. Le « don du Nil » : un cadeau empoisonné ... 169
VIII. La mathématique égyptienne : une fable et une imposture 179
  IX. L'astronomie égyptienne : un leurre 203
    X. La médecine et la stagnation de la culture égyptienne 219

Conclusion 235

Annexes 241

  1. Les hiéroglyphes 243
  2. Les pharaons 246
  3. La religion égyptienne 261
  4. Les Hyksos 265

DU MÊME AUTEUR

Aux éditions Seghers-Robert Laffont :
Histoire critique de la pensée sociale, De la cité antique à l'État-nation
L'Année de la Science (1987-1990)

Aux éditions Bordas :
Bordas Encyclopédie, en 23 volumes : Philosophie, Religions / Sciences sociales (2 vol.) / Mathématiques / Astronomie / Physique, chimie : les lois de la nature / Matière inerte, matière vivante / Botanique : la vie des plantes / Zoologie : la vie animale / Médecine / L'Art de l'ingénieur / La Locomotion : du chemin de fer... à la fusée / Agriculture, techniques, métiers / Beaux-Arts (2 vol.) / Jeux, divertissements, sports / L'Aventure littéraire de l'humanité (2 vol.) / Visages de la Terre / Histoire universelle (3 vol.).

Collection « Voir l'Histoire » :
Histoire de la Corse

Aux éditions Fernand Nathan :
Histoire du monde : L'époque contemporaine
Corse

Aux éditions Larousse :
La Force des faibles, Encyclopédie mondiale des minorités
Dictionnaire des nationalités et des minorité en URSS

Aux Éditions n° 1 :
Tout en un
Dictionnaire des découvertes

Aux éditions du Pré-aux-Clercs :
Dictionnaire des personnages de la Révolution

Aux éditions Michel Lafon :
L'Islam, cet inconnu
Vent de philo
Jules César, 3 vol. : *1. Rome, ville à vendre !* ; *2. La symphonie gauloise* ; *3. Le crépuscule du dieu.*
Napoléon, une imposture
Auguste, 2 vol.

Aux éditions Belin :
Panorama encyclopédique des sciences

Aux éditions Hachette Littérature :
Alexandre le Grand
Attila

Aux éditions L'Archipel :
Jeanne d'Arc
Initiation à la philosophie
Jésus, de Bethléem au Golgotha

*La composition de cet ouvrage
a été réalisée par Nord Compo,
l'impression et le brochage ont été effectués
sur presse Cameron dans les ateliers
de Bussière Camedan Imprimeries
à Saint-Amand-Montrond (Cher),
pour le compte des Éditions Albin Michel.*

*Achevé d'imprimer en décembre 2001.
N° d'édition : 20224. N° d'impression : 015583/4.
Dépôt légal : janvier 2002.*